# LEXIQUE THÉMATIQUE EN SCIENCES ET TECHNIQUES DES ACTIVITÉS PHYSIQUES ET SPORTIVES

**Didier Delignières – Pascal Duret**

# LEXIQUE THÉMATIQUE EN SCIENCES ET TECHNIQUES DES ACTIVITÉS PHYSIQUES ET SPORTIVES

VIGOT

ISBN : 2 7114 1992 4 — Dépôt légal : décembre 2004
*Imprimé en France*

# Comment écrire un lexique infaisable en sciences et techniques des activités physiques et sportives

« Je ne discute jamais du nom
pourvu qu'on m'avertisse
du sens qu'on lui donne. »

Pascal, *Provinciales*, I

Il fut un temps, pas si lointain où la profession des enseignants d'éducation physique et sportive, les membres des STAPS utilisaient indistinctement les notions les unes pour les autres sans le moindre souci de définition. Cette préoccupation n'apparaissait que lorsqu'il s'agissait de marquer son appartenance à une chapelle théorique. Refuser l'absence de définition tout aussi bien que l'orthodoxie conceptuelle d'un glossaire « officiel », nous amena au début des années 90 à proposer un numéro spécial de la revue *Échanges et Controverses* consacré à un « Lexique thématique pour dire ce dont on parle en STAPS ». L'ouvrage présent constitue une version profondément remaniée de ce travail initial. Nous nous sommes attachés dans ce texte à prendre en compte les diverses remarques et critiques adressées à la première version. Celles-ci étaient principalement de quatre ordres :

— Premièrement, il a été reproché au lexique d'*Échanges et Controverses* d'être une sorte de « reader's digest » présentant une culture appauvrie, et de n'offrir aux enseignants ou aux étudiants que des simplifications outrancières. On retrouve cet argument en particulier sous la plume toujours incisive de Brohm dans *À nos amis les rats*. Face à cette accusation de réductionnisme (et pour éviter tout risque de sclérose à un si brillant esprit) ce nouveau lexique propose un approfondissement de la réflexion sur chaque concept. Mais rappelons que notre but premier n'est pas de faire un ouvrage à l'usage de ceux qui déjà baignent dans le milieu théorique des STAPS. Ceux-ci pourront d'ailleurs critiquer à cœur joie certains choix, déplorer certains oublis, s'alanguir parfois même de la faiblesse de certaines définitions et bien sûr, s'irriter de l'absence de tel ou tel auteur. Nous sommes tout à fait conscients des limites de cet outil de travail qui, tentant de balayer largement le champ des STAPS, tout en conservant des proportions raisonnables, s'expose nécessairement au travers de la réduction. Ce lexique s'adresse avant tout à ceux qui découvrent ou redécouvrent le discours théorique. Nous pensons en tout premier plan aux candidats des concours de recrutement, mais plus largement à tous ceux qui tentent de parfaire leur formation, de demeurer en phase avec la production théorique de leur domaine.

— Deuxièmement, il a été dit que le lexique d'*Échanges et Controverses* était une sorte de grimoire intra-STAPS, faisant référence très majoritairement aux auteurs du champ sans retourner aux sources de première main. Ce deuxième bloc de remarques, qui toutes touchent à l'ethnocentrisme culturel, soulève un paradoxe : la nécessité d'établir des frontières pour délimiter un champ entraîne un effet de clôture. Ce qu'on veut tenir à l'extérieur nous retient à l'intérieur et en quelque sorte nous emprisonne. Toute entreprise de définition de concepts d'un champ scientifique se heurte à ce problème incontournable. Ce paradoxe trouve un exutoire dans la multiplication éclectique des références, effort nécessaire à toute revendication d'indépendance.

— Troisièmement, le lexique devrait être une œuvre collective plutôt que la « lettre de Messieurs Delignières et Duret » nous faisait remarquer un psychologue aujourd'hui associé à l'entreprise. Pour éviter toute tendance démiurgique, nous avons eu recours à un large réseau de personnes-ressources. Toutes nous ont stimulés par des discussions, des remarques, des controverses aussi parfois. Mais nous sommes particulièrement redevables à Philippe Fleurance, Jean-Jacques Temprado, Anne Marcellini, Yannick Brisswalter, Pascale Garnier et Muriel Augustini dont nous avons adopté les définitions spécialisées et sans qui ce travail n'aurait simplement pas été possible.

— Quatrièmement enfin, on a regretté que le lexique ne donne pas assez de définitions contradictoires pour un même mot. Cette critique était formulée essentiellement par des candidats aux concours convaincus de la nécessité de se repérer dans les courants. Tout discours théorique génère ses concepts spécifiques. Le champ de l'EPS et des STAPS n'échappe pas à la règle, loin s'en faut. L'inflation notionnelle ne va donc pas sans dérouter l'homme de terrain, qui a souvent quelque difficulté à louvoyer dans les jargons scientifiques et didactiques, d'importation ou indigènes. Quel candidat aux concours de recrutement n'a pas jugé indispensable de constituer une « banque de définitions », afin d'assurer son cheminement dans la littérature spécialisée ? Là encore nous avons tenu compte de cette inquiétude, en nous rappelant que pour décrire des énoncés concurrents, il faut d'abord renoncer à entrer dans la dispute pour les départager. Il faut ensuite voir dans ces affrontements théoriques des moments d'explicitations des règles et des enjeux qui façonnent le champ des STAPS.

Ce lexique tente de repérer les concepts-clés du discours actuel des STAPS, d'en cerner la ou les définitions courantes, et d'alerter, le cas échéant, le lecteur sur les polysémies, contre-sens possibles et usages abusifs. La définition est un art difficile : concentrer en un énoncé rapide l'ensemble des tenants et aboutissants d'un concept, focaliser sur l'essentiel sans exclure l'accessoire,... D'ailleurs peu d'auteurs s'essayent réellement à cet exercice. Souvent nous avons dû, faute de trouver la définition explicite d'une notion, recourir à l'isolation d'une partie de texte pouvant en faire office. Dans ces cas, la définition ou l'extrait sont mis entre guillemets et référencés. Parfois, malgré une lecture attentive du texte original, il nous a été impossible d'isoler une formulation suffisamment concentrée. Dans ce cas, nous nous sommes permis de reconstituer une définition, en respectant au maximum la lettre et l'esprit de l'auteur.

Nous aurions pu opter pour une présentation alphabétique, mais il nous a semblé que l'optique thématique serait moins artificielle. Les concepts s'appellent, s'opposent ou se complètent, certains ne font que reformuler d'anciennes expressions, certains changent de sens en changeant de champ. Il nous a paru dans ce sens préférable de regrouper les termes autour de thématiques bien identifiées. Le lecteur pourra sans problème se reporter à l'index compilé en fin de lexique, s'il cherche un mot particulier. **Les termes apparaissant dans le texte et faisant par ailleurs l'objet d'une définition spécifique sont marqués d'un astérisque**. Par ailleurs, certains concepts compilés dans l'index ne sont appréhendés que comme synonymes d'un concept plus usité, et indiqués comme tels au terme de la définition correspondante.

Nous proposons parfois, entre parenthèses, la traduction anglaise de certains termes. Nous ne l'avons pas fait systématiquement, réservant cette précision pour les cas où certaines ambiguïtés pouvaient apparaître (par exemple, *skill* signifie habileté, alors qu'*ability* renvoie à aptitude). La bibliographie loin d'être simplement « décorative » est une invitation à lire ou à relire les textes de première main dont cet ouvrage ne saurait à l'évidence dispenser le lecteur.

Enfin, il faut souligner que face à la force magique des mots et à leur valeur marchande, ce lexique essaie de faire obstacle à l'usage cultuel de la terminologie. L'enseignement de l'éducation physique a basculé en une décennie de la vocation à la profession : c'est dans le cadre de cette évolution qu'il faut comprendre ce texte. Il s'offre alors comme un outil professionnel.

# Sommaire

**Chapitre 1 : ÉPISTÉMOLOGIE GÉNÉRALE**

Théories, discours et méthode ........ 11
Les champs scientifiques en présence ........ 25
La méthode expérimentale ........ 32

**Chapitre 2 : APS ET SOCIÉTÉ**

Les écoles en sociologie ........ 43
Les courants philosophiques connexes ........ 53
Les représentations ........ 54
Individuel et collectif, déterminisme et indéterminisme ........ 56
Corps et identité ........ 57
Spectacle sportif et violence ........ 58
Culture économique ........ 60
Socialisation et jeunesse ........ 65

**Chapitre 3 : APPRENTISSAGE ET CONTRÔLE MOTEUR**

L'analyse de la tâche ........ 72
Habileté, aptitude, capacité ........ 79
Habileté et traitement de l'information ........ 85
*La théorie de l'information* ........ 85
*Les processus de traitement de l'information* ........ 87
*Niveaux de contrôle et efficience* ........ 95
Habileté et connaissance ........ 97
L'approche écologique ........ 100

L'apprentissage .......... 103
Le développement .......... 108

**Chapitre 4 : LES VARIABLES INDIVIDUELLES**

La personnalité et son évaluation .......... 115
La motivation et l'émotion .......... 123

**Chapitre 5 : LA DIMENSION ÉNERGÉTIQUE**

Les qualités physiques .......... 133
L'aptitude physique .......... 135
*Aptitude biomécanique* .......... 135
*Aptitude énergétique* .......... 140

**Chapitre 6 : LA DIDACTIQUE**

Didactique et pédagogie .......... 146
Les concepts de la didactique .......... 153
Objectifs et contenus .......... 160
L'évaluation .......... 163

**Bibliographie** .......... 169

**Index** .......... 193

# 1

# Épistémologie générale

**Épistémologie** : L'épistémologie est définie par Vigarello (1978) comme « l'étude de la constitution et du fonctionnement des savoirs, et par là, celle de leurs démarches, dans une perspective visant tant à leur compréhension qu'à leur critique éventuelle ». Il s'agit là d'une définition relative à l'épistémologie des théories. Tout champ soumis à théorisation (science, technologie, etc.) peut supporter une réflexion épistémologique. Cette dernière se développe selon deux axes principaux : il s'agit d'une part de l'étude des conditions de validation des savoirs et concepts véhiculés par la théorie, et d'autre part de l'analyse historique critique de l'évolution des savoirs spécifiques du champ (épistémologie historique). Sans l'épistémologie la science serait traitée comme une instance vérité échappant à l'analyse sociale ou historique ; soustraite à la critique la science deviendrait le refuge privilégié de l'idéologie* ou du dogmatisme car elle n'aurait plus de prise sur elle-même. On doit distinguer cette théorisation sur la théorie, généralement menée par des spécialistes du champ concerné, du concept d'**épistémologie génétique**, développé notamment par Piaget. Il s'agit là de l'étude de la construction de l'intelligence, au cours du développement de l'enfant.

## Théories, discours et méthode

**Théorie** : « Discours explicatif d'un fait dans un but de généralisation » (Lamour, 1991). La théorie suppose une certaine distanciation par rapport au réel, et la reconnaissance de lois, de principes généralisables à un ensemble de phénomènes. Le concept de théorie ne s'applique pas uniquement à l'approche scientifique. Ainsi selon Lamour (1984), quatre discours théoriques sont en action dans le champ de l'éducation physique : la science*, la philosophie*, l'idéologie*, et la technique*. Ces théorisations se démarquent par le type d'objet* pris en compte, l'importance de la distanciation par rapport au réel, et les critères de validation du savoir. En fonction de ces spécifications épistémologiques, une théorie sera plus ou moins rationnelle, ou intuitive.

**Objet** : Concept central, dont l'étude définit l'originalité d'une démarche théorique. Par exemple la psychologie behavioriste a choisi pour objet les relations entre stimulus et réponse comportementale, la psychologie cognitive les processus qui s'intercalent entre ce stimulus et cette réponse, et les neurosciences les structures neuronales sous-tendant ces processus. Un objet peut être décliné en sous-catégories, définissant chacune une démarche théorique originale (par exemple, psychologie de la motivation, psychologie de l'apprentissage...). L'objet peut également être spécifié en fonction de certains domaines de référence (psychologie du sport, psychologie du travail...). En tant que concept, l'objet est construit et ne représente qu'une lecture du réel. La **pertinence**, « propriété d'une position théorique caractérisée par l'adoption d'un point de vue distinctif qui la différencie des autres » (Parlebas, 1991), est liée à cette construction.

Il n'est pas superflu de rappeler qu'aucune des méthodes déployées pour quadriller le réel à travers des objets, ne peut prétendre l'épuiser. La validation scientifique renonce aujourd'hui à ce mythe d'épuisement et s'ouvre sur les questions de l'incertitude et de l'inachèvement constitutif de toute connaissance (Popper, 1982).

**Problématique et champ** : On peut définir une problématique comme la relecture d'un questionnement empirique*, dans le cadre d'une pertinence donnée. Une problématique doit permettre d'établir une liaison rationnelle entre le « terrain » et la théorie (notons à ce niveau que le « terrain » peut renvoyer tant à une pratique sociale réelle qu'aux faits empiriques de laboratoire). C'est exactement dans cet esprit que l'on peut comprendre la notion de problématique, dans une dissertation. Le champ représente l'ensemble des problématiques relevant d'une pertinence particulière. On parlera du champ de la psychologie, de la sociologie, des neurosciences, etc. L'étendue d'un champ dépend donc de la pertinence de la discipline scientifique concernée.

**Modèles** : D'une manière générale, on appelle modèles des « figurations ou reproductions qui servent les buts de la connaissance » (Mouloud, 1989). Lamour (1986) définit le modèle comme une « structure logico-mathématique qui permet à un niveau et à un moment déterminé de l'observation de rendre compte abstraitement d'un ensemble de phénomènes ». Un modèle doit permettre non seulement de représenter le réel, mais également d'en simuler le fonctionnement. Ces simulations sont à la base des hypothèses scientifiques. On peut donner comme exemples les modèles de traitement de l'information, les modèles des jeux sportifs proposés par Parlebas (1981), les topiques de Freud, etc. La puissance d'un modèle est liée à la précision des hypothèses qu'il permet d'élaborer. Il faut enfin souligner que les modèles employés pour formaliser la réalité ne peuvent en aucun cas l'épuiser. Il convient donc de rester vigilant face aux idéologies du recouvrement, où le modèle est pris pour le réel.

**Raisonnement** : Le raisonnement est une « opération discursive (...) par laquelle on passe de certaines propositions posées comme prémisses à une proposition nouvelle en vertu du lien logique qui l'attache aux premières » (Blanché, 1989). Il s'agit à ce niveau d'un terme générique, s'appliquant à un ensemble de démarches rationnelles. Le raisonnement peut opérer selon diverses logiques, dont les plus courantes sont la déduction et l'induction. La **déduction** est un « raisonnement par lequel on passe du ou des principes à la conséquence » (Cuvillier, 1974). Il peut s'agir par exemple de déduire une mise en œuvre didactique à partir d'une théorie psychologique. L'**induction** « consiste à s'élever de l'observation des faits à l'hypothèse d'une loi explicative » (Blanché, 1989). Ces deux logiques sont souvent présentées comme inverses. L'opposition n'est néanmoins pas parfaite. Si l'induction dessine clairement un cheminement du fait empirique* à la théorie*, la déduction ne vise pas nécessairement l'application pratique : la conclusion d'un raisonnement déductif est souvent une nouvelle proposition théorique, qui pourra servir de prémisse pour une étape ultérieure.

Meirieu (1990) propose des définitions de ces deux termes, non plus en tant que logique argumentaire, mais en tant qu'opération mentale. Selon l'auteur, la déduction est une « opération mentale par laquelle le sujet se place du point de vue des compétences d'un acte ou d'un principe, met ceux-ci à l'épreuve de leurs effets et stabilise ou modifie sa proposition initiale », et l'induction est une « opération mentale par laquelle un sujet confronte des éléments pour en faire émerger le point commun ».

Induction et déduction peuvent être présentées comme des mises en œuvre inverses du processus d'**inférence**. Ce dernier peut être défini comme une « opération logique par laquelle on tire une conclusion d'une ou plusieurs propositions admises comme vraies » (Cuvillier, 1974). Le concept d'inférence est souvent employé pour désigner l'opération consistant à induire une donnée latente d'un indicateur* manifeste : par exemple, on infère l'habileté* à partir de la performance*.

Induction et déduction n'épuisent pas l'ensemble des logiques argumentaires. On peut noter également l'analogie et le raisonnement dialectique, dont certains auteurs ont fait grand usage. « Le raisonnement par **analogie** repose sur l'aperception d'un rapport : C est à D ce que A est à B » (Blanché, 1989). L'analogie « consiste à conclure d'une ressemblance constatée à une ressemblance non constatée » (Cuvillier, 1974). Un cas particulier du raisonnement analogique, notamment utilisé par Brohm (1976), consiste à déduire un parallélisme fonctionnel d'une homologie structurelle. De manière générale, le raisonnement **dialectique** est caractérisé par l'opposition d'arguments contradictoires (thèse et antithèse), que l'on peut dépasser par une proposition d'ordre supérieur (synthèse). Meirieu (1990) décrit la dialectique en tant qu'« opération mentale par laquelle un sujet met en interaction des lois, notions, concepts, fait évoluer des variables dans des sens différents, pour accéder à la compréhension d'un système ».

Ces différentes formes de raisonnement font souvent appel à des oppositions dont il importe de cerner précisément la signification :

**Structural/Fonctionnel** : Un point de vue structural vise surtout à situer les unités d'un système et à décrire les relations les liant. À l'inverse, un point de vue fonctionnel s'intéresse avant tout au rôle joué par tel ou tel processus. L'approche structurale est donc essentiellement descriptive, alors que l'approche fonctionnelle se situe dans une perspective dynamique. Par exemple les approches structurales de l'anatomie (ostéologie, arthrologie) étudient les connexions ou rapports des structures anatomiques. À l'inverse l'anatomie fonctionnelle analyse la constitution des organes en fonction du rôle qu'ils jouent dans la dynamique de l'organisme. Les définitions contenues dans ce lexique pourront également être qualifiées de fonctionnelles ou de structurales, en fonction du type d'éclairage qu'elles apportent sur le concept visé.

**Formel/Empirique** : La pensée formelle se caractérise par l'abstraction et l'évacuation du contexte matériel. Par exemple, la logique formelle étudie la forme des opérations de raisonnement sans considérer la matière sur laquelle elles s'effectuent. La logique empirique est à l'inverse fondée sur l'expérience. Dans son sens le plus courant, empirique renvoie à une connaissance intuitive, à un savoir de terrain, non validé scientifiquement. Plus largement, est empirique tout ce qui relève de l'observation de faits, ceci n'excluant pas que cette observation soit étayée et reliée à une théorisation scientifique : ainsi, on qualifie de recherche empirique toute tentative de validation expérimentale d'une hypothèse, y compris si cette expérimentation se déroule dans le cadre standardisé et artificiel du laboratoire (voir sciences empirico-formelles*, expérimentation*).

**Dichotomie/Continuum** : Une dichotomie est une « division du concept d'un genre en deux espèces qui en épuisent l'extension » (Cuvillier, 1974). La description qui en résulte est essentiellement discontinue. Par exemple, la distinction des ressources* bio-énergétiques et bio-informationnelles relève d'une dichotomie. Un continuum est une échelle descriptive continue d'une classe de phénomènes, définie par deux extrémités contrastées. La situation d'un phénomène donné sur le continuum dépend de sa « distance » relative aux deux extrémités. La distinction habiletés fermées*-habiletés ouvertes*, ou encore un trait de personnalité comme introversion/extraversion apparaissent ainsi comme des continua. Un classement dichotomique obéit donc à une logique binaire : un phénomène est classé dans une catégorie, ou dans l'autre. À l'inverse les continua permettent une description continue. Dans une logique descriptive, la nature empirique du phénomène est déterminante pour le choix d'une description dichotomique ou continue : le sexe biologique est une variable discontinue, la taille une variable continue. Mais l'utilisation ultérieure, et notamment statistique, de l'outil de description impose ses propres contraintes. Ainsi l'analyse de variance* nécessite l'usage de descripteurs dichotomiques : par exemple dans une étude cherchant à mettre en évidence l'influence de la personnalité sur la performance, on travaillera sur une dichotomie extravertis-introvertis, quitte à éliminer du plan expérimental les sujets « moyens » situés au centre du continuum extraversion-introversion, au lieu de prendre en compte les scores réels des sujets sur le continuum.

**Autotélique/Téléonomique** : Un processus ou une activité autotélique possède en soi sa propre finalité. L'autotélie apparaît par exemple comme une caractéristique fondamentale du jeu chez l'enfant (Durand, 1987) : ce dernier joue pour jouer, sans qu'une finalité extérieure ne vienne sur-justifier son activité. Un processus ou une activité téléonomique est au contraire finalisé par un but externe. Par exemple selon Paillard (1977), le développement phylogénétique des organismes (c'est-à-dire leur évolution, au sens darwinien du terme), repose sur une sélection guidée par l'efficacité des fonctions téléonomiques, finalisées par la survie de l'espèce (nourriture, défense, reproduction...).

On peut classer les discours théoriques selon quatre grandes catégories : la science, la technique, la philosophie et l'idéologie (Lamour, 1984). Les sections qui suivent visent à approfondir ces différents concepts, ainsi qu'à envisager leurs relations réciproques.

**Science** : Classiquement on définit la science comme « l'ensemble de la connaissance des lois des processus naturels » (Ladrière, 1989), ou encore comme un « ensemble de connaissances et de recherches méthodiques ayant pour but la découverte des lois des phénomènes » (Cuvillier, 1974). Dans cette acception classique, le but de la science est de produire des théories et des modèles rendant compte des phénomènes naturels. Il faut comprendre par là que le but de la science est l'analyse et la modélisation de ce qui est, et non l'élaboration de ce qui n'est pas encore : dans cette optique, le but de la science apparaît comme l'élaboration d'une connaissance fondamentale, détachée de toute préoccupation d'application pratique. C'est dans ce sens qu'elle se distingue de la technique*, tournée au contraire vers l'action empirique.

Actuellement on admet que la science dépasse la seule investigation du naturel, et une distinction apparaît entre **sciences du naturel** et **sciences de l'artificiel**. La science du naturel « (celle que l'on désigne tout bonnement par "la science") est résolument cartésienne et positiviste [...] et repose sur une logique descriptive qui permet de rapporter et d'expliquer, en évitant toute contradiction, les relations qu'entretiennent une substance et son environnement, ou deux substances entre elles » (Demailly et Fernandez, 1986). Cette acception renvoie pleinement aux définitions précédentes. La science de l'artificiel « fixe d'abord ses objectifs ou finalités à atteindre ; ce n'est qu'ensuite qu'elle examine les moyens à mettre en œuvre pour le faire, sans se préoccuper de savoir si ces moyens existent déjà dans la nature » (Demailly et Fernandez, 1986). On parle également de **sciences de la conception** ou de **sciences de l'ingénieur**. Cette définition est proche de celle du concept de technologie*.

Dans le cadre des STAPS on distingue classiquement les **sciences de l'homme** (sociologie, psychologie, anthropologie, éthnologie) et les **sciences de la vie** (partie des sciences de la nature s'intéressant au vivant : biologie, physiologie...). Quand ces deux paradigmes scientifiques s'affrontent, généralement ils se dénoncent mutuellement revendiquant chacun l'exclusivité de la vraie « science ». Mais il s'agit le plus souvent d'un dialogue de sourd où chacun campe sur ses propres arguments épistémologiques et refuse de faire jouer ceux de son adversaire.

Le caractère scientifique d'une démarche repose dans un cadre poppérien moins sur l'objet qui la fonde, que sur la **réfutabilité** des savoirs qu'elle élabore : c'est-à-dire que les procédures de validation du savoir doivent toujours permettre, dans l'absolu, de réfuter une hypothèse, ou de démontrer une hypothèse inverse. L'épistémologie émet ici un paradoxe pour le sens commun : une connaissance irréfutable (c'est-à-dire que l'on n'a pas les moyens de réfuter) n'est par définition pas scientifique : c'est par exemple le cas de la croyance religieuse, ou des superstitions diverses. Une connaissance scientifique est une proposition qui *jusqu'à présent* a résisté à toutes les tentatives de réfutation. S'appuyant sur la forme logique de la « réfutation et de la falsification », Popper (1956) fustige sans retenue l'histoire dont il se sert d'épouvantail. Mais ce type de raisonnement est largement critiqué au sein des sciences sociales (Berthelot, 1991) où se développe un espace « non-poppérien » de l'administration de la preuve. Ainsi Passeron se gausse-t-il : « Imagine-t-on une théorie comme celle "du siècle de Philippe Auguste" ou du "charisme et de la peur" qui réussirait à les rendre falsifiables par un énoncé singulier ? » (Passeron, 1991). Pour échapper au dilemme entre « falsification poppérienne » ou « simple discours spéculatif » où sont placées les sciences sociales, bon nombre d'auteurs (Le Breton, 1990 ; Boltanski, 1993 ; Vigarello, 1993) proposent de vérifier les propositions par une herméneutique qui apporte une plus grande richesse sémantique. Une proposition peut être déclarée vraie si son énoncé apporte un supplément de sens au précédent, sans que *jusqu'à présent* elle n'ait été contrée par une nouvelle proposition rajoutant elle-même du sens. Par exemple on peut lancer comme hypothèse que « le SIDA fait peur parce qu'il est le plus grand des fléaux ». On peut dans une logique poppérienne réfuter cet énoncé en montrant chiffre à l'appui qu'on meurt beaucoup plus du cancer que du SIDA. On peut aisément dans la même logique montrer que la vérole au siècle passé entraînait les mêmes peurs du sexe et du sang. Mais on peut aussi la contester dans une logique non-poppérienne en montrant que la peur du SIDA est liée à trois points qui pris séparément ne sont pas originaux mais dont la conjonction est tout à fait nouvelle (Vigarello, 1993). Premièrement, celui qui est atteint est en bonne santé quand on détecte la maladie pourtant il va mourir irrémédiablement (dans le cancer la douleur est source principale d'alerte). Cet argument à lui seul n'est pas nouveau puisque Laennec prédisait avec précision grâce à son stéthoscope les phtisies malignes. Deuxième point, le malade est obligé de savoir (plus de pieux mensonge possible, ce qui place le malade en face de ses responsabilités). En phase de SIDA avéré le malade ne sait pas d'où va surgir l'infection (d'où une attention obsessionnelle tendue vers les signes de dérèglements).

Les épistémologues distinguent classiquement différents types de sciences (Ladrière, 1989), notamment les sciences formelles*, empirico-formelles* et herméneutiques*. Ces démarches scientifiques divergent par le type d'objet qui les fondent, et le mode de validation du savoir qui les caractérise.

**Sciences formelles** : Les sciences formelles reposent sur un dispositif abstrait qui permet d'engendrer une classe de propositions. Une science de ce type construit entièrement son objet (qui n'a en ce sens pas d'équivalent empirique*). C'est le cas par exemple des mathématiques ou de la logique. La validation du savoir passe par la démonstration*, mais suppose l'axiome* et la règle*. Cette validation repose donc sur la cohérence de la généalogie des connaissances : « le critère ultime de validité est la non-contradiction. Il s'agit là d'une propriété purement formelle » (Ladrière, 1989). Ces démarches scientifiques reposent sur une logique de déduction*.

**Axiome** : Un axiome est une proposition indémontrable, évidente par elle-même (Syn. : **Postulat**). Un axiome constitue donc une exception de poids au principe de réfutabilité des savoirs. L'édifice purement formel des théorèmes* repose entièrement sur le choix des axiomes de départ. Par exemple, la géométrie classique est fondée sur le postulat suivant lequel deux droites parallèles ne se coupent jamais. Il s'agit là d'un axiome fondé sur l'intuition, mais qui ne peut être démontré. Certains auteurs ont élaboré d'autres théories, postulant par exemple que deux droites parallèles se coupent par une infinité de points.

**Démonstration** : « Démontrer une proposition, c'est la rattacher par une série d'étapes, dont chacune consiste en l'application d'une règle* préalablement connue, à une ou plusieurs propositions premières, dont la validité est supposée préalablement acceptée » (Ladrière, 1989). La démonstration est l'archétype purement formel de la déduction*. Une **règle** est une loi axiomatique régissant le processus de déduction. Elle détermine les conditions du passage de la prémisse à la conséquence. La règle est postulée au même titre que l'axiome.

**Théorème** : Un théorème est une proposition démontrable qui résulte d'autres propositions déjà posées. Le théorème est donc la proposition conséquente de la démonstration. La validité d'un théorème est relative à la nature des axiomes et des règles à partir desquels il a été déduit. On appelle **corollaire** un théorème découlant d'un précédent sans nécessiter de démonstration complexe.

**Sciences empirico-formelles** : À la différence des sciences formelles qui créent entièrement leur objet, les sciences empirico-formelles se rapportent à un objet extérieur, qui est donné dans l'expérience empirique*. Théories et modèles sont élaborés à partir des faits empiriques par un processus d'induction*. Ces théories et modèles sont susceptibles de générer alors des hypothèses*, dans une logique déductive formelle. La validation du savoir passe par l'expérimentation*. La physique et la chimie représentent l'archétype du modèle empirico-formel. Au cours du XX^e siècle, la psychologie, en ce qui concerne sa branche expérimentale, a rejoint ce type épistémologique, en se définissant comme science du comportement.

**Expérimentation** : L'expérimentation est la mise à l'épreuve empirique*, de façon méthodique, d'une **hypothèse** théorique. L'élaboration d'une hypothèse scientifique est basée sur la puissance de simulation des modèles : les chercheurs font fonctionner leurs modèles, de manière formelle, et peuvent ainsi avancer des prédictions quant au fonctionnement réel de leur objet. Une hypothèse est une proposition déduite d'une théorie scientifique, susceptible d'être validée par expérimentation : cette dernière consistera à vérifier que les phénomènes observés correspondent aux prédictions issues des simulations réalisées à partir du modèle. Une hypothèse scientifique n'est pas un questionnement, mais une affirmation non encore validée. Sa validation confortera et élargira la portée de la théorie qui l'a engendrée. Dans le cas contraire, l'infirmation de l'hypothèse oblige le chercheur à modifier la théorie, de manière à rendre compte de l'ensemble des résultats expérimentaux (c'est-à-dire les résultats précédents, qui ont permis l'élaboration du premier modèle, et les résultats actuels, qui remettent en cause sa validité).

La **validation** expérimentale n'est pas binaire, mais probabiliste : les chercheurs fixent en général le seuil de validité à 0,05 c'est-à-dire qu'ils estiment pouvoir retenir une hypothèse pour valide à partir du moment où ils n'ont que cinq pour cent de chances de se tromper en l'affirmant (voir **seuil statistique***). Les lois empirico-formelles, qui n'ont qu'un caractère statistique, n'ont en ce qui concerne les faits singuliers qu'une signification probabiliste.

**Sciences herméneutiques** : Leur objet est constitué par « les systèmes de comportement et d'action, individuels et collectifs, dans lesquels la signification (des situations et des conduites) paraît jouer un rôle important, sinon capital » (Ladrière, 1989). Cette approche ne peut se baser que sur le fait empirique brut, excluant toute manipulation expérimentale. Ceci n'empêche nullement l'élaboration de modèles et de théories interprétatives (voir en particulier les topiques successives de la psychanalyse freudienne). « Le critère de validation d'une herméneutique est ce que l'on pourrait appeler le degré de **saturation** de l'interprétation proposée » (Ladrière, 1989) : le degré de saturation décrit la mesure dans laquelle une interprétation réussit à intégrer dans une totalité cohérente l'ensemble des faits empiriques recueillis. Il ne s'agit pas d'une donnée quantifiée. Se rattachent notamment à ce type épistémologique la psychanalyse, la psychologie clinique, l'histoire critique, la sociologie.

**Recherche fondamentale/recherche appliquée** : La distinction fondamentale/appliqué est opérée en fonction des objectifs de la recherche scientifique. La recherche fondamentale vise à la production de connaissances, dans un champ scientifique déterminé. Elle a pour but d'apporter une réponse à un problème théorique généré par l'avancée des connaissances du champ, c'est-à-dire de mettre à l'épreuve une hypothèse endogène. Aucune perspective d'application n'est essentiellement visée, et les incidences pratiques de telles recherches demeurent fortuites et accidentelles. La recherche appliquée vise de son côté à apporter une réponse à un problème pratique, posé de l'extérieur de la discipline, et ses résultats sont destinés à l'action. Certaines interprétations erronées de cette distinction sont à relever. La première serait que de la recherche fondamentale à la recherche appliquée, le degré de scientificité diminue. Il est certain qu'un problème purement théorique se prête plus aisément à un contrôle expérimental strict qu'un problème complexe « de terrain ». Néanmoins de nombreuses tentatives sont réalisées actuellement pour élaborer modèles et protocoles permettant l'analyse des situations complexes et écologiques (voir notamment plus bas, la recherche opérationnelle). Il ne faut pas confondre par ailleurs objectif et lieu de recherche : la recherche appliquée peut être une recherche de laboratoire, et de nombreuses recherches fondamentales sont réalisées « sur le terrain ».

La seconde serait que l'application dérive, de manière déductive, des résultats de la recherche fondamentale. Les relations entre les deux approches sont infiniment plus complexes : la recherche appliquée développe ses propres modèles, qui peuvent n'entretenir qu'un rapport lointain avec ceux de la discipline fondamentale correspondante. Par ailleurs, la recherche fondamentale s'enrichit constamment des démarches d'application, par la confrontation de ses théories aux faits réels.

Divers auteurs ont proposé l'abandon de cette distinction fondamental/appliqué, à cause des ambiguïtés qu'elle recelait. Coleman (1972) préfère parler de **recherche de la connaissance** et de **recherche décisionnelle,** mettant ainsi l'accent sur les objectifs des deux démarches, portés soit sur la production de savoirs, soit vers la décision et l'action. La recherche décisionnelle relève, au sens large, de la technologie*. Diverses distinctions ont été avancées, au sein même des démarches « appliquées » ou « décisionnelles », qui méritent des développements séparés : il s'agit de la recherche-développement, de la recherche opérationnelle et de la recherche-action.

**Recherche-développement** : La recherche-développement constitue le principal poste d'investissement des entreprises et des États en matière de recherche. Elle concerne « la production de matériels, de techniques, de processus, d'organisations et d'environnements représentant des progrès significatifs et mesurables par rapport à ce qui existe déjà » (De Landsheere, 1982). Il s'agit, au sens large, de la mise au point de produits susceptibles d'enrichir un marché, et destinés à des utilisateurs. On se situe ici clairement dans le cadre de la science de la conception, ou science de l'artificiel, telle que définie précédemment. C'est cette perspective que Pouillard (1985) donne à la didactique, vers la production d'« outils didactiques » directement utilisables par les enseignants.

**Recherche opérationnelle** : La recherche opérationnelle est « l'application systématique des méthodes et techniques scientifiques [...] à l'étude des problèmes de conduite des entreprises, des affaires publiques, des activités militaires. Son objectif est de fournir une illustration quantitative des éléments essentiels qui constituent une opération donnée et des facteurs qui influent sur le résultat, et de donner ainsi une base solide aux décisions à prendre » (Magee, cité par De Landsheere, 1982). La recherche opérationnelle vise à donner aux décideurs des secteurs économique, politique, industriel et militaire des méthodes et algorithmes* susceptibles de pallier l'insuffisance de l'intuition première et du bon sens. Face à des situations extrêmement complexes, aux évolutions rapides et aléatoires, le chercheur, qui a un statut d'expert, ou de consultant extérieur à l'institution, ou l'entreprise qui a recours à ses services, va utiliser certaines méthodes mathématiques, telles que la théorie des graphes, qui permet dans un ensemble complexe mais déterminé une convergence économique vers la meilleure solution, les calculs probabilistes, qui offrent une approche rationnelle des processus aléatoires, ou la théorie des jeux, qui permet la modélisation de stratégies en situation de concurrence (Cullman, 1989). Pineau (1992) trouve dans la recherche opérationnelle un modèle épistémologique pour la détermination des principes opérationnels*, support des contenus d'enseignement en EPS.

**Recherche-action** : La recherche-action occupe une place privilégiée dans la recherche en éducation et est en particulier la démarche retenue par de nombreux groupes de recherche en didactique de l'EPS, dont l'INRP. S'il s'agit, comme la recherche opérationnelle, d'une action délibérée visant un changement dans le monde réel, et engagée sur une échelle restreinte, la recherche-action repose sur des principes épistémologiques opposés. Elle rejette l'objectivité et la standardisation des démarches pour une approche essentiellement dialectique et participative. Le chercheur n'est pas un observateur extérieur mais un participant actif et les hypothèses s'élaborent et s'affinent dans l'action concertée. « Il ne s'agit donc plus ici de suivre pas à pas un plan préétabli par le chercheur et de ne retenir de la situation que les variables qu'il a initialement choisi d'étudier, mais bien de faire surgir d'un groupe total impliqué dans une action éducative les questions qui se posent fonctionnellement à lui » (De Landsheere, 1982). La recherche-action a pour ambition, au-delà de l'innovation contrôlée par la recherche, de déboucher sur la constitution de savoirs généralisables. On peut néanmoins se demander si elle est susceptible d'assurer la réfutabilité de ses résultats. Pour De Landsheere (1982), « il s'agit beaucoup moins de recherche scientifique que de stratégie d'innovation et d'activation ».

**Technique** : On peut comme la science la définir par rapport à son objet et ses critères de validation. En première approche, il s'agit d'« un travail fait avec une certaine méthode pour atteindre un résultat » (Ellul, 1954). En outre, « mise en œuvre de moyens, on doit la juger sur l'ajustement efficace de ces moyens à la fin visée » (Castoriadis, 1989). L'objet de la technique est l'atteinte concrète d'un but pré-défini et la validation repose sur l'efficacité des procédures employées.

Les définitions modernes de la technique l'appréhendent non en tant que pratique mais en tant que discours. C'est donc en tant que théorie qu'il faut comprendre la notion de technique. Ainsi Arnaud (1986) la définit comme « formalisation épurée, savante et décontextualisée du savoir-faire, destiné à structurer les apprentissages ». Vigarello est dans la même logique quand il définit le concept de **technique corporelle**, comme « l'ensemble des moyens transmissibles à mettre en œuvre pour effectuer le plus efficacement une tâche donnée » (Vigarello et Vivès, 1983).

La technique n'existe que par l'effort de transmission des savoir-faire. Cette notion, très importante dans le cadre des STAPS, ne doit pas être confondue avec celle de **techniques du corps**, très marquée par son champ d'origine : ce terme, selon Mauss (1950), renvoie aux « façons dont les hommes, société par société, d'une façon traditionnelle, savent se servir de leur corps ». Il s'agit là d'un concept anthropologique, à fin descriptive, dont l'extension à l'ensemble des techniques corporelles, et notamment sportive, reste problématique (Arnaud et Broyer, 1985).

**Technologie** : La technique s'appuie sur des règles non systématisées qui procèdent plus de tâtonnements et d'un contact immédiat avec la réalité que d'une expérience réfléchie. Dans ce sens elle se distingue nettement du concept de technologie. On définit cette dernière comme un « discours sur la pratique visant à se constituer en science normative de la production d'effets » (Guillerme, 1989). On est très proche de la définition proposée plus haut pour les sciences de l'artificiel. Selon Guillerme, « il ne saurait y avoir de technologie sans qu'apparaisse explicitement dans l'histoire des représentations une conscience de rationalité et une exigence de mathématisation ». La technologie apparaît comme la science de l'ingénieur. On a parlé de **technologie éducative** pour qualifier « l'application des découvertes scientifiques aux domaines pédagogiques afin d'améliorer et de rendre plus efficaces les systèmes d'enseignement ou de formation » (Eisenbeis et Maccario, 1979). Cette définition est en totale concordance avec la précédente.

**Milieu technique** : L'influence des développements de la technique industrielle sur les mentalités et le mode de vie a été étudiée par de nombreux auteurs. Ceux-ci ont avancé certaines notions particulièrement heuristiques pour comprendre la place du sport dans la culture technique de son temps. Friedmann (1967) définit le milieu technique comme « l'agrégat complexe des facteurs de civilisation communs aux sociétés industrielles » (Friedmann, 1967). Selon l'auteur, le milieu technique conditionne les modes de sensation, de perception, de représentation de l'homme moderne. Mumford (1950) avance le concept de **complexe technologique**, pour décrire la cohérence qui s'installe, à un moment donné, entre les matières premières utilisées, le type d'industrie, les rapports sociaux, et plus largement l'urbanisme, les méthodes d'éducation, les formes de loisirs, les arts, etc. Selon l'auteur, les faits de civilisation et de culture sont majoritairement déterminés par l'évolution des technologies industrielles.

**Philosophie** : Les définitions contemporaines de la philosophie la voient comme « l'ensemble des études, des recherches visant à saisir les causes premières, la réalité absolue ainsi que les fondements des valeurs humaines, et envisageant les problèmes à leur plus haut degré de généralité » (Le Robert). Cette définition indique les différences fondamentales « opposant » science et philosophie. Alors que la science tend à parcelliser ses approches, à atomiser théories et modèles, la philosophie recherche un savoir globalisant, unifié. C'est d'ailleurs le seul critère distinctif que Piaget (1970) accepte de retenir : « la science s'occuperait de questions particulières, tandis que [la philosophie] tendrait à la connaissance globale ». On peut ajouter qu'alors que la science rejette toute prise en compte des valeurs (soit en recherchant une connaissance isolée de perspectives d'application, soit en recherchant à optimiser l'application), la philosophie prend explicitement pour objet les valeurs humaines et leurs fondements. Cette opposition partage clairement le territoire des deux approches : ainsi selon Ulmann (1980), l'éducation physique est « suspendue à des normes, qui ne peuvent avoir d'autres justifications que philosophiques ».

**Normes et valeurs** : « Les normes sont des règles de conduite, stipulant quelle est la conduite appropriée pour un individu donné dans des circonstances déterminées, les valeurs (...) sont des critères du désirable, définissant les fins générales de l'action. (...) Les normes définissent le comportement approprié, au niveau des usages, ou la conduite requise, au niveau des mœurs et des lois ; elles impliquent donc l'existence de principes plus généraux à la lumière desquels leurs prescriptions et leurs interdits peuvent être légitimés. C'est à ces principes qu'on tend à donner, dans la sociologie contemporaine, le nom de valeurs » (Chazel, 1989).

**Idéologie** : La philosophie n'est néanmoins pas seule sur ce terrain de la définition des finalités* et des valeurs* : elle y affronte notamment le discours idéologique. L'idéologie est définie classiquement comme « l'ensemble des idées, croyances, doctrines propres à un groupe, une époque, à une société, et traduisant une situation historique » (Clausse, cité par Lamour, 1986). Sournia (1982) la définit comme un « système d'idées, philosophie du monde et de la vie, propres à une époque, une société, un groupe ». Ces définitions de surface permettent néanmoins de situer philosophie et idéologie selon un tableau simple d'oppositions : alors que la philosophie est fondée sur la pensée rationnelle, la rigueur et revêt une valeur universelle et atemporelle, l'idéologie est basée sur la croyance, la vérité dogmatique et n'a qu'une valeur conjoncturelle et locale.

Ces caractéristiques descriptives de l'idéologie ne permettent cependant pas toujours l'identification des discours correspondants. Canguilhem (1977) en propose une définition fonctionnelle : « L'idéologie se donne pour l'expression de ce que sont les choses, alors qu'elle n'est que le moyen de protection et de défense d'une situation, d'un système de rapports des hommes entre eux ou des hommes aux choses ». Canguilhem est ici très proche de la définition marxiste de l'idéologie, comme système théorique, donnant l'illusion d'être détaché de l'infrastructure, mais jouant un rôle mystificateur, camouflant et justifiant la domination de classe.

Ces deux définitions convergent dans la mise en avant des *fonctions mystificatrice et protectrice* de l'idéologie.

Canguilhem (1977) a d'autre part développé un autre concept, qu'il convient se situer sans ambiguïté : il s'agit de l'**idéologie scientifique** que l'auteur définit comme une « croyance qui louche du côté d'une science déjà instituée, dont elle reconnaît le prestige et dont elle cherche à imiter le style ». L'auteur ajoute qu'« il y a toujours une idéologie scientifique dans le champ où la science viendra s'instituer. Il y a toujours une science avant une idéologie, dans un champ latéral que cette idéologie vise obliquement » (Canguilhem, 1977). L'idéologie scientifique apparaît comme un moment épistémologique nécessaire de l'évolution des sciences : l'auteur met ici en avant le fait que la science n'est pas que le fruit d'un progrès intellectuel et méthodologique, mais aussi le produit historique d'un contexte institutionnel et politique. Ce concept se démarque nettement des définitions classiques de l'idéologie. Il se révèle particulièrement heuristique dans l'analyse des théorisations d'aspect scientifique, pressées « d'anticiper, sous l'effet d'exigences d'ordre pratique, l'avènement de la recherche » (Canguilhem, 1977).

**Doctrine** : Théorie dogmatique à large spectre explicatif, une doctrine est généralement basée sur un noyau restreint de principes fondamentaux. Lois et prescriptions en dérivent déductivement, dans un système cohérent et clos. Les médecines pré-pastoriennes, les « méthodes » d'éducation physique sont considérées comme des systèmes doctrinaires. Quand elles revendiquent un statut scientifique, les doctrines tendent à devenir des idéologie scientifiques, au sens défini plus haut (Canguilhem, 1977).

**Mythe** : « Le mythe est ce discours universel où tout est compris, même le désordre » (Griaule, cité par Lamour, 1986). Le mythe est un discours théorique rendant compte de la totalité de l'expérience empirique. Typique des sociétés traditionnelles, sa fonction d'explicitation de l'irrationnel semble relayée dans les sociétés modernes par la religion. Tous deux font appel généralement à des arguments de type métaphysique. Le mythe constitue une forme totalisante de discours idéologique. Mais il existe aussi des mythes séculiers : ils sont là pour dénouer une contradiction entre deux principes incontournables. Par exemple, Erhenberg (1991) montre que le mythe de la performance et du mérite sert à dénouer une contradiction entre l'égalité de droit, principe central de nos démocraties, et les inégalités de faits.

# Les champs scientifiques en présence

**Introspection** : L'introspection constitue historiquement le premier modèle épistémologique en psychologie. On peut la définir comme « l'observation de la conscience par elle-même, employée méthodiquement et pour une fin théorique » (Cuvillier, 1974). Il s'agit d'une psychologie subjective, centrée sur la description et l'explication des faits de conscience, en tant que faits de conscience. On parle également d'une « psychologie à la première personne ». Développée en France notamment par Maine de Biran, on en retrouve les prolongements dans l'œuvre de Bergson et la phénoménologie. Inspirée des principes socratiques (« connais-toi toi-même ») et cartésiens (« cogito ergo sum »), l'introspection a souvent été utilisée dans une perspective plus philosophique que scientifique. Elle a été à ce titre largement critiquée par Comte et les positivistes, à cause de l'indissociation essentielle qu'elle entraînait entre le sujet observant et l'objet observé. Elle a également subi les critiques des auteurs marxistes, estimant que la conscience ne constitue que le reflet du monde matériel, et que son étude en soi n'a aucune valeur.

**Behaviorisme** : Le behaviorisme constitue une révolution épistémologique fondamentale dans l'histoire de la psychologie. Annoncé par les travaux de Fechner, Wundt ou Piéron, la psychologie behavioriste est formalisée par Watson. Appliquant scrupuleusement les principes positivistes, Watson rejette les pratiques introspectives et estime que la psychologie doit se contenter de l'observation externe, comme les autres sciences naturelles. Abandonnant explicitement l'étude des faits subjectifs de conscience, le behaviorisme choisit donc pour objet le comportement (behavior), en tant qu'observable. Les behavioristes rejettent toute hypothèse structurale relative aux processus mentaux : « l'étude du comportement consiste à établir les relations qui existent entre les stimulations et les réponses de l'organisme » (Fraisse, 1963). On a souvent affirmé que les behavioristes réfutaient l'existence de processus mentaux s'intercalant entre stimulus et réponse. Il est certain que les postulats épistémologiques du behaviorisme ont amené les chercheurs de ce courant à minimiser le rôle des représentations et du traitement interne des informations. Néanmoins si la « boîte noire » est considérée comme scientifiquement imperméable, à aucun moment les behavioristes n'en postulent la vacuité. Le behaviorisme fait basculer la psychologie au début du XX^e^ siècle dans le modèle empirico-formel*. On peut parler dès lors de psychologie expérimentale*. Il va connaître des développements importants, notamment dans le domaine de la motivation (Hull) ou de l'apprentissage (Skinner).

**Psychophysique** : La psychophysique est l'étude des relations entre un stimulus et la sensation qu'il engendre. Elle « étudie les relations quantitatives démontrées entre des événements physiques identifiés et mesurables et des réponses évoquées selon une règle expérimentale avérée. Ces relations sont ensuite interprétées en fonction de modèles implicites ou explicites pour contribuer à l'élaboration et à l'approfondissement de nos connaissances sur le fonctionnement des organismes dans leurs relations à l'environnement (Bonnet, 1986). Historiquement, la psychophysique constitue la première psychologie expérimentale et ouvre la porte au behaviorisme. D'abord centrée sur l'étude mathématique des relations entre stimulus et sensation, la psychophysique s'est orientée ces dernières années, avec la **théorie de la détection du signal**, vers l'analyse des processus de décision sous-tendant la perception. Dans le champ des APS, les méthodes psychophysiques ont notamment été investies dans l'étude de la perception de l'effort (Borg, 1986 ; Rejeski, 1985) et de la difficulté (Delignières, 1993).

**Psychologie cognitive** : Le projet fondateur de la psychologie cognitive est « d'identifier les processus mentaux, même inconscients, qui s'intercalent entre stimulus et réponse » (George et Richard, 1982). Les behavioristes doutaient de la possibilité d'une investigation scientifique de ce qu'ils appelaient la « boîte noire ». Les cognitivistes, à partir de années 50, vont tenter de dépasser ce projet en cherchant à identifier les structures et processus hypothétiques responsables du comportement. Le terme de psychologie cognitive renvoie en fait à un ensemble d'approches extrêmement diverses. Grossièrement, deux courants majoritaires peuvent être distingués : le premier, dérivé du behaviorisme, s'applique à l'identification des processus de traitement de l'information s'intercalant entre stimulus et réponse (voir par exemple Sternberg, 1969). Le second met l'accent sur l'étude des représentations dans la régulation des comportements : c'est le cas par exemple de la psychologie piagétienne, ou des théories expectation-valence*. Enfin le terme de psychologie cognitive ne définit pas en soi un type d'approche scientifique : le cognitivisme peut s'appuyer sur une approche expérimentale, comme c'est le cas par exemple pour la chronométrie mentale, ou sur une approche clinique telle que l'utilise Piaget.

**Psychologie expérimentale/psychologie clinique** : On oppose souvent, en psychologie, les approches expérimentale et clinique. La psychologie expérimentale est alignée sur le modèle empirico-formel* : la validation des hypothèses passe par l'expérimentation. La psychologie clinique repose sur l'investigation systématique et aussi complète que possible des cas individuels. Elle est définie initialement par Lagache (1949) comme « une discipline psychologique basée sur l'étude approfondie de cas individuels. En termes plus précis, la psychologie clinique a pour objet l'étude de la conduite humaine individuelle et de ses conditions (hérédité, maturation, conditions physiologiques et pathologiques, histoire de la vie), en un mot, l'étude de la personne totale "en situation" ». L'opposition dont nous avons parlé plus haut est davantage méthodologique qu'heuristique. Psychologies clinique et expérimentale apparaissent surtout complémentaires, s'empruntant mutuellement hypothèses, résultats et outils d'investigation.

La psychologie comporte diverses branches, qui se distinguent par leurs objets et/ou leurs méthodes.

**Psychologie différentielle** : Il s'agit d'une approche centrée sur l'étude des différences interindividuelles. « Comme la psychologie générale, la psychologie différentielle prend pour objet les processus, mais en s'attachant à identifier les différences individuelles stables qui s'y rapportent » (Vom Hofe, 1987). La psychologie différentielle étudie notamment les grands continua de personnalité (intro/extraversion*, rôles sexuels*), ou les styles cognitifs* (dépendance/indépendance à l'égard du champ*).

**Psychologie génétique** : La psychologie génétique vise à l'étude du psychisme dans sa formation et ses transformations. On a souvent tendance à assimiler psychologie génétique et psychologie de l'enfant. En fait la psychologie génétique se préoccupe moins de connaître l'enfant que de fournir une explication des grandes fonctions psychologiques par l'étude de leur genèse. C'est le cas notamment de la psychanalyse, qui explique au travers du développement sexuel la constitution de la personnalité. On retrouve également cette logique dans les travaux de Piaget sur le développement de l'intelligence, et dans ceux de Wallon dans le domaine du caractère et de la personnalité.

**Psychométrie** : La psychométrie est « l'application du nombre et des méthodes quantitatives dans l'étude des conduites et des comportements, de leurs motivations et de leurs finalités. Son domaine s'est longtemps confondu avec celui des tests mentaux, qui en constitue l'instrument privilégié » (Perse, 1989). La psychométrie travaille à la conception et à la validation d'outils (questionnaires, inventaires de personnalité, tests divers), permettant de quantifier les phénomènes psychiques. Son apport est essentiel, tant dans la démarche expérimentale, où elle fournit des variables supportant le traitement statistique, que dans la démarche clinique où elle peut permettre d'affiner la connaissance du sujet.

**Psychologie mathématique** : La psychologie mathématique regroupe un ensemble d'approches visant d'une part à traduire les hypothèses psychologiques en termes mathématiques, et d'autre part élaborer des prédictions à partir des hypothèses formalisées. Le modèle mathématique doit donc être en mesure de simuler avec exactitude le fonctionnement cognitif. Au contraire de la psychométrie dont l'objet principal est la quantification des données, la psychologie mathématique vise en premier lieu la modélisation des processus. La première démarche que l'on peut qualifier de mathématique est la psychophysique* de Fechner, cherchant à représenter mathématiquement les relations entre stimulus et sensation. Depuis la Seconde Guerre mondiale, la psychologie mathématique a connu un développement considérable, notamment au travers de la recherche opérationnelle*, des théories de la décision*, ou de la détection du signal.

**Neurosciences** : L'objet des neurosciences est « l'étude des relations entre les opérations mentales et les processus nerveux, et leurs conséquences sur le comportement » (Ripoll, 1991). Limitée historiquement à l'étude de comportements molaires, tels que l'agressivité, ou de réactions sensori-motrices simples, les neurosciences ont pu ces dernières années ouvrir leur champ d'investigation aux conduites intentionnelles complexes (Paillard, 1987). Actuellement les problématiques explorées d'une part par les neurosciences, et d'autre part par la psychologie cognitive, tendent à se rapprocher (Requin, 1980). Les neurosciences ont notamment permis l'identification des substrats neurologiques de certaines structures hypothétiques des modèles psychologiques, et permettent en retour de questionner la pertinence de ces modèles.

**Psychologie sociale** : L'objectif de la psychologie sociale est « l'étude scientifique des activités de l'individu en tant qu'il est influencé par d'autres individus ou par la société » (Klineberg, 1989). La psychologie sociale étudie de manière systématique les interactions entre individus et leurs fondements psychologiques. Elle se démarque de la sociologie en ce que l'entité sur laquelle elle se centre est l'individu, ou le groupe restreint. En outre, les modèles explicatifs retenus sont de nature psychologique (cognitions, attitudes, émotions), et ne concernent pas les propriétés organisationnelles des groupes. La psychologie sociale recourt majoritairement à la méthode expérimentale. Ses problématiques principales sont la formation des normes et des attitudes, le pouvoir, l'agression...

**Sociologie** : Elle aussi repose plusieurs paradigmes. Les divergences sont repérables très tôt dans l'histoire de la discipline. Pour Auguste Comte à qui l'on doit le mot c'est une sorte de physique sociale destinée à trôner sur les sciences du vivant, sorte de philosophie épurée et dégagée de toute métaphysique. E. Durkheim fût l'autre fondateur de la sociologie classique française. Durkheim (1897) dont R. Boudon dans son traité (1992) souligne le positivisme, noue le rationalisme sociologique à la détermination causale et l'expérimentation. Le principal objectif est « d'étendre à la conduite humaine le rationalisme scientifique, et de réduire cette conduite à des rapports de causes à effets ». À l'inverse de la tradition française, la sociologie classique allemande, avec M. Weber et G. Simmel comme chefs de file, s'éloigne des visions totalisantes et propose un autre projet prenant en compte les formes historiques des objets étudiés et tourné vers une explication compréhensive des phénomènes. « Appelons sociologie une science qui se propose de comprendre par interprétation l'activité sociale et par là (...) d'expliquer l'action » (Weber, 1956). Pour P. Ansart (1992), la sociologie repose actuellement sur quatre paradigmes qui se distinguent par les oppositions holisme/individualisme, non-conscience des agents sociaux des déterminismes qui les dépassent/rationalité des acteurs engagés dans les situations. L'auteur repère donc le structuralisme (P. Bourdieu), l'individualisme méthodologique (R. Boudon), la sociologie des organisations (M. Crozier) et la sociologie dynamique (A. Touraine). Dans le chapitre « APS et Société » ces approches seront détaillées et mises en regard avec les productions propres au champ des STAPS.

**Anthropologie** : L'anthropologie, et en particulier l'anthropologie sociale, a pour objet l'étude des comportements sociaux, dans une perspective culturelle. Alors que la psychologie sociale est centrée sur l'étude des similitudes entre les individus de cultures différentes, l'anthropologie sociale analyse la manière dont les cultures se différencient. On peut citer à titre d'exemple les remarquables travaux de Margaret Mead (1962), sur les mœurs des tribus océaniennes. Balandier, autre exemple, dans ses travaux initiaux ne montrait plus la société africaine comme parcourue de rites immuables mais identifiait les changements qui la traversait. Les anthropologues et les ethnologues structuralistes comme Mauss, Lévi-Strauss, Guidéri, Favret-Saada et Shalins ont montré, par une approche souvent comparative, que nos techniques du corps, nos techniques de gestion de la vie et de la mort renvoyaient à des modalités culturelles.

Le transfert des méthodes antérieurement employées pour observer les sociétés lointaines a renouvelé le questionnement sur notre espace proche. Principalement organisée autour d'une étude clinique des faits sociaux, l'anthropologie se limite souvent aux unités sociales restreintes. Dans le champ des STAPS on doit à D. Lebreton (1990) de multiples études prenant le corps comme fil conducteur. Le corps est un thème anthropologique d'autant plus pertinent qu'il est au cœur des problématiques identitaires, au cœur du symbolisme social. G. Bruant, de son côté, a montré comment les gestes de la course sont socialement construits. Aussi, rien n'est moins naturel que la manière de placer nos bras, ou de reprendre notre souffle durant un jogging.

**Éthologie** : L'éthologie a pour objet l'étude des conduites animales en milieu naturel. Recourant à la fois à l'observation et à l'expérimentation, les éthologistes ont analysé les facteurs qui déclenchent l'activité de l'animal, qui l'orientent vers certains buts, qui fournissent l'énergie nécessaire à son déroulement. Parmi les problématiques retenues par les éthologistes, on peut citer la recherche du partenaire sexuel, l'attachement, et l'agressivité (Lorenz, 1975). Certains auteurs ont appliqué l'approche éthologique à l'étude des comportements humains (Montagner, 1978).

**Sémiologie** : Théories générales du langage. Parmi celles-ci on distinguera la linguistique stricto sensu qui exclut, de par sa définition même, toute préoccupation relative à la mise en contexte des faits de langage qu'elle étudie. Ainsi en suivant avec orthodoxie les grands principes hérités de Saussure (1968) et de Hjelmslev (1968) on a pu considérer jusque dans les années 80 la langue comme un système virtuel d'invariants et de règles. Mais des chercheurs comme Pierce (1978) en se demandant pourquoi les signes énoncés faisaient si souvent contresens conclurent que toute communication ne lie pas directement les interlocuteurs mais passe par une troisième instance : leur représentation. L'ensemble des approches que l'on pourrait regrouper sous la rubrique de la « sémiologie pragmatique » se présente davantage comme l'étude de la parole, et se propose d'étudier la prolifération des variables contextuelle (Landowski, 1989).

Les champs scientifiques sont traversés par des courants doctrinaux, dont l'étude est importante pour comprendre l'évolution historique des théories produites.

**Associationnisme** : Doctrine prétendant réduire le complexe à l'association d'éléments simples. Notamment, « toutes les opérations intellectuelles, même les liaisons logiques d'idées (jugement, raisonnement*) et les principes de la raison, se ramèneraient à l'association des idées. Celle-ci serait elle-même un phénomène purement mécanique » (Cuvillier, 1974). La perception est une reconstruction, à partir de stimuli discrets ; une habileté complexe est construite par association de liaisons élémentaires stimulus-réponse. L'associationnisme a largement inspiré les premières théories de l'apprentissage, et l'enseignement programmé nord-américain.

**Gestaltisme** : Théorie inverse à l'associationnisme, selon laquelle l'élément n'a de signification que par rapport à l'ensemble. L'idée centrale est le concept de **Gestalt**, défini comme une totalité, que l'on ne peut résumer à la somme des éléments qui la composent, et possédant des propriétés propres. Le gestaltisme, ou **psychologie de la forme** est apparu dans les années 20, à partir de l'étude de la perception. Cette théorie suppose une tendance fondamentale à l'intégration des stimuli discrets en totalités significatives. L'unité fondamentale de la perception n'est pas l'élément mais la Gestalt, produit d'un processus d'organisation perceptive dont l'efficacité est indépendante de tout apprentissage, la forme possédant en elle-même les propriétés qui fondent sa reconnaissance. Les gestaltistes ont ainsi mis en évidence un certain nombre de lois organisant la structuration perceptive (détachement de la forme sur le fond, prégnance des formes symétriques, regroupement des éléments proximaux, etc.). Dans le domaine de l'apprentissage, les gestaltistes ont insisté sur l'importance de l'insight, qui permet la solution instantanée d'un problème par une réorganisation soudaine des sensations. La psychologie de la forme, résolument opposée à l'idée d'une appréhension élémentaire de l'environnement, a inspiré certains courants pédagogiques, et notamment la « méthode globale » pour la lecture.

**Phénoménologie** : La phénoménologie est une position épistémologique qui met au premier plan l'expérience subjective de l'individu, sa perception ou interprétation unique et personnelle de son environnement. Notamment le comportement du sujet ne peut être compris qu'au travers de l'intention qui l'a généré. La psychologie phénoménologique met l'accent sur l'expérience vécue, la prise de conscience, l'intentionalité, la signification subjective des situations et des actes. Elle se situe donc aux antipodes de la psychologie expérimentale, centrée sur l'étude objective du comportement. L'objectif de la phénoménologie se situe cependant moins dans l'analyse et l'explication, que dans la description, la compréhension, et l'application pratique.

**Structuralisme** : On qualifie de structuraliste « toute théorie qui, à l'intérieur d'une science, privilégie la structure au dépens des éléments » (Cuvillier, 1974). Mettre l'accent sur la structure, que Parlebas (1976) définit comme un « système de relations qui demeure invariant sous de multiples transformations en assurant sa propre régulation », s'est s'efforcer de dépasser une approche descriptive pour tenter une approche plus dynamique, élucidant les organisations sous-jacentes et leur logique d'évolution. Le structuralisme se démarque en cela de la vision statique de la totalité proposée par la Gestalt-théorie. Dans son souci de mettre à jour la dynamique de fonctionnement de ses objets d'étude, le structuralisme fait appel à la modélisation et à la simulation mathématique. C'est dans cette logique que Parlebas (1976, 1981) s'efforce de mettre à jour les structures qui sous-tendent les jeux sportifs, au travers des universaux*, modèles opératoires qui les représentent. Le structuralisme, courant quasi-exclusivement français, a marqué l'œuvre de nombreux scientifiques et philosophes, parmi lesquels de Saussure (linguistique), Lévi-Strauss (anthropologie), Althusser (philosophie marxiste), Foucault (philosophie et histoire), Lacan (psychanalyse), et Piaget (psychologie).

**Éclectisme** : Méthode philosophique qui consiste à emprunter à des systèmes différents des thèses que l'on fond en un système unique. Lalande (1947) le définit comme la « réunion de thèses conciliables empruntées à différents systèmes de philosophie, et qui sont juxtaposés en négligeant purement et simplement les parties non conciliables des systèmes ». L'éclectisme est une notion qui émaille largement le discours en éducation physique, durant la première moitié du XX^e siècle. On peut en distinguer plusieurs formules, tel l'éclectisme par fusion des méthodes (règlement général de 1925) ou l'éclectisme préconisé par les médecins entre les deux guerres, basé sur le respect des méthodes et leur distribution rationnelle aux différents publics en fonction de leurs besoins (Delignières et Duret, 1990). Paradoxalement, la solution éclectique la plus connue, celle des instructions officielles de 1945, apparaît comme la plus éloignée de la philosophie éclectique précédemment définie.

**Réalisme et Positivisme** : Le premier courant se fonde sur une identité entre la nature et la raison pour affirmer que le savant ne fait que découvrir des lois qui « existent dans la nature » (Bartoly et Despin, 1979) et qui existeraient même hors de toute activité scientifique déployée pour en observer les manifestations. Le second courant au contraire, reconnaît au mieux aux phénomènes naturels une certaine régularité et fait du savant le créateur des lois nécessaires à les décrire, plusieurs théories peuvent alors expliquer un même phénomène. Le positivisme qui trouve ses racines les plus profondes au XVIII^e siècle dans l'empirisme, a pris une importance considérable au XIX^e avec A. Comte. Le réalisme qui trouve sa source dans le rationalisme du XVII^e siècle, évolue au XVIII^e vers le matérialiste avec des chercheurs comme Laplace ou des philosophes comme Diderot, puis vers le déterminisme au XIX^e. La polémique entre les deux courants au XX^e siècle a surtout porté sur la discontinuité des phénomènes observables comme en physique (Planck, 1963).

## La méthode expérimentale

Les démarches expérimentales ont pris une certaine importance dans la littérature spécifique des STAPS. Au-delà de la présentation générale de leur économie (voir plus haut, sciences empirico-formelles*), il nous semble nécessaire de préciser certains termes-clés, émaillant de nombreux articles et compte-rendus d'expérience. Une expérience se résume le plus souvent à la manipulation et à la mesure de plusieurs variables :

**Variable dépendante/variable indépendante** : La variable dépendante est celle qui est mesurée lors d'une expérience, et étudiée en relation avec les autres variables. Une variable dépendante est la mesure* d'un phénomène manifeste. Elle est généralement utilisée pour rendre compte d'un processus ou d'un mécanisme sous-jacent, non observable directement. Par exemple la performance, en terme de temps de réaction ou de temps de mouvement, est souvent utilisée comme variable dépendante indicatrice de l'habileté des sujets. Une variable indépendante est une variable manipulée lors d'une expérience, et dont on mesure les effets sur la variable dépendante. Par exemple, Durand *et al.* (1986) étudient l'influence de la difficulté de la tâche (variable indépendante) sur la quantité d'apprentissage (variable dépendante). Une variable indépendante peut être quantitative (taille, poids, niveau d'activation, etc.) ou qualitative (sexe, type de personnalité...).

**Donnée** : Une donnée est une représentation numérique de l'information. On peut distinguer les **données de numération** (indiquant le nombre d'apparitions d'un phénomène), les **données de rang** (les phénomènes sont classés, la donnée est constituée par le rang attribué), et les **données de score** (résultant d'une mesure). À chacun de ces types de données correspondent des procédures statistiques spécifiques.

**Échantillon** : Un échantillon est un ensemble de données (et non un ensemble d'individus). Un échantillon est supposé représentatif d'une population parente de données. Deux échantillons peuvent être qualifiés d'**appareillés** ou d'**indépendants.** Deux échantillons sont dits appareillés si à chaque donnée d'un échantillon correspond de manière univoque une donnée de l'autre échantillon. Il y a alors une relation bijective entre les deux échantillons, qui ont donc nécessairement le même effectif. Par exemple, les performances d'un groupe de sujets lors d'un pré-test d'une part, et d'un post-test d'autre part, constituent deux échantillons appareillés. Deux échantillons sont dits indépendants s'il n'y a pas d'appariement entre leurs données respectives, par exemple, si l'on compare les performances d'un groupe de filles et d'un groupe de garçons au même test. Des échantillons indépendants n'ont pas nécessairement le même effectif.

**Mesure** : Selon Stevens (1969), la mesure est le fait d'attribuer des nombres à des objets ou à des événements, en suivant une règle rigoureuse. La mesure sera possible lorsqu'il y aura isomorphisme entre les relations empiriques des objets et les relations formelles des nombres. À cette condition, les secondes servent de modèle pour les premières. Stevens décrit quatre niveaux de propriétés empiriques des objets pour lesquels les nombres peuvent servir de modèles, débouchant sur quatre niveaux hiérarchisés de mesure. Le premier niveau est constitué par les **échelles nominales**, dans lesquelles les nombres étiquettent des objets ou des classes d'objets. On ne peut donc obtenir d'autres renseignements que l'égalité ou l'inégalité entre les objets mesurés. La plupart des classifications (par exemple, celle des « familles » d'APS dans les instructions officielles) sont des échelles de ce niveau. Une dichotomie* est un exemple courant d'échelle nominale : on peut citer l'exemple du codage informatique du sexe (1 pour les garçons, 2 pour les filles...). Dans les **échelles ordinales**, les nombres représentent les objets selon leur rang. On peut comparer les objets par détermination du rang (inférieur à, supérieur à). Le classement des élèves dans une classe, une grille de niveau d'habiletés sont des échelles de ce niveau. Au niveau des **échelles d'intervalles**, les nombres peuvent servir à représenter les différences ou les distances entre les éléments. On obtient des échelles de classement à intervalles égaux. Le fait de décaler l'échelle vers le haut ou vers le bas ne modifie pas la grandeur des intervalles. Les barèmes sont généralement des échelles de ce type. Les échelles de mesure les plus sophistiquées sont les **échelles de rapport**. Dans ces échelles, les nombres peuvent servir à représenter les rapports entre éléments. La détermination de l'égalité des rapports est possible. Ces échelles se distinguent des précédentes par l'apparition d'une origine, d'un zéro absolu. Les mesures de temps ou de distances constituent des échelles de rapport (le zéro n'est pas lié à une décision du professeur, mais existe de manière absolue). À chacun de ces niveaux de mesure correspondent des traitements statistiques spécifiques. On peut noter que des échelles nominales aux échelles de rapport, les opérations permises et les traitements disponibles sont de plus en plus sophistiqués et performants. Le premier rôle de ces traitement est d'étudier la distribution de l'échantillon.

**Distribution** : La distribution caractérise la répartition des données d'un échantillon. L'analyse de la distribution passe par l'étude des valeurs centrales (mode, médiane, moyennes) et des paramètres de dispersion (quantiles, variance). La **moyenne** est définie comme le rapport entre la somme des données de l'échantillon et l'effectif de l'échantillon. Cette approche de la valeur centrale n'est valide que pour les échelles d'intervalles et de rapport. Le **mode** est utilisé pour définir la valeur centrale d'une échelle nominale (par exemple une série d'effectifs). Il s'agit de la valeur de la variable qui correspond à l'effectif le plus élevé. Le mode ne se calcule pas, il s'estime à partir d'un histogramme ou d'une courbe de fréquence. Enfin la **médiane** représente la valeur de la variable telle que 50 % des mesures lui soient inférieures et 50 % supérieures. L'utilisation de la médiane est caractéristique des échelles ordinales.

La **variance** est une mesure de la dispersion d'un ensemble de données autour de la moyenne. La variance ne peut être calculée que pour des échelles d'intervalles ou de rapport. L'**écart-type** est défini comme la racine carrée de la variance. C'est également une mesure de la dispersion des données autour de la moyenne. Dans le cadre d'une distribution normale*, environ 70 % des données sont situées entre plus ou moins un écart-type de la moyenne.

On appelle **distribution normale** un type particulier de distribution, caractérisant les échantillons à constitution aléatoire. Dans une distribution normale, les données sont réparties symétriquement par rapport à la moyenne. Une telle distribution est entièrement définie par la moyenne et l'écart-type. Syn : **Distribution gaussienne**.

**Données centrées** : Valeurs obtenues par transformation des données d'un échantillon. La transformation consiste, pour chaque donnée, à retrancher la moyenne et à diviser par l'écart-type. On obtient une nouvelle distribution, de moyenne 0 et d'écart-type 1. Cette transformation permet de comparer deux échantillons en éliminant les effets liés à l'unité de mesure (par exemple la taille en mètres et une performance en secondes). Cette transformation est requise par certains traitements comme la corrélation multiple*. Syn : **Données-z, données centrées et réduites**.

Au-delà de la caractérisation de la distribution, certains tests permettent des comparaisons inter-échantillons, ou des comparaisons entre un échantillon théoriquement attendu et un échantillon obtenu :

**Test de Student** : Test statistique permettant de comparer les moyennes de deux échantillons. Il débouche sur la production d'une valeur statistique (le « t » de Student), dont on peut apprécier la signification à partir de tables spécifiques. Ce test permet par exemple de déterminer si la différence constatée entre les performances moyennes de pré- et post-test est significative. La procédure est différente selon que les deux échantillons sont apparaillés ou indépendants.

**Test de Snedecor** : Test statistique permettant de comparer les variances de deux échantillons. Il débouche sur la production d'une valeur statistique (le « F » de Snedecor), dont on peut apprécier la signification à partir de tables spécifiques. Ce test est notamment à la base de la procédure dite d'analyse de la variance*.

**Test du Khi-deux** : Test statistique destiné à l'analyse des données de numération*. Il permet de comparer deux répartitions d'effectifs, ou de comparer une répartition actuelle des effectifs avec une répartition théorique attendue. Par exemple, ce test permettrait de comparer les effectifs réels de filles et garçons dans les différentes sections scolaires, avec les effectifs qui seraient théoriquement obtenus si la répartition n'était due qu'au hasard.

**Seuil statistique** : L'administration de la preuve, en méthode expérimentale, n'est pas binaire (vrai ou faux) mais probabiliste*. Tout résultat est accompagné d'une « mesure de vraisemblance », comprise comme la probabilité qu'a le chercheur de se tromper en avançant sa conclusion. Plus cette probabilité (notée p) est faible, plus le résultat est certain. Le seuil statistique est la plus forte probabilité jugée acceptable. Généralement, ce seuil est fixé à 0,05, c'est-à-dire que le chercheur a moins de 5 % de chances de se tromper. Tous les tests statistiques (t de

Student, F de Snedecor, Khi-deux, corrélation linéaire...) sont accompagnés de tables permettant de vérifier la validité probabiliste du résultat.

Si les tests précédents permettent de décrire et de valider des différences, d'autres types de traitement cherchent à identifier les liaisons et influences entre variables. La plupart de ces procédures sont basées sur une logique corrélationnelle.

**Corrélation** : Test statistique permettant d'évaluer la liaison entre deux variables. En fonction du niveau des échelles de mesure utilisées, plusieurs procédures sont envisageables. La **corrélation linéaire** s'applique aux échelles d'intervalles et de rapport. La force de la liaison est mesurée par le **coefficient de corrélation**, noté r (coefficient de Bravais-Pearson). Ce coefficient varie de 0 (aucune liaison) à 1 (liaison maximale). Dans le cas des échelles ordinales, on utilise la **corrélation par les rangs**. À ce niveau on peut recourir au calcul du coefficient Tau de Kendall, ou au coefficient de corrélation par les rangs de Spearman, qui est une corrélation linéaire, évaluée sur les échantillons des rangs (on doit alors remplacer les échantillons de données par les échantillons des rangs correspondants).

**Régression** : Procédure statistique dont le but est d'exprimer une variable (y) en fonction d'une autre (x). Elle débouche sur une équation de régression. Si l'équation prend la forme d'une fonction affine ($y = ax + b$), on parle de **régression linéaire**. L'équation peut être également de forme puissante, logarithmique, exponentielle ou polynomiale. On parle alors de **régression curvilinéaire**. La **régression multiple** est une procédure statistique dont le but est de décrire une variable (y) par la somme pondérée de plusieurs autres variables ($x^i$). Le résultat de cette analyse est une équation de régression multiple, de la forme $y = ax1 + bx2 + c$ (dans ce cas il n'y a que deux variables prédictives). a et b représentent les poids respectifs de x1 et x2 dans la détermination de y. L'équation de régression multiple peut permettre de prédire une variable (une performance par exemple), à partir de prédicteurs pertinents (les aptitudes par exemple).

**Analyse factorielle** : Procédure statistique complexe, consistant à faire émerger d'un large ensemble de données des facteurs systématiques et indépendants de variation. En fonction de la nature des données et des hypothèses de recherche, plusieurs méthodes sont disponibles, comme l'analyse en composantes principales ou l'analyse des correspondances. Les travaux de Fleischman sur les aptitudes, ceux de Cattell ou Eysenck sur les traits de personnalité ont utilisé l'analyse factorielle.

**Analyse de variance** : Procédure statistique permettant d'évaluer l'importance de diverses sources de variation identifiées sur l'évolution d'une donnée de score. Par exemple on peut faire l'analyse de la variance d'un échantillon de performances, en fonction du sexe, de l'âge, et de l'intro/extraversion. L'analyse montrera par exemple une influence du sexe, mais pas d'influence significative des autres sources potentielles de variation. L'analyse de variance permet également de tester les effets d'interaction : par exemple une interaction age X sexe pourra indiquer que les performances sont meilleures pour les garçons que pour les filles, et ce d'autant plus que les sujets sont âgés. Les sources de variations prises en compte dans l'analyse de variance sont représentées par des échelles nominales* (variables dépendantes qualitatives).

## La méthode clinique

L'adjectif clinique est souvent mal compris au regard d'un double sens qu'il convient de préciser tout d'abord :

— d'une part, l'adjectif clinique, associé à une pratique professionnelle de psychologue, renvoie à une intervention spécifique de terrain ou de thérapie (ex : psychothérapie, groupes de parole type Balint, accompagnement psychologique, etc.),

— d'autre part le terme clinique lorsqu'il est utilisé comme qualificatif des recherches en sciences humaines et sociales (ex : psychologie clinique, psychologie sociale clinique, sociologie clinique, ethnopsychiatrie clinique) renvoie à une approche scientifique particulière fondée sur « l'observation et l'analyse approfondie de cas individuels, aussi bien normaux que pathologiques » (Piéron *et al.*, 1968). On parle alors le plus souvent de la « démarche clinique » (Revault D'Allones *et al.*, 1989), qui, à partir de la psychologie, s'est répandue dans l'ensemble du champ des sciences humaines et sociales.

**Méthode clinique** : Dans son texte fondateur, Lagache (1949) précise : « Ce qui spécifie la psychologie clinique, c'est la méthode clinique ; c'est-à-dire la nature des opérations avec lesquelles le psychologue clinicien approche la conduite humaine. Ce qui les caractérise, ce n'est pas l'emploi exclusif, mais la prédominance et la prévalence d'une observation inspirée par le principe de l'unité de l'organisme et orientée vers la totalité des réactions d'un être humain concret et complet aux prises avec une situation ».

**Démarche clinique** : Revault D'Allones *et al.* (1989) caractérisent la démarche clinique en 6 points :

— Lien à la pratique : la démarche clinique s'appuie toujours sur des pratiques, et repose à la fois sur des expériences et sur une certaine distance à l'expérience.

— Rôle de la demande : elle peut émaner soit d'un sujet en souffrance, soit d'un chercheur. Dans les deux cas, elle s'inscrit dans l'espace d'une demande où s'organise un dispositif dans lequel un certain nombre de méthodes permettent l'établissement d'un décalage. Ce décalage permet le positionnement des protagonistes : chercheur-sujet de la recherche, psychothérapeute-patient, etc.

— Importance de la relation : l'objet étant un ou des sujets, la démarche clinique est toujours relationnelle : elle travaille dans la relation et sur la relation.

— Prise en compte de l'implication : l'engagement dans une démarche clinique impose un travail du chercheur sur son implication dans la relation avec le(s) sujet(s) de sa recherche : prise de conscience de l'implication, prise de distance, maniement et maîtrise de la relation notamment par la réflexion sur les méthodes.

— Rapports avec la psychanalyse : les rapports entre clinique et psychanalyse sont l'objet de nombreux débats, et des degrés de proximité variables peuvent être observés entre les deux selon les intervenants ou les chercheurs. Les relations portent essentiellement sur l'utilisation de concepts psychanalytiques, sur l'attitude et la méthode et sur la notion de transfert/contre-transfert (voir définitions plus bas).

— Réévaluation du social : la démarche clinique se caractérise également par l'attention qu'elle porte aux situations sociales dans lesquelles les sujets évoluent, par une tentative d'articulation du psychologique et du social et par une analyse de la subjectivité et de l'intersubjectivité dans leurs rapports avec le social.

La démarche clinique s'est aujourd'hui diffusée bien au delà des frontières de la psychologie, pour habiter les sciences humaines et sociales dans leur ensemble. On parle alors de recherche clinique, pour identifier le champ des travaux basés sur une démarche clinique, et les différencier de ceux qui s'inscrivent dans une épistémologie scientifique classique fondée sur l'objectivation et la décomposition analytique.

Sur les fondements épistémologiques et méthodologiques définis ci-dessus, un certain nombre de travaux cliniques se sont développés en STAPS, principalement dans les secteurs du sport de haut niveau, du handicap et des inadaptations. Mais bien avant l'émergence des STAPS, en tant que section universitaire, l'éducation physique était déjà en contact avec l'approche clinique en particulier grâce aux analyses de Pujade-Renaud et Vigarello (1974) ou de Therme (1979). Plus généralement un courant d'analyse clinique des pratiques sportives existe aujourd'hui, au sein duquel se rejoignent des chercheurs de la discipline STAPS et des chercheurs en sciences humaines qui prennent pour objet d'étude le sportif (sciences de l'éducation, psychologie et sociologie en particulier).

Nous nous proposons ici de préciser quelques uns des concepts et notions que l'on retrouve le plus souvent dans les travaux relevant d'une démarche clinique en STAPS. Mais ces définitions, forcément rapides et limitées, doivent être complétées par le recours aux textes de références proposés dans la bibliographie.

**Clinique impliquée ou clinique instituée** : Mode d'intervention psychologique particulier en milieu sportif caractérisé par une position de tiers-inclus du psychologue clinicien dans lequel se « combinent une attitude clinique et la proposition circonstanciée de stratégies — directes et indirectes — mises à la disposition des demandeurs » (M. Lévêque, 1991).

**Intervention psychothérapeutique en psychologie du sport** : Intervention du psychologue clinicien dans le cadre d'entretiens de face à face, dans les situations de « crises sportives ». Ce type d'intervention se déroule dans « un espace intermédiaire entre le sujet et le monde sportif qui permet l'expression des demandes de soutien psychologique des athlètes ». Dans ce cadre « l'intervention psychologique devient possible et opérante pour l'évolution d'un sujet sportif momentanément en crise et qui doit affronter des remaniements pour se dépasser » (Bilard & Lollini, 1991). Ce type d'intervention psychologique peut concerner non seulement les athlètes, mais aussi les entraîneurs, en tant qu'acteurs centraux du système de la haute performance, en prise directe avec des conflits relatifs d'une part à la gestion des athlètes ou des équipes, et d'autre part aux attentes du milieu fédéral.

**Transfert** : « Au cours de la cure psychanalytique, développement d'une attitude complexe de la part de l'analysé vis-à-vis de l'analyste, en particulier de réactions affectives, hostiles ou plus généralement ambivalentes (transfert positif, négatif) ; ces attitudes, au lieu de constituer des réponses ajustées à la situation réelle et présente, assimilent cette situation à des conflits résiduels avec les personnes de l'entourage infantile » (Piéron *et al.*, 1968).

**Contre-transfert** : « Au cours du traitement psychanalytique, sentiments affectueux ou hostiles de l'analyste à l'égard de son patient. Conscients, l'analyste en tient compte. Ils lui permettent d'analyser le transfert de son patient sous l'aspect où il a provoqué le contre-transfert. Inconscients, ils peuvent amener la stagnation ou l'échec du traitement, avant que l'analyste en ait pris conscience. L'interaction transfert-contre-transfert est un des éléments essentiels de la relation malade-médecin » (Piéron *et al.*, 1968).

**Conflit psychique** : « En psychanalyse on parle de conflit lorsque, dans le sujet, s'opposent des exigences internes contraires. Le conflit peut-être manifeste (entre un désir et une exigence morale par exemple, ou entre deux sentiments contradictoires) ou latent, ce dernier pouvant s'exprimer de façon déformée dans le conflit manifeste et se traduire notamment par la formation de symptômes, des désordres de la conduite, des troubles du caractère etc. » (Laplanche et Pontalis, 1968).

**État idéal de performance** ***(Ideal Performing State)*** : Terme utilisé pour désigner un état psychologique particulier recherché par les athlètes de haut niveau au travers de la préparation mentale. Unestahl (1986) repère cinq grandes caractéristiques de cet état : amnésie, concentration/dissociation, détachement de la douleur, changements perceptifs, sentiment de puissance et de contrôle. Cet état psychique peut être associé aux états modifiés de conscience. Les travaux scientifiques cliniques portant sur le thème de la préparation psychologique à la haute performance sont l'objet de discussions approfondies au regard de cette notion d'état idéal de performance et de ses relations avec le concept d'état modifié de conscience (Le Scanff, 1991 ; Descamps, 1991 ; Marcellini, 1993).

**État modifié de conscience** : « État mental représentant une déviation dans l'expérience subjective ou dans le fonctionnement psychologique par rapport à certaines normes générales de la conscience à l'état de veille » (Ludwig, 1966). « Expériences au cours desquelles le sujet a l'impression que le fonctionnement habituel de sa conscience se dérègle et qu'il vit un autre rapport au monde, à lui-même, à son corps, à son identité » (Lapassade, 1987).

**Fantasme** : « Scénario imaginaire où le sujet est présent et qui figure, de façon plus ou moins déformée par les processus défensifs, l'accomplissement d'un désir et, en dernier ressort, d'un désir inconscient » (Laplanche & Pontalis, 1968). Dans le cadre des recherches sur le sport, on peut citer des travaux sur les liaisons entre fantasmatisation inconsciente et choix des pratiques sportives (Descamps, 1993), et de nombreuses publications relatives aux fantasmes sous-jacents de l'investissement sportif de haut niveau (Carrier, Terrisse & Labridy, 1991 ; et le chapitre psychologie clinique des conduites sportives, in *Sciences humaines cliniques et pratiques corporelles*, 1993).

**Identification** : « Processus psychologique par lequel un sujet assimile un aspect, une propriété, un attribut de l'autre et se transforme, totalement ou partiellement, sur le modèle de celui-ci. La personnalité se constitue et se différencie par une série d'identifications. » (Laplanche et Pontalis, 1968). Freud (1921) distingue trois modes d'identification :

— L'identification comme forme la plus primitive de l'attachement affectif à un objet est appelée identification primaire. Elle renvoie à la constitution du sujet sur le modèle de l'autre et est liée à la relation dite d'incorporation orale. Le sujet veut devenir et être l'autre, le remplacer à tous les égards. Freud le dit ainsi : « le moi cherche à se rendre semblable à ce qu'il s'est proposé comme modèle ».

— L'identification peut aussi prendre la place, par régression, d'un penchant érotique pour un objet. Dans ce cas, on peut dire qu'il y a une sorte d'introduction de l'objet dans le moi déjà constitué. Le moi copie l'objet, mais l'identification n'est que partielle, limitée, et emprunte par exemple à l'objet un seul de ses traits.

— L'identification peut aussi se mettre en place en dehors de toute attirance libidinale à l'égard de la personne à laquelle on s'identifie, simplement lorque le sujet se découvre un trait commun avec une autre personne.

**Identité** : La notion d'identité est apparue en psychologie sociale avec les travaux d'Erickson (1972), qui a introduit la notion de « crise identitaire ». L'identité apparaît aujourd'hui comme un concept synthétique et interdisciplinaire dont il reste encore à trouver une définition générale. Camilleri *et al.* (1990) proposent un certain nombre d'axes de définition que nous présentons ici de façon résumée : l'identité est le produit d'un processus (perspective dynamique) d'interaction du sujet avec son environnement, est multidimensionnelle et structurée, présente un caractère d'unité relative dans le temps, et est l'objet de stratégies, car les sujets disposent d'une faculté d'intervention sur celle-ci : on parle alors de stratégies identitaires.

**Imaginaire** : L'imaginaire ou le domaine imaginaire « se constitue par création imaginative comme un monde s'opposant ou se substituant au monde de la réalité perceptive sans atteindre un niveau délirant » (Piéron H., 1968).

**Narcissisme** : « Par référence au mythe de Narcisse, amour porté à l'image de soi-même. Le narcissime primaire désigne un état précoce où l'enfant investit toute sa libido sur lui-même. Le narcissisme secondaire désigne un retournement sur le moi de la libido, retirée de ses investissements objectaux » (Laplanche & Pontalis, 1968).

**Projection** : « Dans le sens proprement psychanalytique, opération par laquelle le sujet expulse de soi et localise dans l'autre, personne ou chose, des qualités, des sentiments, des désirs, voire des "objets", qu'il méconnaît ou refuse en lui. Il s'agit là d'une défense très archaïque et qu'on retrouve à l'œuvre particulièrement dans la paranoïa mais aussi dans des modes de pensée "normaux" comme la superstition (Laplanche & Pontalis, 1968).

**Symptôme** : Dans le langage médical le symptôme est un phénomène qui révèle un trouble organique ou une lésion. Au sens plus large, on dénomme symptôme ce qui révèle ou permet de prévoir autre chose. D'un point de vue strictement psychologique, le symptôme est l'expression d'un conflit psychique inconscient. En psychologie du sport, un certain nombre de dysfonctionnements ou de difficultés apparaissant sur le terrain sportif (contre-performances, blessures, troubles somatiques divers, etc.) peuvent être analysés comme symptômes, c'est-à-dire comme expression spécifique sur le terrain sportif de problèmes inconscients (Moragues & Lollini, 1991).

# 2

# APS et société

## Les écoles en sociologie

Pour donner une vue d'ensemble des écoles en sociologie il faut les définir d'une manière comparative interne les unes par rapport aux autres, mais aussi d'une manière externe en les situant dans l'ensemble du champ des sciences sociales. En appui sur *Sociologies contemporaines* d'Ansart (1992) on peut décrire quatre grands paradigmes en sociologie : le structuralisme génétique, l'individualisme méthodologique, la sociologie des organisations et la sociologie historique ; à ces quatre paradigmes on ajoutera l'interactionisme et l'ethnométhodologie, et enfin la sociologie des formes morales et des émotions (Boltanski, 1993 ; Sansot 1991).

**Structuralisme génétique** : Cette tendance prend des structures sociales comme explication du fonctionnement de la société. Ce courant est donc très proche de Durkheim et des hypothèses déterministes. Il prend corps dans les travaux de Bourdieu qui partent du constat de l'existence d'un espace social structuré en positions distinctes et hiérarchisées (Bourdieu, 1979). Cette société n'est plus mise en ordre uniquement par l'argent, domination sur laquelle s'appuyaient les analyses marxistes, mais par le jeu de différents types de capitaux, en particulier culturel. La société se décompose pour l'auteur en champs d'intérêts et donc de concurrences relativement autonomes. Rappelons que, dans le modèle de Bourdieu, plus un champ est autonome, plus il a pour propriété de transformer les luttes sociales en luttes symboliques. Enfin l'intériorisation des phénomènes de reproduction et de domination est expliqué par l'**habitus**, mécanisme incorporé de perception et « schème générateur de pratique, structuré et structurant ». L'habitus désigne dans son sens le plus général le système de dispositions durable acquis par l'individu au cours du processus de socialisation*. Pour Bourdieu l'habitus contribue au dépassement des points de vue objectivistes et subjectivistes. Héran (1987) montre comment Bourdieu, grand amateur de Husserl, opère un déplacement vers la phénoménologie d'un concept traditionnellement centré sur la théorie de la sédimentation des structures sociales dans les corps. Cependant ce modèle a amené plusieurs critiques. La première consiste pour l'individualisme méthodologique comme pour l'ethnométhodologie (approches méfiantes par principe à tout ce qui pourrait entraîner du scepticisme à l'égard de la liberté des individus) à renoncer à une société organisée en classe. La deuxième en provenance de la sociologie dynamique et de la sociologie des émotions concerne le fort degré d'irréversibilité des goûts qui, fonctionnant presque comme des dispositions, semble enfermer les agents dans des choix extrêmement stables. Le concept d'habitus centré sur la reproduction sociale est alors critiqué comme réponse insuffisante pour expliquer les changements sociaux

**Agent** : Lorsqu'il abandonne la notion an-historique de « sujet », Bourdieu introduit celle d'agent, comme personne soumise à un ensemble de règles sociales. En effet, sous la double influence de Lévi-Strauss en anthropologie et de Saussure en linguistique, l'auteur dans ses premiers écrits résolument structuralistes considère le monde social « comme un espace de relations objectives transcendant par rapport aux agents » (Bourdieu, 1987). Mais l'analyse comparée des stratégies matrimoniales en Kabylie et au Béarn, l'amène a concevoir que les agents n'obéissent pas seulement à des règles mais à des stratégies.

**Capital** : En sociologie le capital est une ressource dont les agents héritent ou qu'ils acquièrent. Pour Bourdieu tout agent est plus ou moins doté de quatre types de capitaux : économique (terre, outils de production, argent), culturel (sous forme incorporée, objectivée, institutionnalisée), social (relation instaurée et entretenue) et symbolique (prestige).

**Nomenclature** : Outil pour classer l'ensemble de la population — actifs et retraités — dans de grandes catégories professionnelles. Les emplois sont décomposés selon la finesse des regroupements en huit ou quarante-deux postes. La remise à jour des catégories (1982) correspond à la tendance à la tertiarisation de l'emploi et à l'inflation de la classe « cadre ». Les données sociales de l'INSEE (1984, p. 539) présentent la nomenclature réduite en huit postes dont six pour les actifs : 1- agriculteurs exploitants, 2- artisans, commerçants et chefs d'entreprises, 3- cadres et professions intellectuelles supérieures, 4- professions intermédiaires, 5- employés, 6- ouvriers, 7- retraités, 8- autres personnes sans activité professionnelle.

Le courant du structuralisme génétique été source d'inspiration pour de nombreux auteurs des STAPS. Le chercheur pionnier en la matière, Pociello a décrit le champ socio-sportif comme un domaine composé d'agents et d'institutions où se distribuent les profits produits par un système de pratiques sportives. Il est le concepteur du

**système des sports** qui visualise la situation de chaque pratique sur l'espace des positions sociales. En effet, l'auteur montre que chaque sport recrute sélectivement plutôt certains agents sociaux que d'autres. Sensible à la poétique du rugby, l'auteur montre également que la division technique et stylistique du travail sportif est construite sur la division sociale des joueurs avants et arrières. À partir d'oppositions binaires (lourd/léger, David/Goliath, pianiste/déménageur), il met en évidence les premières règles dramaturgiques propres à susciter les émotions des spectateurs. Ce premier cadre théorique permettait ainsi à d'autres chercheurs de s'y rattacher. Les travaux de Defrance (1978, sur l'athlétisme), Clément (Clément, Defrance, Pociello, 1994, sur l'histoire sociale), Michon et Olh (1987, sur le coût de la pratique sportive), Léziard (1989, sur le cyclisme), Bessy (1991, sur les salles de mise en forme), Le Pogam (1977, sur la démocratisation du sport), Waser (1989, sur le tennis), Irlinger (1994, sur les médias) et Louveau (Davisse, Louveau, 1991, sur les femmes) pour ne citer qu'eux, ont prolongé ou amendé ces travaux initiaux tout en restant dans le même paradigme. Inévitablement, l'accroissement du nombre de recherches allait apporter son lot de critiques au modèle initial. Defrance, puis Métoudi et aujourd'hui Ségalen (1994) montrent comment certaines modalités de courses longues correspondent plus au mode de vie des cadres qu'à celui des ouvriers. Clément et Defrance (1987) relativisent l'importance donnée aux structures (et donc à la permanence des choses) en introduisant le concept de « conjoncture » dans leurs analyses. Clément, par exemple, évoque le développement des cadres dans les années 50 pour expliquer la naissance de nouvelles activités de combat « souple » (judo). Le système des sports en superposant des pratiques à un espace de positions sociales suppose que les goûts se constituent essentiellement sur la base de l'origine sociale. Or cette optique minore ou passe sous silence, d'autres influences comme celles de l'école. Face aux poids des origines sociales et des habitus, les enseignants font confiance à la force des apprentissages (Merand, 1992). Ainsi, les professeurs d'éducation physique ont su susciter des engouements pour des sports collectifs comme le hand-ball ou le volley-ball par delà les origines sociales de leurs jeunes adeptes. Enfin, l'école est aussi le lieu où les jeunes aiguisent leur goût par un processus d'expériences entre pairs et autonomisent paradoxalement leur culture de celle du monde adulte. En 1994, Suaud et Faure au GDR-CNRS proposent de retravailler sur l'espace des sports. Qu'a de nouveau une telle démarche ? Tout d'abord de substituer à une structure hypothétique, une construction statistique fiable. Ensuite de distinguer les effets du niveau de jeu sur le recrutement social d'une pratique. Construit à partir de l'annuaire des joueurs de première division, les résultats sur le rugby ne pouvaient, par exemple, valoir au-delà de cette source. Pour mieux saisir les distorsions que fait porter le sport de haut niveau sur le recrutement social des pratiquants ordinaires il y aurait donc lieu également de distinguer l'espace des sports de masse, de celui des sports très fortement professionnalisés. Enfin, l'ultime apport d'une revisite du système des sports serait de ne plus attacher une seule pratique à un groupe social, mais plutôt une palette plus large d'APS préférentielles.

## « *L'ESPACE DES SPORTS* » DANS LA SOCIÉTÉ FRANCAISE (1989-92)

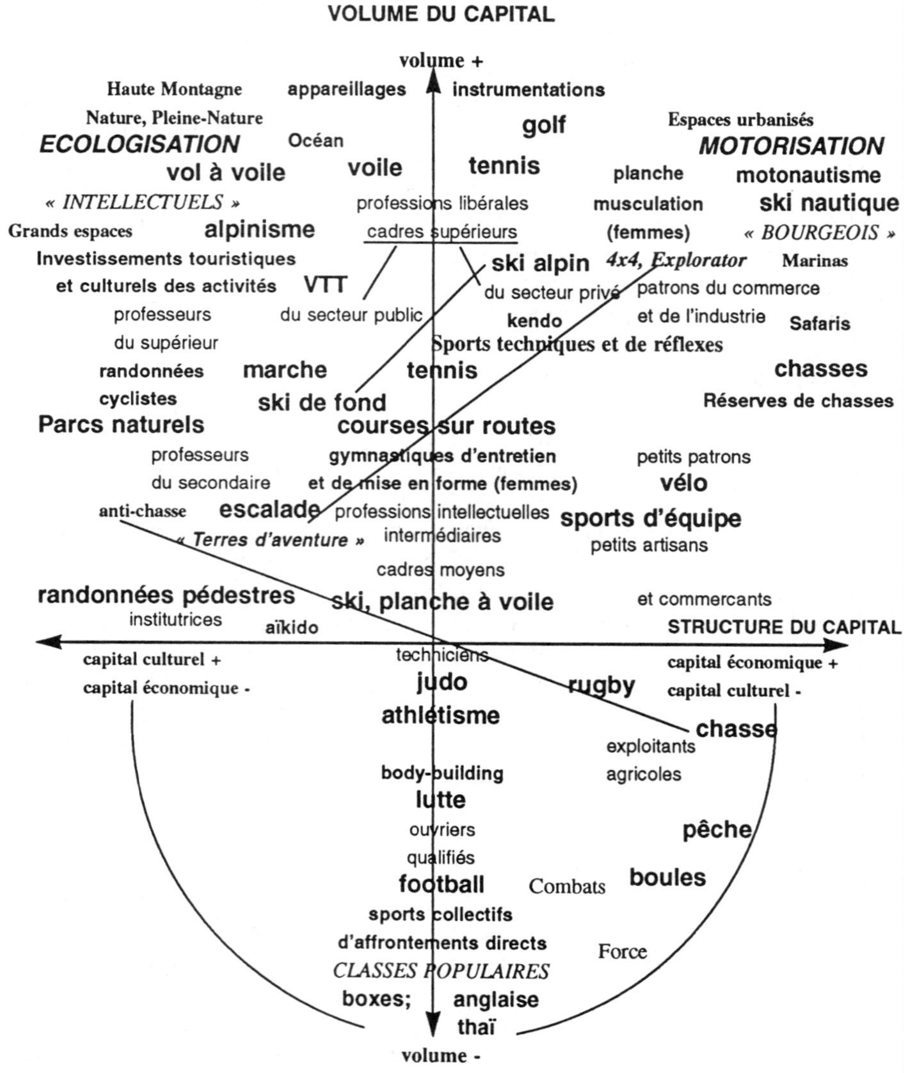


(Sources : C. Pociello, *La Culture sportive*, Paris PUF, 1995)

**Individualisme méthodologique** : Inversement, l'individualisme méthodologique est une tendance qui part de l'individu pour expliquer les faits sociaux. Les pères fondateurs ne sont plus Marx ni même Durkheim, mais Tocqueville (*De la démocratie en Amérique*, 1835) et surtout Weber (*Économie et société*, 1971). Cette approche minimise les déterminants sociaux au profit de la marge de liberté des acteurs considérés comme des êtres rationnels. Face aux critiques des structuralistes qui perçoivent cette rationalité restreinte au sens où quelqu'un placé dans une situation concrète, agit conformément à ce qu'il croit être ses intérêts. Ce courant montre que le passage des choix individuels à l'action collective est plus aléatoire que le laissent supposer les structuralistes (Boudon, 1977). Selon l'esprit de l'individualisme méthodologique il faudra chercher en chaque cas particulier comment les actions individuelles peuvent s'agréger les unes aux autres. Ce courant prend donc appui sur les travaux de la théorie des jeux portée sur l'analyse mathématique des gains et des pertes.

Les principales critiques que supporte l'individualisme méthodologique sont :

— la réduction des effets de domination à des effets de situation est la critique majeure que lui adressent les structuralistes ;
— l'usage du « rational choice » et de la théorie des jeux est critiqué par le courant de la sociologie des émotions montrant que les acteurs ne se conduisent jamais en machines comptables très strictes : l'amitié et l'amour par exemple bloquent ces calculs ;
— enfin dans la vie il y a plein de situations où l'on ne peut calculer parce qu'on est soumis à des doubles contraintes. Comme le montre l'école de Palo-Alto et en particulier Bateson, deux injonctions contradictoires bloquent les possibilités de choix car on ne peut obéir ni désobéir.

Dans le champs des STAPS les travaux de Parlebas sur les communications et contre-communications analysées grâce à l'usage des graphes se rattachent à ce courant. L'auteur est le concepteur d'une classification logique des pratiques sportives (le « **simplex** ») qui croise milieu incertain/milieu stable, présence ou absence de l'adversaire et/ou de partenaires. Pierre Parlebas pense que ce qui va déterminer les gens à pratiquer tel ou tel sport, c'est non seulement leur origine sociale, mais aussi le type de réseau de communication qu'ils vont trouver à l'intérieur de chacun d'entre eux. Il utilise ce modèle pour analyser les logiques internes, les universaux et les méta-règles des sports par des modèles mathématiques. Il a ainsi largement étudié les stratégies développées dans les choix décisionnels particulièrement au volley-ball. On peut lui adjoindre les travaux de During(1984) sur les jeux traditionnels, Combaz (1992). Parlebas adresse deux critiques au système des sports. Tout d'abord il récuse la possibilité d'indexer chaque pratique à une position sociale. « Toute correspondance fixiste entre les sports et une cartographie des classes sociales est condamnée à se retrouver hors-jeu » (Parlebas, 1986, p. 25).

Les individus ne se déterminent pas uniquement en fonction de leur origine mais aussi en fonction de leur préférence pour des sports individuels ou collectifs, avec ou sans opposition, en pleine nature dans un environnement fluctuant ou en gymnase dans un environnement stable. De plus, il réintroduit la dimension affective des choix en utilisant les sociogrammes ; enfin, il déplore une confusion entretenue entre goût et nécessité. Pour qu'il y ait véritablement goût, il faut qu'il y ait possibilité de choix. Or l'ouvrier n'a pas plus le choix d'opter pour le yachting au lieu du football qu'il ne l'a de préférer le caviar aux haricots secs.

**Sociologie des organisations** : La démarche de Crozier (1987) dénote une autre conception de la société qui n'est plus organisée en classe ou peuplée uniquement d'individus rationnels mais qui peut se concevoir comme un ensemble de systèmes. Un **système** est un « ensemble qui possède un degré de complexité plus grand que les parties qui le constituent, en raison des relations qui unissent ces parties » (Berger & Brunswick, 1976). En outre, le système est finalisé : il vise à atteindre un ou des objectifs. La régulation du système est sa capacité à corriger ses actions si l'objectif qu'il se fixe n'est pas atteint. Le système repose sur l'organisation comme outil de production d'ordre. « Dans toute organisation se trouvent conjointement posés des problèmes de coopération et de hiérarchie » (Bourdon & Bourricaud, 1982). Par exemple, Crozier (1963) étudiant le phénomène bureaucratique fait apparaître, conformément à la définition webérienne de la démocratie, une extension de règles impersonnelles. Dans ce type d'organisation les pouvoirs de décision tendent à se concentrer dans les mains d'un petit nombre. Cette concentration du pouvoir et la non-participation des subordonnés aux processus de décision ont une double conséquence :

— leur isolement pousse les dirigeants à privilégier les décisions assurant le renforcement de leur autorité et la stabilité du système en place ;

— dans les catégories subordonnées, l'extériorité vis-à-vis des décisions renforce l'indifférence en ce qui concerne les résultats de leur travail. Par contre ce développement d'un sentiment d'irresponsabilité renforce les solidarités et les revendications statutaires propres à chaque catégorie ou à chaque strate de l'organisation.

Ce fonctionnement typique des administrations françaises des années 70, s'est transformé en une décennie et lorsque Crozier publia avec Friedberg *L'acteur et le système, les contraintes de l'action collective* (1977) c'est un tout autre type d'organisation qu'il décrit. Il n'y a plus de fossé entre les détenteurs et les non-détenteurs du pouvoir (défini comme le droit à l'autorité). Le pouvoir se déploie essentiellement à travers un rapport permanent de compromis et de négociations. Il s'agit bien d'un rapport de force mais dans lequel aucun des acteurs n'est totalement démuni. Chaque partenaire conserve une marge de liberté d'autant plus étendue qu'il peut dissimuler ses intentions et prévoir celles de ces interlocuteurs. Il doit donc chercher à élargir sa **zone d'incertitude**. La notion de **stratégie** devient centrale dans cette perspective. Son but est « d'analyser les relations de pouvoir au sein des contraintes systémiques » (Durand & Weil, 1989). La seconde grande notion apportée par cette approche c'est la notion de **réseau**. Le réseau s'oppose au groupement centralisé, à l'intérieur d'un réseau tout le monde peut contacter tout le monde, il n'y a guère de hiérarchie. En tant que connexion non stabilisée d'acteurs, une des conditions d'existence du réseau c'est qu'il doit sans arrêt s'enrichir pour survivre.

**Approche systémique** : « Son objet est de permettre à tous ceux qui travaillent en situation complexe, et quels que soient les rôles qu'ils y jouent, d'analyser cette complexité, de la décrire, de percevoir, le cas échéant, les dysfonctionnements, de prendre en considération les différents niveaux de la réalité sociale ou institutionnelle. D'autre part, elle s'efforce de permettre à celui qui intervient, de maîtriser autant que possible les transformations en chaîne qu'il détermine et d'en mesurer les conséquences » (Berger & Brunswick, 1976).

Des auteurs ont utilisé cette approche dans le champs des STAPS, en particulier Loret (1993) sur le management des organisations sportives, Charrier et Boyer (1993) sur les modèles d'aide à la décision pour les organisations sportives, Bourhis (1993) sur les contraintes et facteurs de réussite des services municipaux des sports.

**Sociologie et historicité** : Balandier (1985) et Touraine (1992) refusent les fondements structuralistes et se donnent pour tâche de décrire, chacun à sa manière les changements sociaux. Il ne s'agit plus d'expliquer la stabilité des structures, mais bien au contraire les **mouvements sociaux**. Les écrits classiques de référence sont ceux qui touchent à l'idée d'innovation sociale (comme Saint-Simon ou Proudhon). Pour Balandier (1985), l'étude des sociétés en voie de développement constitue le « *détour* » nécessaire à la connaissance des sociétés développées. Une approche qui veut rendre compte du changement est « naturellement » ouverte sur l'histoire comme outil de détection des moments de changement et de conjonctures.

Sans qu'il constitue un véritable courant apparenté, on peut identifier ici, dans le champs des STAPS un troisième groupe de travaux ouvrant leurs problématiques à l'anthropologie et à l'historicité. Il s'agit en particulier des travaux fondamentaux et incontournables de Vigarello (1978, 1982, 1988, 1993) sur les modèles de représentations du corps. Affectionnant ce type d'approche on citera bien sûr Rauch (1991) pour sa magistrale étude sur la boxe forme symbolique de la violence au XX^e siècle, Bruant (1991) sur le geste athlétique... Par delà les premières formes dramaturgiques mises en évidence par Pociello, Rauch trace les règles d'une véritable grammaire sémiologique propre à la diffusion des émotions sportives.

De son côté l'**actionnalisme** de Touraine va soutenir qu'il n'y a plus aujourd'hui d'opposition sociale sous forme de lutte des classes, mais que notre société est traversée par un conflit global opposant l'ensemble des dominants à l'ensemble des dominés. À une société qui pensait ces inégalités en terme de haut et de bas se substitue une société qui les vit en termes de « in » et « out ». Dans le champ des STAPS cette école est suivie par Augustini, (Duret, Augustini 1993) quand elle analyse les nouveaux outils de socialisation offerts par les sports de rue.

**Interactionnisme et ethnométhodologie** : Goffman, leader des interactionnistes symboliques, s'est intéressé dans *Asile et stigmate* puis dans *La mise en scène de la vie quotidienne* à l'estime de soi et aux stratégies de présentation de soi d'un point de vue micro-sociologique. « J'ai voulu faire de cet ouvrage une sorte de guide à partir duquel on puisse étudier la vie sociale qui s'organise dans les limites physiques d'un immeuble » (Goffman, 1973). Il étudie à cette échelle comment les gens perdent la face ou font bonne figure, c'est-à-dire restent ou ne restent pas conformes à l'image que les autres ont d'eux. Sortant perdants de l'échange, arriver à donner une image d'eux-mêmes solide leur permet de conserver une bonne estime d'eux-mêmes. Goffman montre comment sous certaines conditions garder la face qui n'est qu'une simple condition de l'interaction devient son but. Il explique que si les gens arrivent à mettre à distance ce qu'ils font et ce qu'ils pensent, c'est qu'ils mettent leur vie en scène avec les mêmes principes dramaturgiques qu'au théâtre. Il met en évidence plusieurs concepts . La façade, c'est-à-dire le jeu de l'acteur qui a pour fonction d'établir et de fixer la définition de la situation (appareillage symbolique, décors). La réalisation dramaturgique, c'est-à-dire le style qui personnalise le message. L'idéalisation, qui est l'épuration du style pour le rendre facilement identifiable par le groupe. Si les trois principes façade, réalisation dramaturgique et idéalisation sont homogènes alors l'individu ne peut être mis en doute ni accusé de jouer un rôle.

Garfinkel (1967) chef de file de l'**ethnométhodologie** est a l'opposé des structuralistes et bien souvent il adopte une posture polémique à leur égard. La vie sociale n'est pas constituée de faits stables mais de ce qui ressort de l'activité de concertation au jour le jour des acteurs (« members »). Les faits sociaux ne peuvent être soumis au déterminisme puisqu'ils sont soumis à une négociation permanente. Les informations sont toujours rapportées à la situation locale et non pas tirées vers des généralités pour leur donner du sens. L'indexicalité est l'ensemble des paramètres qui définissent une situation. Il convient d'aller au-delà des informations qui sont données pour prendre en compte les biographies des locuteurs.

L'opposition théorique entre Bourdieu et Garfinkel se présente comme irréductible puisque le premier essaie de rechercher les principes du fonctionnement social au-delà des apparences immédiates, et qu'au contraire le second dit que ce que Bourdieu traite comme des illusions sans fondement ce sont en fait les activités cognitives des acteurs. Les ethnométhodologues français affectionnent ces oppositions bipolaires (Coulon, 1987) en rangeant Bourdieu et Durkheim dans le clan des positivistes pour valoriser les travaux de Schutz et Cicourel. Il s'ensuit qu'il faut rendre justice à Durkheim et lui ôter ce masque de positiviste pur et dur, dont il est encore fréquemment affublé. Dans *Sociologie et Philosophie* l'auteur insiste : « les principaux phénomènes sociaux sont des systèmes de valeurs » et il ajoute même : « Il est vrai que nous avons précédemment exposé une théorie sociologique des valeurs dont l'insuffisance était de présenter la société comme un système d'organes et de fonctions. Or en fait elle est bien plus que cela, elle est le foyer d'une vie morale » (p. 140).

Moins que l'usage repoussoir qui est fait de l'œuvre de Durkheim, il semble donc plus intéressant de retenir de l'ethnométhodologie que la conception des acteurs du monde social peut constituer en lui-même un objet de recherche. Cette perspective entraîne la nécessité de les laisser s'entredéfinir à partir des situations dans lesquelles ils interagissent.

**Sociologie des états moraux** : Boltanski (1991) analyse les compétences que les acteurs activent, non plus en fonction directement de leurs appartenances sociales mais de leur état. L'auteur montre que dans la vie les gens passent par quatre états : dans deux de ces états (la justice et la routine) ils disposent d'équivalences entre eux pour parvenir à un accord ou le consolider, dans les deux autres (la violence et l'agape), la comptabilité et les équivalences entre les personnes sont suspendues pour laisser place à la force et à l'amour.

| | avec équivalence | sans équivalence |
|---|---|---|
| en état de paix | Routine | Violence |
| en état de dispute | Justice | Violence |

Les individus restent dans un état de justice tant que pris dans une dispute ils se réfèrent à un cadre de référence commun, leur permettant de trancher. L'auteur trace cette grammaire de six principes supérieurs organisée en cités et orientant le jugement :

— la cité inspirée : où le génie, le don, servent d'étalon à la grandeur ;

— la cité du Renom : où l'opinion des autres, la notoriété, la convergence des regards sont recherchés comme critère d'évaluation des personnes ;

— la cité domestique : les liens personnels, ceux qui rattachent le domestique à son maître, le fils à ses parents, créent une chaîne de dépendance mais aussi de profit (la grandeur du maître profite au domestique, celle du père au fils...) ;

— la cité civique : ici la justice c'est au contraire refuser le particularisme ; il faut alors dépersonnaliser les liens (« c'est pas parce que c'est le fils de l'entraîneur qu'il doit toujours rester sur le terrain ») ;

— la cité marchande et la cité industrielle : la justice se constitue en référence aux rapports de concurrence qui prévalent dans le commerce et l'industrie.

Les concepts de justice et de violence se construisent donc en relation. La **justice** est un régime dans lequel les individus peuvent pour mettre un terme à leurs litiges, se mesurer à travers une équivalence générale (Boltanski 1990). La **violence** est au contraire un régime dans lequel on bascule dès que l'exigence de justification est suspendue. On s'y mesure directement par la force, sans avoir à argumenter ; pour mettre fin à une dispute. Le concept d'**épreuve** est aussi central dans cette sociologie, dans la mesure où il marque la possibilité d'un changement d'état (Boltanski & Thévenot, 1987). C'est donc un moment de remise en cause des états antérieurs. À ce titre un bord de piscine à atteindre pour un non nageur ou une première conversion sur une pente enneigée ne sont en rien différents des plus grands affrontements sportifs. Encore faut-il s'y présenter sans signe de grandeur préalable pour que chacun y ait sa chance (Boltanski, 1990). Ainsi s'organise par exemple le cross scolaire où l'on ne porte que son dossard comme attribut. À l'inverse il est des sports où le résultat des épreuves semble irrémédiablement inscrit sur les corps (les ceintures au judo) dans les objets (le banc des remplaçants) ou dans les règlements (la « pole position », la répartition des lignes d'eau...). Il n'y a pas d'épreuve sans incertitude (par exemple, un match sans incertitude ne constitue pas une épreuve ni pour les perdants ni pour les gagnants). Enfin, ce courant se sert abondamment du concept d'**affaire** en tant qu'expression d'un désaccord durable lié a un « ensemble de rapports contradictoires ». Quand elle est déclenchée « nul ne sait jusqu'où peut aller une affaire » — cf. l'affaire Dreyfus — (Chateaureynaud, 1990). Il n'y pas d'affaire sans épreuve.

Dans les STAPS cette démarche a stimulé les études de Garnier (1992) sur les catégories constituées pour faire des différences d'âges, et les travaux sur les principes de constitution des équipes sportives par les entraîneurs et les joueurs eux-mêmes (Duret, 1993).

Bon nombre d'auteurs recourent à des approches pluri-paradigmatiques, utilisant en fonction de leurs objets et de leurs objectifs, tantôt tel paradigme tantôt tel autre. Ainsi, dans le champs des STAPS on peut identifier dans ce cadre plusieurs auteurs. Thomas a développé plusieurs synthèses de sociologie des sports. Ses plus récents travaux sociologiques (1993) portent sur l'analyse des rapports entre sports et médias. Malenfant (1987) a apporté un éclairage sur les pratiques de loisirs et le bénévolat développé au sein du mouvement sportif.

## Les courants philosophiques connexes

Les sociologues entretiennent des relations de proximité avec les philosophies contemporaines.

**Philosophie analytique** : Les philosophes contemporains qui se réclament de ce courant ont en commun l'idée que l'objet de la philosophie est l'analyse de la signification des énoncés. Elle s'oriente à la reconstruction par calcul de la logique formelle du langage (Strawson, 1973). En insistant sur les formes hétéroclites de nos concepts et de nos expressions linguistiques usuelles, elle espère comprendre les mots comme des outils (Wittgenstein, 1961). Un courant de cette pensée philosophique (l'école d'Oxford), impulsé par Austin (1962), démontre que certaines affirmations ne cherchent pas à constater la vérité ou l'erreur mais à agir, elles sont elles-mêmes des actes : ainsi les paroles de la promesse, du remerciement, etc. Ils baptisent ces énonciations « performatives ». Mais cette philosophie fût jugée pas assez subversive par l'école de Francfort.

**École de Francfort** : Née de la crise identitaire du marxisme, après le traumatisme de la Première Guerre mondiale, l'école de Francfort, popularisée par Marcuse (1965) et Habermas (1979), trouve en France un écho important. Elle veut concilier Freud et Marx, soutenant toutes les révoltes étudiantes et dénonçant l'« homme unidimensionnel », elle juge indispensable de réintroduire la dimension esthétique pour contrer la société de consommation. Fidèle à Horkheimer, Adorno et Fromm, Brohm (1992) représente cette école dans (ou plutôt contre) le champ des STAPS. Ses plaidoyers, toujours en quête de révolution, prêchent pour l'insoumission aux dominants.

**Nouvelle Philosophie** : Représentée par Clavel (1981), Lévy (1979) ou Glucksmann (1977), elle s'interroge sur les problèmes contemporains de notre civilisation. Si Dieu n'est plus le maître, c'est toujours la mort qui gagne, la vie est une cause perdue et l'homme une espèce ratée, stipule Lévy. L'auteur ne s'en prend pas uniquement au faux espoir soulevé par le marxisme mais à la notion de progressisme dans son ensemble qu'il récuse. Malgré son pessimisme, il propose une morale pour préserver le monde de la barbarie. Glucksmann pour sa part va prendre les propres armes de l'idéologie américaine (la théorie des jeux) pour la dénoncer.

# Les représentations

**Représentation** : La représentation est une instance qui s'intercale entre la perception et l'objet. « Les représentations constituent des modèles intériorisés de l'environnement du sujet et de ses actions dans cet environnement » (Denis, 1989). En pédagogie, on distingue d'une part, les **représentations initiales** des **représentations construites par l'action**. Les représentations initiales des apprenants qui par-delà les considérations techniques renvoient aux formes symboliques qui structurent en profondeur chaque activité physique et dépendent de l'environnement culturel. Par exemple, le dessin animé sur le volley-ball « Jane et Serge » tire les représentations du volley-ball des jeunes vers le smash ; de même les retransmissions du basket N.B.A. et de ses champions ont modifié les représentations initiales du basket-ball. Les représentations construites par l'action et l'apprentissage. Cette distinction part de l'hypothèse implicite que l'apprentissage peut transformer les représentations. Il semble en tout cas primordial de les prendre en compte car elles structurent pour une bonne part « la logique de l'élève ». On parle de **représentations sociales** quand on a affaire à une représentation partagée par un groupe. « Elles se présentent sous la forme de systèmes de valeurs, permettant aux individus de se repérer dans leur environnement physique et social, et d'y développer des actions efficaces » (Thomas & Alaphilippe, 1983). Derrière cette uniformité de façade on repérera différents niveaux considérant la représentation sociale en termes de structure, de produit ou de processus.

*La représentation comme structure :* « Toute représentation est constituée d'un noyau central qui détermine relativement le poids et la valence de chaque élément » (Flament, 1989). Autour du centre se trouvent donc des éléments périphériques : « schèmes ou scripts » (Schanck et Abelson, 1977) qui servent de « zone tampon » pour protéger le noyau et assurent le fonctionnement immédiat de la représentation.

*La représentation comme processus :* Moscovici (1961) explique le fonctionnement des représentations par deux processus : l'objectivation et l'ancrage. L'objectivation a pour fonction de rendre concrètes les idées qui ne sont plus conçues comme des constructions théoriques mais comme des reflets de la réalité. Ainsi, par exemple, le « refoulement » n'est plus considéré comme une hypothèse ou un concept théorique, mais comme un attribut : on pourra dire de tout un chacun « c'est un refoulé ». L'ancrage consiste à rendre plus familière la nouveauté en l'intégrant à un univers de pensée déjà existant. À ce niveau Tajfel (1970) distingue : des processus analogiques* (pour étendre à un élément nouveau les qualités d'un élément ancien), des processus d'inférences* sémantiques (pour estomper le sens de la nouveauté de manière à l'affecter dans des catégories pré-établies), des processus d'anticipation (pour établir des attentes de la nouveauté) et enfin des processus de compensation (pour maintenir la structure de la représentation en équilibre).

*La représentation comme produit :* Le sens commun associe volontiers « se représenter » et « avoir une image de ». Mais l'activité figurative se distingue « de la conception passive de l'image reproduction qui se contente de dire le présent » (Dagonet, 1973).

Les **images** peuvent s'exprimer sous forme d'**icônes** (elles ressemblent alors à l'objet représenté), d'**indices** (elles ne ressemblent plus forcément à l'objet, mais sont affectées par lui ; par exemple la girouette ne ressemble pas au vent mais tourne sous son effet), de **symboles** (qui ne renvoient à l'objet ni par ressemblance ni par contiguïté mais par une relation purement intellectuelle : par exemple le chien symbolise la fidélité).

L'**opinion** n'est que la manifestation de surface d'une représentation. Fruit d'une opération de jugement elle peut se ramener à la formule : opinion = informations disponibles/attitude. Les mécanismes de l'opinion pour Kaës (1968) sont de l'ordre du jugement et de la justification : il s'agit de rendre sentence sur l'action d'autrui et de se justifier par rapport à autrui. À l'inverse de l'opinion, l'**attitude** constitue une réponse complexe et non explicite. « Par leur pouvoir normatif et évaluatif, les attitudes constituent la clé de voûte de la représentation » (Moscovici, 1961). L'attitude envers le partenaire, plus que la tâche, détermine le niveau de coopération ou de compétition. Abric (1988) en a fait la démonstration expérimentale. La **croyance** (Adorno, 1950) se rattache aux fascinations collectives et postule « la possibilité de réveiller une nature autoritaire qui sommeille en chacun de nous ». La théorisation du concept de « dogmatisme » par Rokeach (1960) permet de montrer que c'est moins le contenu des idéologies* que la personnalité de ceux qui le reçoivent, qui détermine l'efficacité de la croyance. Si tout est croyance rien n'existe plus vraiment et l'on ne peut alors guère se fier qu'à son **intuition**. Son effet paradoxal consiste à en faire usage tout en affirmant qu'on n'y croit pas ou inversement à y croire contre les faits (Manoni, 1969).

La diffusion de l'information et sa transformation en opinion ne peut se comprendre que dans un schéma constructiviste de l'**« économie des rôles »**. Les acteurs participant à un débat de société sur la scène publique produisent des « **prêt-à-penser** » comme ensemble cohérent d'arguments et d'informations fonctionnant comme des messages univoques (Thomas, 1993). Ainsi les représentations de ces questions chez les individus récepteurs de l'information se forgent par ajustement de ces « messages pré-construits ». Cette opinion re-construite est alors émise par chacun, en fonction du rôle que l'on a dans le groupe, « de l'idée que l'on se fait de soi-même, de sa place, de son rang » (Corneloup & Pociello, 1993).

# Individuel et collectif, déterminisme et indéterminisme

Les notions d'individus, d'agents, d'acteurs, d'actants ne sont pas issues d'une seule tradition sociologique. Du coup, loin d'être interchangeables, elles ne renvoient pas aux mêmes visions du monde.

**Personne et Individu** : En 1920 le dictionnaire Larousse définissait le personnalisme comme un « vice de celui qui rapporte tout à lui seul ». Dès 1947, Lalande, dans la cinquième édition du *Vocabulaire technique et critique de philosophie*, signale l'inversion de sens intervenu à la fin des années 30. L'individu (et non plus la personne), se sert de lui-même comme d'ultime référence. En 1962, le *Dictionnaire de la langue philosophique* de Foulquié souligne que le sens du mot « personne » procède encore par opposition à celui d'individu : « l'être humain en tant qu'ouvert à ses semblables, intégré dans une communauté de personnes, est orienté vers un idéal ». Dans les années 80 le rapport individu-personne est incontestablement marqué par la célébration de l'individu, nouvelle identité dotée de capacité cognitive autonome (Boudon, 1977). L'« individu en tant que résistance au collectif » (Laurent, 1987) permet la singularisation de soi et l'accomplissement de la personne.

**Acteur** : Très utilisé dans l'interactionnisme symbolique, la sociologie des organisations et la sociologie de l'action, la dénomination d'acteur (commune à tous les étages sociaux) permet tout à la fois de penser « les relations de pouvoir des individus dans l'organisation et les relations de pouvoirs d'organisation à organisation » (Sainsaulieu, 1981).

**Actant** : Ce terme issu de la sémiologie* (Greimas 1979), introduit en sociologie par Latour (1984), représente tout aussi bien des personnes individuelles que des personnes collectives, des humains que des non-humains. « Son intérêt réside dans sa capacité à remplacer les oppositions discrètes (entre individu et groupe) par des variations de taille (Boltanski, 1990). On peut ainsi décrire sur un même axe singulier/collectif un continuum d'actants de plus en plus grands : l'être singulier, l'association de quartier (exemple de personne collective restreinte), Amnesty International (exemple de personne collective étendue), l'O.N.U, l'opinion publique.

**Groupe** : Forme de classification opérée par les individus eux-mêmes et qui ne peut se confondre avec une forme institutionnelle particulière. Le groupe, à l'inverse de la catégorie socio-professionelle où les gens peuvent très bien ne pas se rencontrer, repose sur la mise en présence.

**Classe sociale** : « Toute classe sociale devient une force en identifiant des intérêts collectifs, des objectifs et donc des conflits potentiels, (...) une classe ne prend explicitement conscience de son unité qu'en s'opposant à une autre » (Birou, 1966). « Les classes se pensent dans leurs rapports de conflits » (Touraine, 1973). Bourdieu (1987) déclare avoir « voulu rompre avec la tradition réaliste de la classe comme groupe bien délimité, existant dans la réalité, [son] travail a constitué à dire que les gens sont situés dans un espace social ». Enfin, L'individualisme méthodologique renonce à la notion de classe, la mettant au rang des constructions métaphysiques.

**Foule** : Elle se distingue de la classe et du groupe non pas par son degré d'indétermination (si les gens se réunissent c'est qu'ils ont un projet) mais par sa composition dont « la propriété est de réunir plusieurs groupes ou plusieurs classes » (Homans, 1951).

## Corps et identité

**Corps** : Le corps est une notion carrefour. En sciences humaines on la retrouve aussi bien en anthropologie qu'en ethnologie, en sociologie ou en psychanalyse. Les recherches sociologiques privilégient les mises en jeu du corps et le considèrent majoritairement comme un produit de la condition sociale. Les ethnologues sont confrontés à des usages du corps dans d'autres sociétés qui attirent en retour leur attention la corporéité occidentale. Les anthropologues essaient, à travers le corps, de voir des hommes et des femmes. Le corps n'existe pas à l'état naturel, c'est une « fiction culturellement opérante » (Le Breton, 1992) qui cristallise l'imaginaire social. On peut seulement constater qu'une constellation de faits sociaux s'organise autour du signifiant « corps ». Pour Berthelot (1983) le corps fonctionne comme un analyseur qui permet de mettre en évidence le fonctionnement des institutions, des groupes et des classes.

Le corps a donné lieu à plusieurs grands domaines de recherches, la gestualité, les codes sociaux et les civilités, l'expression des sentiments, les inscriptions corporelles, les techniques du corps.

**Gestualité** : La gestualité concerne l'étude des gestes mis en jeu dans les relations sociales (par exemple les rituels de salutation ou de menace). Ce champ de recherche a donné lieu à des études comparatives inter-culturelles. On remarque les travaux de Birdwhistel sur la « kinésique » (étude des mouvements du corps lors de l'interaction). L'étude des **civilités** porte plus particulièrement sur les règles de l'étiquette mise en œuvre dans les rapports sociaux codés. Les modes d'expression corporelle mettent en scène (Goffman, 1973) les rapports hiérarchiques liés au statut et au contexte de l'interaction avec tout interlocuteur. Contre la réduction de l'analyse des émotions aux approches physiologiques Mauss démontre en quoi l'expression de la douleur, de l'affliction ou, au contraire, de la joie et du bonheur peuvent faire partie de rites extrêmement précis. L'auteur s'appuie sur des cérémonies diverses (mariages, funérailles...) pour montrer le relativisme culturel des convenances à adopter. Les inscriptions corporelles sont les traces que laisse la culture sur les corps. Mutilation, scarification, excision, infibulation, tatouage, maquillage, sont l'écriture directe du social et de ses règles. Enfin, les techniques du corps*, étudiées par Mauss, font voir ce dernier comme le premier outil de la vie. Celui-ci est utilisé différemment selon les cultures dans des domaines aussi éloignés que l'obstétrique ou la nage.

**Le Corps à l'école** : Le corps à l'école bénéficie d'un statut ambigu ; il est à la fois un outil précieux de communication, une source d'agitation qu'il faut contenir, quelque chose de dérisoire (« ne pas s'en tenir à l'image »). Il a fait l'objet d'un long travail d'intériorisation de normes. Il s'agissait selon l'expression de G. Vigarello de « redresser le corps ». Malgré les efforts déployés pour les effacer, les manifestations du corps sont bien présentes à l'école. Elles traduisent le désir, la fatigue, la timidité ou l'arrogance (Pujade-Renaud, 1983).

**Identité :** Manière pour une personne de se qualifier ou d'être qualifiée (d'après Heinich, 1984). L'identité repose sur *l'auto-perception* (façon de se définir), *la représentation sociale* (façon de se percevoir par rapport aux autres) et *la désignation* (façon d'être défini par les autres). Mettre à l'épreuve le corps est un moyen privilégié de construction des identités.

## Spectacle sportif et violence

**Spectateur, supporter et hooligan** : Pour distinguer le pur spectateur du supporter et du hooligan, on peut utiliser deux critères principaux : celui du niveau d'activité qui ordonne le public, sur un axe passif/actif et celui des formes de groupement qui le classe selon un axe spontané/organisé. Entre spectateur, supporter et hooligan il s'agit d'abord d'une distinction entre des hommes qui regardent et des hommes qui agissent. En terme d'idéal type on a donc une sorte de continuum partant du « pur spectateur » passif et invisible, tout entier absorbé par l'épreuve sportive, passant par le supporter qui encourage ou se moque, mais dont l'activité reste liée aux enjeux sportifs, pour s'achever au hooligan qui se donne en spectacle et dont l'activité est dissociée des enjeux du match. Ces seuils d'activités ont une action directe sur le statut accordé aux joueurs par ces différents personnages.

Le pur spectateur se considère indépendant et se rend au stade sans engagement préalable. Il vient avant tout rechercher « *le beau jeu* ». Le supporter au contraire tire plaisir à prendre parti et à s'engager. Il estime que les victoires de son équipe dépendent en partie de la qualité de sa propre prestation de soutien et d'encouragement. Il se réjouit de sa propre mauvaise foi. Les supporters du PSG pourront par exemple invectiver Boli le défenseur marseillais avec des arguments racistes, alors qu'ils aduleront Whea leur propre vedette africaine. Le hooligan, à l'inverse du supporter, n'aura nul besoin de singulariser les joueurs par l'accumulation de traits caractéristiques nécessaires à la moquerie. Qu'importe aux ultras du PSG de savoir si Woller l'avant centre de l'O.M. est blond ou allemand, puisque quoi qu'il en soit « l'O.M. = Africains ». En bref, le spectateur veut voir du football, le supporter veut voir gagner son équipe et le hooligan veut qu'on le voit.

Le niveau des formes d'organisation des personnes qui vont au stade constitue le second critère permettant de distinguer spectateurs, supporters, et hooligans. Le spectateur est un individu singulier et anonyme, capable de réactions personnelles et autonomes. À l'opposé penser le spectacle sportif comme l'« opium du peuple » (Brohm 1976) amène à ne plus voir dans les spectateurs qu'une foule informe, dotée des propriétés que lui reconnaissent au siècle passé Tarde et Lebon (cités par Moscovici, 1961) : contagion des émotions, uniformité du jugement et abdication des consciences individuelles. Bromberger (1987) montre que le passage des enthousiasmes spontanés aux exaltations de masse n'est pas réductible à un phénomène de foule : bien au contraire, les tribunes constituent un territoire et une scène que se partagent des groupes spécifiques. Ainsi les clubs de supporters en France et de Tifosi en Italie apparaissent comme fortement organisés.

**Violence** : La violence, qui repose sur la force, apparaît en cas de différend, à l'inverse de la justice qui repose sur l'argumentation. On repère globalement cinq points de vue pour expliquer la violence dans le sport. Un premier groupe d'auteurs ne voit dans la violence dans les stades qu'une simple continuité historique des débordements festifs jugulés par le long processus de civilisation des mœurs (Elias, 1973, Vigarello, 1977, Dunning 1982). Un second courant voit dans cette violence une communion laïque de masse. Le spectacle sportif comme grande messe des sociétés sans dieu, permettrait à la société atomisée de reconstruire et de ressouder ses liens autour d'une sacralité laïque (Augé, 1982). Un troisième courant marxisant voit dans le spectacle du football une manifestation historiquement liée aux classes populaires. Les actions des hooligans sont alors interprétées comme une tentative de réappropriation symbolique d'un spectacle qui leur échappe (Clarke,

1982, Cameron, 1993). Un quatrième courant se dessine autour de l'idée de manipulation politique. Le spectacle sportif détournerait les supporters de leurs véritables intérêts de classes. Plus qu'un simple divertissement il peut être perçu comme une manipulation politique. Ainsi Taylor (1982) estime que la violence des hooligans a été largement exagérée dans le but de produire une « panique morale » qui légitimerait des actions autoritaires de la part de l'État. Enfin, un dernier courant voit dans le hooliganisme la marque de la déstructuration des sociétés nationales et d'une crise des modes d'intégration et d'insertion (Duret, 1993). Comme pour répondre à l'effritement du modèle jacobin la décentralisation a intensifié la concurrence entre villes qui se perçoivent toutes comme des capitales. Privé de sa parcelle de souveraineté nationale, l'acteur social se tournerait vers des repères territoriaux locaux, accentuant le passage d'une citoyenneté républicaine à une citoyenneté urbaine. Rien d'étonnant à ce que ces revendications soient les plus virulentes à Marseille, notre Naples ou notre Liverpool, c'est-à-dire dans une grande agglomération du Sud confrontée aux difficultés économiques les plus graves. Les stades disent alors comment penser la citoyenneté dans une société d'exclusion. Ils apparaissent comme les ultimes lieux de réponses aux angoisses que pose le social et aux incertitudes auxquelles est confrontée la condition masculine en crise d'identité.

# Culture économique

**Culture et civilisation** : Le mot « civilisation » est introduit en France au XVIII$^{e}$ siècle, alors que « culture » a déjà une longue tradition (Cicéron parlait de la *cultura mentis*). Civilisation va alors incarner l'idéal profane du progrès, représenter le vecteur idéologique du mieux vivre : « plus s'étendra la civilisation plus on verra disparaître la guerre », disait Condorcet (1787). Vers le milieu du XIX$^{e}$ siècle, civilisation et culture passent au pluriel. Ce renoncement à l'unicité s'opère grâce au travail des géographes, ethnologues et explorateurs. Dès la fin du XIX$^{e}$ le rapport s'inverse entre les deux termes, le mot « culture » va être valorisé. Au début du XX$^{e}$ pour Tonnies (1922) ou Weber (1935) la civilisation est excessive alors que la culture porte les idéaux et les valeurs. Pour Mann (1937), culture équivaut à une spiritualité alors que civilisation équivaut à une mécanisation. Aujourd'hui on ne peut guère sortir, à l'heure de l'inter-culturel ou du transculturel de la crise du mot civilisation. L'**acculturation** est un « terme employé pour désigner les changements qui s'effectuent dans la civilisation d'un groupe mis en contact avec un autre, surtout si ce dernier est de civilisation supérieure » (Cuvillier, 1974). Le **culturalisme** représente le mot d'ordre d'une école d'anthropologie nord-américaine qui a renouvelé les méthodes, particulièrement en ethnologie, par une prise en compte du relativisme culturel.

**Marché** : C'est le lieu de rencontre, à un moment donné entre une offre des producteurs et une demande des consommateurs dans une économie où les décisions des agents sont libres. Cette confrontation permet l'établissement d'un prix d'équilibre entre l'offre et la demande. Il existe autant de marchés que de produits. On parlera de monopole lorsqu'il y a un seul offreur face à une multitude d'acheteurs. Inversement on parlera de monopsome lorsqu'il y a une multitude d'offreurs face à un seul acheteur. On parlera également d'oligopole lorsqu'il y a un petit nombre d'offreurs face à une multitude d'acheteurs, d'oligopsone lorsqu'il y a une multitude d'acheteurs face à un petit nombre d'offreurs. On trouve aussi le modèle épuré de la libre concurrence quand on trouve en même temps une multitude de vendeurs et d'acheteurs.

**Bénévolat sportif** : Le bénévolat sportif est l'action qui consiste à donner de son temps pour faire vivre soit un club soit une institution sportive dans une perspective non lucrative. Cette force, autant système d'échange et d'intégration, que véritable système de gestion, est aujourd'hui menacé par deux dangers principaux. La désaffection des « bonnes volontés » et la logique managériale. Les défenseurs du bénévolat opposent l'intérêt général et la vision humaniste du sport dont ils seraient les défenseurs contre l'intéressement et la loi du marché. L'idéologie du bénévolat produit l'image d'une société où sont surmontés les antagonismes sociaux au profit d'une forte solidarité. La majorité des petits clubs français fonctionne sur cette démarche qui n'insère pas l'offre de service dans le couple consommateur-produit (Loret, 1993). L'observatoire économique, organisme chargé d'assurer le rassemblement et la diffusion de l'information économique, est particulièrement bien placé pour étudier ce phénomène.

**Capitalisme** : Le capitalisme est ramené en économie marxiste à une production concurrentielle de **plus-value** (profit qui s'ajoute au coût de production et qui correspond à l'augmentation de valeur résultant du travail). Si le capitalisme se définit comme un régime de production et de propriété individuelle des capitaux, il n'est évidemment pas le seul à détenir du **capital.** Celui-ci se définit par opposition aux intérêts, et par extension tout patrimoine susceptible de rapporter un revenu. On trouve du capital sous plusieurs formes. Le **capital appelé** représente le montant fixé par les statuts lors de la constitution d'une société. Le **capital avancé** est constitué par la valeur des éléments de production engagés dans le processus de production. Le **capital circulant** est l'élément du capital engagé dans le cycle* de production. Le **capital d'exploitation** représente le capital technique à l'exclusion du sol et des bâtiments utilisés pour la production.

**Investissement** : La notion d'investissement est employée dans deux sens différents : un sens économique et un sens financier. Économiquement, un investissement est un acte de création de biens de production ou d'équipement. Financièrement, on parlera d'investissement productif si la valeur totale des satisfactions et des biens produits est supérieure au coût engendré. Si ce n'est pas le cas, on parlera d'investissement improductif. La comptabilité nationale a défini l'investissement comme une formation brute de capital fixe. Cette définition exclut les terrains et bâtiments ayant déjà fait l'objet d'une transaction. **La capacité d'investissement** est liée à la **capacité d'emprunt** et à la **capacité de remboursement** (au plan de l'analyse financière on convient généralement qu'une société dont le ratio capitaux propres/capitaux permanents est inférieur à 0,5 se trouve à la limite de sa capacité de remboursement). La capacité de remboursement permet de compléter l'appréciation de la capacité d'emprunt. On la mesure par le rapport marge brute d'autofinancement/endettement à long terme. La notion d'**amortissement** correspond à l'échelonnement d'une charge dans le temps jusqu'à sa disparition. La notion de **point mort** détermine le seuil d'activité d'une entreprise à partir duquel toutes ses charges étant couvertes, elle va produire du bénéfice.

**Revenu** : Les revenus sont la contrepartie de la valeur de la production. Ces revenus sont perçus par les agents économiques en fonction de leur contribution à la production. La notion de revenu est à opposer à celle de patrimoine. Les revenus provenant de la production intérieure constituent les revenus primaires qui comprennent la rémunération des salariés, de la propriété, et les revenus mixtes. Les revenus de transfert comprennent les revenus perçus lors d'opération de redistribution après prélèvement. Le revenu disponible des ménages est celui dont ils disposent après paiement des prélèvements obligatoires et perception des revenus de transfert. Le revenu disponible est utilisé par les ménages pour la consommation.

**Prolétariat** : Concept central dans les théories marxistes. Il désigne au sein de l'économie capitaliste, la classe des dominés contrainte de vendre sa force de travail aux propriétaires des moyens de productions. En contre-partie ils perçoivent un salaire de subsistance, la plus-value* étant détournée par les propriétaires comme la source de leur enrichissement. Les analyses en termes de prolétarisation des salariés sont contrariées par le développement d'une société d'exclusion*.

**Homo oeconomicus** : Homme ramené à sa fonction économique. « La nécessité de méthode à la fois arbitraire et inévitable conduit l'économie à réduire les hommes à l'Homo oeconomicus » (Pareto 1909). Cette approche purement économique de l'individu a été critiquée à partir de celles plus centrées sur les valeurs et les représentations*. On retiendra en particulier la notion de **socio-styles**. Pour les chercheurs du C.C.A. (Centre de Communication Avancée), les Français peuvent être répartis en cinq grandes mentalités qui influent sur leur consommation. Cathelat (1985) distingue ainsi : les égocentrés (groupe qui, face à la crise, se replie sur le « cocon » familial), les décalés (groupe déterminant qui refuse la crise collective en se lançant dans des aventures individuelles), les activistes (groupe qui place son salut dans les projets), les matérialistes (groupe qui prend les biens matériels comme valeur) et les rigoristes (groupe attaché aux valeurs du passé, qu'elles soient de droite ou de gauche).

**Technocratie** : Système de pouvoir au sein duquel les décisions sont prises par une minorité de cadres dirigeants ou de hauts fonctionnaires qui tirent leur légitimité de leurs diplômes (polytechniciens ou énarques).

Pour clore ce chapitre, il semble nécessaire de rappeler les principaux courants économiques. Ils sont présentés dans leur ordre d'apparition.

**Mercantilisme** : On ne peut pas à proprement parler d'une théorie à propos du mercantilisme, mais plutôt des pratiques ayant les points communs suivants : l'enrichissement est une fin louable, l'intérêt individuel favorise la prospérité générale, la richesse provient de l'homme. Les auteurs de la période mercantiliste (fin du XVIe siècle, milieu du XVIIe siècle) tentent de répondre aux questions comment s'enrichir ? et comment enrichir l'État ? Ils sont les premiers à reconnaître à l'État un rôle économique. C'est de cette époque que date la notion très significative de cet interventionnime étatique d'économie polique.

**Physiocrates** : Ce sont les premiers économistes qui ont voulu découvrir les lois qui gouvernent les activités économiques, et qui ont une portée universelle. Le principal auteur physiocrate, Quesnay, présentera pour la première fois l'activité économique sous la forme d'un tableau économique qui offrira une représentation simplifiée de ce que l'on nomme aujourd'hui un circuit économique. Il systématise « l'idée d'un ordre naturel établi sur une division de la société en classes et qui s'exprime à travers les lois économiques » (Samuelson, 1990).

**Classiques** : Ce courant dégage quatre idées fondamentales pour caractériser l'école classique : une analyse en termes de classes sociales (travailleurs, propriétaires terriens), le capital correspond à une avance monétaire ; une analyse statique fondée sur la formation de la valeur (le coût de production est ramené au coût du travail) et des prix (la répartition de la production se fait par un système de prix doublé par une théorie de la répartition pour expliquer la rente, le salaire et le profit). Les fondements de l'économie classique sont constitués par l'individualisme (justification de la doctrine libérale) et par la présence de la main invisible (représentée par le marché, qui harmonise les intérêts individuels considérés comme rationnels).

**Marxisme** : L'analyse économique marxiste n'est qu'un aspect du projet politique global qui animait Marx : celui de libérer par le communisme les peuples opprimés. L'article de Lénine dans l'encyclopédie Granat (1913, cité par Samuelson 1990) présente la démarche de Marx de manière précise : « Marx a continué et parachevé les trois principaux courants d'idées du XIX^e^ siècle qui appartiennent aux trois pays les plus avancés de l'humanité : la philosophie classique allemande, l'économie politique anglaise, et le socialisme lié aux doctrines révolutionnaires françaises en général ». Marx étudie les modes de production, principalement le mode de production capitaliste. Cette analyse économique repose sur les contradictions internes du capitalisme dépeint comme un système en crise. L'amélioration de la productivité du travail entraîne une diminution de la demande de main-d'œuvre, c'est-à-dire du chômage qui fait baisser le niveau du salaire. Il en résulte une baisse tendancielle du taux de profit qui oblige les capitalistes à la concentration du capital pour faire face à la concurrence. Ce mouvement entraîne théoriquement la diminution du nombre de capitalistes et une augmentation du prolétariat qui se paupérise.

**Néo-classiques** : On parle aussi de marginalistes. L'analyse néo-classique, qui se veut être une théorie abstraite, s'appuie sur l'établissement de la théorie de l'utilité marginale. Par ce raisonnement on étudie les conséquences d'une variation faible d'une variable sur une autre variable. Les néo-classiques s'appuient sur une nouvelle base de la valeur qui est la valeur utilité. Le consommateur va rechercher l'utilité maximale provoquée par la consommation d'un bien. Elle sera atteinte au moment où la dernière utilité consommée n'augmentera plus l'utilité, c'est-à-dire au moment où l'utilité marginale sera nulle. L'utilité d'un verre d'eau par exemple, (et donc par là même sa valeur aux yeux du consommateur) dépend principalement de la quantité d'eau consommée auparavant. Le premier verre a une plus grande valeur que le quarantième. L'utilité marginale d'un bien décroît avec la quantité consommée. La mesure cardinale des utilités est impossible. Les néo-classiques vont donc s'appuyer sur la notion de préférence subjective. Ils ont donné naissance à toute la micro-économie moderne et en particulier à l'analyse des types de marchés.

**Keynésianisme** : Les keynésiens raisonnent au niveau macro-économique, ce qui nécessite des outils adéquats (la comptabilité nationale, les modèles macro-économiques, le circuit...), et sur un nouvel objet (comprenant l'emploi, le revenu, le niveau d'activité, considérés non plus comme données mais comme variables).

L'analyse keynésienne s'appuie sur la notion de demande effective, c'est-à-dire sur la demande efficace, qui entraîne des effets. Le niveau d'équilibre des produits sur le marché dépend des prévisions des recettes attendues par les entrepreneurs pour un niveau d'emploi justifié par les prévisions sur la demande effective (c'est-à-dire aussi solvable). Aussi, pour augmenter le niveau de l'emploi et se rapprocher du plein emploi, il faut agir sur la demande effective : seul l'État est en mesure de le faire.

**Monétarisme** : Cette théorie est une critique de la théorie keynésienne qui considère que l'intervention de l'État n'aboutit qu'à une éviction du secteur privé. La croissance des dépenses publiques se fait au détriment des dépenses privées : c'est ce que les monétaristes appellent l'effet d'éviction.

## Socialisation et jeunesse

Le temps quotidien des jeunes ne s'écoule plus selon un flux laminaire entre l'école, la famille et le club sportif. Il y a donc aujourd'hui de nouvelles instances et de nouveaux modes de socialisation.

**Société** : Une société peut être considérée « comme un système d'intégration constituée de normes, de rôles de valeurs et comme un système de rapports sociaux de dominations dans lesquels les acteurs rentrent en conflit » (Dubet, 1987). Il y a peu de temps encore, la France était constituée par un ensemble de trois éléments : une société intégrée, un État jacobin et enfin une nation à l'identité marquée. Aujourd'hui la société industrielle s'est déstructurée faisant place à une société duale accroissant jusqu'à la rupture l'écart entre les nantis et les exclus. L'État jacobin est mis en cause à la fois par le haut (la construction européenne) et par le bas (la décentralisation et la déconcentration) c'est-à-dire par le renforcement des pouvoirs locaux. Enfin l'appel à l'identité nationale, si présent à l'époque du général de Gaulle, semble se retirer au profit de l'américanisation de la culture.

**Socialisation** : On repère trois figures théoriques de la socialisation. La socialisation peut en effet être comprise soit comme l'intégration par les jeunes des règles d'adultes, soit comme la construction de normes entre pairs, soit comme un régime où les jeunes construisent des normes entre pairs, soit enfin comme un régime où l'adulte et le jeune se socialisent mutuellement. La socialisation n'est alors jamais totale ni terminée (Berger & Luckmann, 1986). Le statut accordé au conflit constitue le point d'achoppement de ces théories. Dans le premier cas (intériorisation de normes extérieures), il sera interprété comme signe de dérèglements ; dans les autres, il se verra attribuer un rôle positif, capable de développer les ressources adaptatives du sujet. Ce clivage devient particulièrement net dès que l'on touche au problème de la justice sportive. D'un côté le conflit sera perçu comme un signe de désobéissance, une tentative d'arracher par la force ce qui appartient au domaine de la loi et du règlement ; d'un autre côté, le conflit, et surtout les négociations qui en découlent, seront censés favoriser l'intégration et la socialisation.

**Exclusion** : Effet de la société qui place certains de ses membres hors de son système. La crise des banlieues et celle du chômage s'inscrivent dans ce cadre. Jusque dans les années 80, le modèle de la lutte des classes offrait un système global qui dessinait les contours de la question sociale (Dubet & Lapeyronnie, 1992). Le pauvre était perçu comme un exploité et non comme un exclu ; il avait sa culture, ses héros qu'il pouvait ériger en contre-modèles culturels. En une décennie l'accroissement du chômage, la systématisation du travail intérimaire et du travail au noir ont entraîné la dualisation de la société (d'un côté les insérés de l'autre les exclus). Trois frontières séparent les « in » des « out ». La première est celle du décrochage social, vécu par des pans entiers de la population. La deuxième est d'ordre culturel : les « out » peuvent vivre seulement par procuration la consommation des « in ». La troisième est celle de l'accès à la parole et aux réseaux de pouvoirs.

**Jeunesse** : La jeunesse aujourd'hui n'est plus une catégorie unifiée. Elle peut se définir généralement comme une phase de transition entre l'enfance et l'installation familiale et professionnelle. Ce passage s'effectue le long de deux axes :

— un axe scolaire/professionnel normé par la fin de la scolarité et le début de la vie professionnelle,

— un axe parental/conjugal, marqué par les deux seuils principaux : le départ du domicile et la formation du couple stable. Les bornes d'entrée dans la vie adulte ne se passent pas au même moment pour tous, ainsi l'on repère trois types de jeunesses.

La jeunesse traditionnelle est caractérisée par la concordance des trois bornes décisives (départ de la famille, mise en couple, entrée dans la carrière). Cette simultanéité touche essentiellement les milieux du bas de l'espace social. La reproduction des normes familiales se traduit alors souvent par une reproduction sociale.

La jeunesse prolongée est marquée par la prolongation des études. Le diléttantisme estudiantin et l'errance dans plusieurs filières de formation offrent un moratoire à l'entrée définitive dans l'âge adulte. Cette jeunesse tend à repousser toujours plus tard l'âge d'accès au plein statut d'adulte. L'espérance de mobilité sociale portée par les ambitions scolaires pousse dans ce cas à accroître la distance entre groupe de référence et groupe d'appartenance. Par ailleurs, d'un point de vue affectif, la multiplication des expériences sentimentales contribue également à accroître le délai entre l'adolescence et l'âge adulte. Enfin, les effets de la crise économique renforcent cette situation en rendant difficile aux jeunes l'insertion dans un processus de carrière.

De plus, la jeunesse en difficulté et ses malaises sociaux reposent sur un cumul de précarités : familiale (absence de références, même conflictuelles, au père), économique (désadaptation de la formation et de l'emploi), géographique (isolement de cités), démographique (familles nombreuses) et sociologique (population stigmatisée). Pour ces jeunes la ségrégation s'est substituée à l'exploitation, ils ne sont pas dominés mais exclus. Leurs problèmes ne sont pas ceux de la condition ouvrière mais ceux de la marginalisation. Cette jeunesse grandit dans les cités, qui en périphérie des villes, constituent des continents entiers s'éloignant de la société intégrée et de ses normes.

**Génération** : Derrière un premier sens généalogique (la parenté), le lien générationnel peut être créé par une proximité événementielle (génération des premiers départs en vacances, génération 68). Elle ne regroupe plus alors seulement des personnes d'un même âge ou de même opinion, mais des contemporains d'un fait marquant.

**Galère** : La galère est l'expérience des jeunes dominés non plus par la domination, mais par l'exclusion entraînant un flottement des projets. Hier être dominé permettait de conserver des repères, aujourd'hui être « out » interdit toute critique orientée. Dans la « galère » les jeunes n'arrivent ni à gérer leur temps (par exemple ils ne savent pas se servir d'un agenda) ni à s'organiser (leur mode d'action étant soit la révolte violente soit la passivité). La solidarité est réduite à des formes d'assistance circonstantielle. Les jeunes en difficulté se sentant menacés adoptent des formes collectives de regroupement pour devenir à leur tour menaçants. Cependant considérer cette entraide comme de l'amitié serait un contresens. Dubet (1987) démontre que la logique de protection amicale est très affaiblie dans les gangs modernes, les réseaux n'étant pas définis par des appartenances à des groupes stables, par des liaisons précaires où tout un chacun peut se retourner contre tout le monde. La vie en bande s'oppose à la galère. Les sociologues de la jeunesse constatent la disparition des bandes traditionnelles (Dubet, 1987) qui tiraient leur nom de leur chef de bande. Aujourd'hui les membres qui composent les bandes ne sont plus des individus en dérive identitaire. La bande permet aux jeunes exclus de tenir des rôles et de remplir des tâches leur permettant d'échapper à la galère.

**Sports de rue** : Les pratiques sportives se développent aujourd'hui à même la rue, hors des institutions sportives traditionnelles (clubs, fédérations). Les activités sportives développées aux pieds des tours ou sur les « play-grounds » diffèrent sensiblement du sport en club, tant au niveau de l'importance accordée au match par rapport à l'entraînement, que de l'organisation des rencontres, ou encore des règlements. En club, la répétition des matches rythme semaine après semaine le calendrier du joueur. Le sport en club tire donc tout son attrait du classement, et peut se lire comme une histoire avec ses péripéties ses rebondissements. À l'inverse, les joueurs de rue ne se mobilisent que par rapport à un défi ponctuel. Ils investissent en groupe l'aire de jeu, mettent de la musique rap ; les baskets déjà aux pieds ils appliquent une philosophie très simple : « on arrive, on joue ». La temporalité du jeu n'est pas en rupture avec le reste de la journée. À l'inverse, le joueur de club, contraint d'arriver à une heure précise, passe par le vestiaire, puis à l'appel de l'entraîneur rentre pour deux heures dans la séquence classique : échauffement, exercices, enfin match de « récompense » qui dure jusqu'à ce que le gardien du gymnase vienne rappeler l'horaire et menace d'éteindre les lumières ou de couper les douches. Enfin le sport de club repose sur un règlement standardisé alors qu'en ce qui concerne le sport de rue les négociations sont toujours possibles : on peut jouer à quatre forts contre six faibles, changer en cours de match la taille du terrain où des buts. Se pose alors la question du passage de la rue au club. Objet de nombreux débats, une telle évolution semble souhaitable pour éviter le repliement des cités sur elles-mêmes. Privés de leur parcelle de souveraineté nationale les individus se tournent en effet vers les repères familiers de la citoyenneté urbaine qui leurs apparaissent comme les ultimes réponses aux angoisses et au sentiment accru de vulnérabilité sociale. Le passage du sport de rue au sport de club peut contribuer à ce que le quartier devienne un lieu intermédiaire un « sas » plutôt qu'une « nasse » selon l'expression de Wieviorka (1993). Clore le monde sur la cité c'est en effet prendre le risque de voir fonctionner les espaces communautaires uniquement comme des enclaves ethniques, où pire, enfermer ses habitants non pas dans une culture d'origine mythique mais dans une sous-culture urbaine américanisée (exemple du basket street-ball, du tag et du rap). Les freins qui rendent difficiles ce passage sont de plusieurs ordres : — matériels (liés aux possibilité d'accueil des clubs, les sections de jeunes s'entraînent deux fois par semaine ; les jeunes de la rue sont oisifs tout les soirs), — relationnels (une méfiance réciproque s'instaure entre les jeunes de la rue et les gestionnaires des clubs sportifs ; la cité constitue une limite protectrice dont on ne sort pas malgré les bravades oratoires, sans appréhension ; inversement ces jeunes sont perçus comme des terreurs susceptibles de mettre la vie du club en danger), — psychologiques (le club fonctionne sur la logique de la progression et du plaisir différé, alors que la rue sur l'instantanéité de la satisfaction et l'immédiateté de la gratification).

Les mesures mises en place au profit des jeunes en difficulté (opérations préventions-étés, équipements de proximité, tickets-sports) ne peuvent méconnaître ses résistances. On doit tirer les leçons du sport de rue qui, à bien des égards, fonctionne comme un rite symbolique de rejet de l'institution, pour aménager des structures d'accueil nouvelles pour que le club sportif reste un lieu propice à l'apprentissage de la négociation et de responsabilisation.

# 3

# Apprentissage et contrôle moteur

Les théories de l'apprentissage et du contrôle moteur, développées dans le cadre de la psychologie cognitive* ou des neurosciences*, revêtent depuis une quinzaine d'années une importance centrale dans les théories de l'EPS. Cette primauté tend actuellement à être relativisée par la constitution d'un discours didactique spécifique. On peut voir dans ce processus une légitime émancipation de la didactique de l'EPS, vis-à-vis de disciplines scientifiques constituées (Bouthier, 1992). Néanmoins la dimension motrice demeure une caractéristique essentielle de l'EPS et des STAPS, et toute didactique revendiquant un statut scientifique ne saurait à notre sens ignorer les modèles issus des approches fondamentalistes, même si une contextualisation critique, d'esprit technologique, des modèles est nécessaire.

Il nous semble par ailleurs que l'EPS à l'heure actuelle tend à diversifier ses objectifs, au-delà de la stricte perspective motrice. Cette évolution de la discipline redistribue les poids respectifs des différents champs théoriques en présence. Divers domaines jusqu'alors peu investis, tels que la psychologie sociale et la modification des attitudes, nous semblent promis à un développement nécessaire. Il n'en demeure pas moins que les théories de l'apprentissage et du contrôle moteur constituent un ensemble particulièrement saillant. Ce chapitre se propose d'en aborder les principaux concepts.

**Apprentissage** ***(learning)*** : « Il y a apprentissage lorsqu'un organisme, placé plusieurs fois de suite dans la même situation, modifie sa conduite de façon systématique et durable » (Reuchlin, 1983). En fonction de la nature des comportements révélateurs de l'apprentissage, on pourra parler d'apprentissage conceptuel ou notionnel (la conduite est alors de type verbal, ou utilisant tout autre langage symbolique), d'apprentissage instrumental (la conduite s'exprime par la manipulation de dispositifs ou d'objets). Certains auteurs parlent également d'apprentissage affectif (par exemple Morissette & Gingras, 1989), en ce qui concerne la modification, dans le cadre d'un enseignement, des attitudes* et intérêts. L'apprentissage moteur dans cette logique renvoie à la modification des réponses motrices du sujet.

L'apprentissage n'est pas la modification comportementale elle-même, mais le processus interne qui l'a permise et dont elle constitue l'indice : « l'apprentissage est le processus neurologique interne supposé intervenir à chaque fois que se manifeste un changement qui n'est dû ni à la croissance, ni à la fatigue » (Fleischman, 1967).

**Contrôle moteur** ***(motor control)*** : Le contrôle moteur renvoie au problème de l'« ici et maintenant », c'est-à-dire à la manière dont sont produits les mouvements nécessaires à la résolution d'un problème moteur actuel posé par l'environnement. À l'heure actuelle, une controverse se développe entre deux conceptions du contrôle radicalement opposées : la première suppose que le contrôle moteur est assuré par des opérations cognitives, agissant sur des représentations et actualisant un programme moteur dans une logique calculatoire (voir par exemple Schmidt, 1975). On parle de théories cognitives, ou calculatoires. Les secondes nient la nécessité de ce traitement central : le « pattern » de mouvement émerge directement, c'est-à-dire sans représentations ou calculs, de la structure dynamique de la situation. On parle de théories écologiques, ou dynamiques.

Alors que l'apprentissage renvoie à une problématique d'acquisition, le contrôle moteur concerne les problèmes de production. Il est nécessaire de bien distinguer ces deux problématiques, au niveau de la logique des questions qu'elles soulèvent, des paradigmes expérimentaux qu'elles utilisent, et des modèles qu'elles permettent d'élaborer. D'une manière générale, les théories du contrôle moteur s'intéressent à la gestion des habiletés sur-apprises, c'est-à-dire à la motricité de l'expert. À l'inverse, les théories de l'apprentissage portent sur la construction de l'habileté. Certains auteurs estiment que les théories du contrôle ne peuvent pas apporter grand chose à la problématique de l'apprentissage (Adams, 1987).

## L'analyse de la tâche

L'analyse de la tâche est une démarche qui trouve ses origines dans la psychologie du travail. Elle est basée sur le postulat que l'on ne peut comprendre l'activité que déploie un sujet que si l'on analyse précisément l'objectif qu'il doit atteindre et les contraintes qui lui sont imposées. Le concept de tâche est évidemment central. Nous allons l'aborder en plusieurs étapes, le mettant à chaque fois en relation avec des notions satellites.

**Tâche** ***(task)*** : La tâche est définie couramment comme « un but à atteindre dans des conditions déterminées » (Leplat et Hoc, 1983). Cette définition met l'accent sur les éléments constitutifs de la tâche. Le **but** (*goal*) « spécifie au pratiquant l'état ou la condition à atteindre comme résultat de l'activité » (Famose, 1990). On peut distinguer deux types de buts. Les **buts environnementaux** « consistent à produire un changement physique dans les rapports de l'individu avec son environnement » (Famose, 1990). Par exemple : franchir une barre en hauteur sans la faire tomber, attraper une balle. Ces buts correspondent à des habiletés de nature topocinétique*. Les **buts de forme** consistent à produire une configuration gestuelle, statique ou dynamique, dont les caractéristiques sont déterminées à l'avance : par exemple réaliser une arabesque ou une attitude. Ces buts correspondent à des habiletés de nature morphocinétique*. Famose (1990) estime que dans les activités sportives, les buts de forme sont généralement surdéterminés par la finalité de provoquer « un effet émotionnel sur un public ou sur des juges ».

Ce but doit être atteint en respectant certaines conditions, que Famose (1990) propose de classer en conditions environnementales et conditions procédurales. Les **conditions environnementales** « constituent des contraintes qui restreignent les degrés de liberté de mouvement du pratiquant » (Famose, 1990). Leur rôle est de réifier le but en l'inscrivant dans un système spatio-temporel précis. Elles renvoient à ce que l'on appelle couramment l'**aménagement matériel**, défini comme « l'ensemble organisé des objets, des équipements, ou des autres sujets, qui sert de support à l'activité motrice de l'enfant ou du sportif » (Famose, 1982a), mais également à des prescriptions concernant l'utilisation de cet aménagement. Quant aux **conditions procédurales**, ce sont des « prescriptions quant aux opérations à mettre en œuvre pour atteindre le but. Elle concerne généralement la forme du mouvement » (Famose, 1990). L'énoncé de ces conditions est nécessaire dans le cas des habiletés morphocinétiques*, les buts de forme pouvant difficilement être précisés par un aménagement matériel. Plus généralement, ces prescriptions peuvent renvoyer au règlement de l'activité (par exemple appel à un pied en hauteur), ou à l'adoption de solutions motrices particulières (sauter en fosbury).

Mais l'heuristique du concept de tâche tient surtout au principe d'antériorité et d'indépendance de la tâche, par rapport à l'activité du sujet. Famose (1987) définit ainsi la tâche comme une « série de conditions, antérieures à la mise en œuvre de l'habileté, qui déclenchent et organisent le comportement moteur. Ces conditions sont imposées au pratiquant et ont une existence objective indépendante de ses ressources et de la manière dont il se comporte ».

**Activité** : « Ce que met en jeu le sujet pour satisfaire aux exigences de la tâche » (Famose, 1990). « La tâche indique ce qui est à faire, l'activité ce qui se fait. La notion de tâche véhicule avec elle l'idée de prescription, sinon d'obligation. La notion d'activité renvoie, elle, à ce qui est mis en jeu par le sujet pour exécuter ces prescriptions, pour remplir ces obligations » (Leplat et Hoc, 1983). L'activité correspond à la mise en jeu de processus internes. Elle n'est pas directement observable, et ne peut être qu'inférée à partir du comportement.

**Comportement** : Le comportement renvoie à l'ensemble des manifestations patentes de l'activité du sujet. Il est donc directement observable : Parlebas, (1981) tient à distinguer ce concept de celui de **conduite motrice**, qu'il définit comme « organisation signifiante du comportement moteur. La conduite motrice est le comportement moteur en tant qu'il est porteur de signification ». Rappelons que selon l'auteur, l'éducation physique se définit comme « pédagogie des conduites motrices ».

**Facteurs contextuels** : Une ambiguïté peut apparaître sur la délimitation des conditions inhérentes à la tâche. L'opérationnalisation actuelle du concept de tâche est extrêmement étroite : « les conditions renvoient à un environnement direct, à la prise en compte nécessaire et suffisante » (Delignières, 1993). Ceci amène à distinguer clairement la tâche du contexte dans lequel elle est proposée. Le contexte est constitué de facteurs « influençant l'activité du sujet, mais extérieurs à la tâche objective stricto sensu [...], liés à l'environnement lointain, matériel, institutionnel ou affectif » (Delignières, 1993). On peut noter que dans des définitions plus anciennes du concept de tâche, la distinction tâche-contexte n'était pas si tranchée. Ainsi Leplat (1980) intègre dans la tâche les conditions physiques, caractérisées souvent sous le nom d'ambiance ou d'environnement du travail (bruit, éclairement, vibrations...), les conditions techniques, relatives aux contraintes techniques auxquelles le travailleur doit répondre (outils, règles...), les conditions organisationnelles, relatives aux règles de l'institution (division des tâches, organisation temporelle, modes de contrôle ou de commandement...), les conditions socio-économiques, propres à la société globale et plus ou moins modelées par l'institution (répartition des pouvoirs, rapports de force sociaux, législation sociale, conjoncture économique...). Cette définition de la tâche est beaucoup plus large que celle que nous avons évoquée précédemment.

Les facteurs contextuels peuvent être dissociés en facteurs d'enjeu et facteurs de bruit (Delignières, 1993). Les **facteurs d'enjeu** peuvent être définis fonctionnellement comme les coûts et bénéfices objectifs que le sujet pourra tirer de la réussite ou de l'échec dans la tâche (sanction, évaluation, certification, salaire, blessure, médiatisation). Ces facteurs vont déterminer l'importance que va revêtir pour le sujet la réalisation de la tâche. Ainsi une tâche de saut en hauteur aura une importance différente à l'entraînement, en compétition, ou lors d'une séance d'évaluation en EPS. Les **facteurs de bruit** représentent l'ensemble des distracteurs potentiels de l'environnement. Le bruit résulte de stimulations diverses, surtout auditives ou visuelles (clameurs d'une foule, flashs, etc.). À l'inverse des facteurs d'enjeu, les facteurs de bruit sont indépendants de l'activité propre du sujet (et notamment de la réussite et de l'échec dans la tâche), et sont essentiellement non signifiants.

**Situation** : Le concept de tâche est souvent associé ou confondu avec celui de situation. Leurs significations respectives, dans les modélisations psychologiques, sont claires : « une situation peut être considérée comme un système tâche-sujet » (Leplat et Hoc, 1983). Par rapport à une définition « étroite » de la tâche, on la considère comme un « système tâche-contexte-sujet » (Delignières, 1993). La situation correspond donc à la confrontation du sujet à une tâche contextualisée. On peut noter à ce niveau une acception particulière, aujourd'hui caduque, du terme situation : « tâche redéfinie* par l'enfant avant le début de son action, en fonction de ses caractéristiques personnelles » (Famose, 1982b ; voir Pédagogie des situations*).

**Tâches définies/Tâches semi-définies** : Les tâches peuvent être classées en fonction de leur degré de spécification. Une première catégorie est représentée par les tâches définies : « ce qui les caractérise essentiellement, c'est la spécification de manière univoque des modalités d'exécution » (Famose, 1982a). But et conditions de réalisation sont donc entièrement définis. Les tâches semi-définies sont quant à elles « essentiellement caractérisées par la spécification d'un objectif à atteindre assorti d'un critère de réussite sans comporter aucune indication sur les actions à effectuer » (Famose, 1982a). Dans ce cas, les conditions procédurales* ne sont pas définies. Le recours aux tâches semi-définies caractérise les procédures d'apprentissage par découverte (*discovery learning*).

L'analyse de la tâche correspond à une mise en regard des caractéristiques objectives de la tâche et des processus mis en jeu par le sujet. Certaines notions sont couramment utilisées :

**Exigences de la tâche/demandes de la tâche** : Les exigences renvoient aux « contraintes à prendre en compte par le sujet pour réussir la tâche, c'est-à-dire ce qui détermine son activité tout en étant indépendant de son influence » (Famose, 1982a). Les exigences sont inscrites dans le but et les conditions à respecter. Elles sont donc extérieures au sujet. Les demandes correspondent au type et au niveau des ressources* mobilisées. Il s'agit du sens actuel donné à ce terme. Famose (1982a) emploie dans un sens similaire le concept de **nature de la tâche** : « ressources* particulières que l'enfant ou le sportif doivent mettre en œuvre pour réussir une tâche donnée ». Les deux termes peuvent être considérés comme synonymes. À noter que le terme de demande a servi antérieurement à exprimer « le rapport exigences/possibilités du sujet » (Famose, 1982a). On parlerait plutôt aujourd'hui à ce sujet de difficulté relative*. On considère qu'il existe une liaison fonctionnelle entre exigences et demandes, s'exprimant dans le concept de **dépendance environnementale** : « relation spatiale et temporelle entre l'environnement et le mouvement (...). Ce concept suggère que l'environnement de la performance fournit la fonction régulatrice à laquelle nos mouvements doivent se soumettre dans le temps et l'espace » (Famose, 1990).

**Ressources** : Ce concept est largement utilisé depuis quelques années, tant dans le domaine de la psychologie que dans celui de la didactique. Une telle diffusion s'est opérée au prix de glissements de sens qu'il convient de faire clairement ressortir. Dans son acception la plus stricte (voir par exemple Sanders, 1983), on appelle ressources l'ensemble des potentiels énergétiques susceptibles de moduler l'efficacité des processus de traitement de l'information. On distingue dans le système de traitement un versant structurel, que l'on peut représenter par le modèle classique des stades de traitement, et un versant énergétique, constitué d'instances telles que l'éveil, l'activation et l'effort. La notion de ressources rend donc compte de ce second versant. Ce modèle a été introduit en réaction aux théories linéaires classiques, liant de manière univoque la performance à la quantité d'informations à traiter (Sternberg, 1969). Or la performance ne dépend pas uniquement de la difficulté de la tâche, mais également de la quantité de ressources allouée par le sujet. Cette allocation de ressources est liée aux états émotionnels (modulant par exemple le niveau d'activation), et également aux efforts intentionnels que consent le sujet. Cette approche repose enfin sur le postulat fondamental selon lequel la nature des processus de traitement est indépendante de la grandeur de l'investissement en ressources : ce dernier se contente d'intensifier le fonctionnement des opérations de traitement.

Tous les psychologues ne suivent pas une définition aussi stricte. Ainsi pour Norman & Bobrow (1975), les ressources représentent l'ensemble des facilités de traitement, tant énergétiques (effort) que structurelles (capacités de mémoire, canaux de traitement) dont dispose le système pour remplir ses fonctions. On est néanmoins dans les deux cas en face d'approches principalement quantitatives du système de traitement de l'information, dans laquelle le terme de ressources est intimement lié à celui de capacité* (compris au sens de contenance) : on considère notamment que le système possède une capacité, c'est-à-dire une quantité de ressources limitée. La performance est liée à la quantité de ressources, ou encore à la fraction de la capacité totale, allouée ou investie par le sujet.

La théorie des ressources de traitement s'est principalement développée au travers de l'étude des paradigmes de double tâche, consistant à étudier les performances des sujets ayant à réaliser simultanément deux tâches. Les premières modélisations (Broadbent, 1971, Kahneman, 1973) considèrent que le système dispose d'un pool unique de ressources, qui devra être partagé entre les diverses tâches en concurrence. On a néanmoins pu montrer que si les tâches en concurrence sollicitaient des processus différents, on n'observait pas d'effets d'interaction. Les auteurs estiment actuellement de manière générale qu'il existe des réservoirs multiples de ressources, c'est-à-dire que chaque stade de traitement possède sa propre capacité (Navon & Gopher, 1979).

Le terme de ressources est utilisé en didactique dans une acception encore plus large. Ainsi pour Boda & Récopé (1991), il s'agit de « l'ensemble des connaissances, déclaratives et procédurales, des capacités structurales et fonctionnelles, des aptitudes relatives aux différentes composantes de la conduite, qui constitue le répertoire caractérisant les pouvoirs d'un sujet. Il s'agit donc de classes de moyens très hétérogènes susceptibles d'interagir pour supporter le système des échanges entre le sujet et son environnement ». On retrouve ici le sens que revêt ce concept dans l'analyse systémique, où il désigne l'ensemble des éléments qui aident à l'atteinte des objectifs (les contraintes désignent à l'opposé ce qui en empêche l'atteinte). Ainsi défini, le terme devient un concept générique, sans doute pratique, mais si peu contraignant qu'il en perd tout pouvoir heuristique.

Une analyse plus fine des exigences et demandes fait appel aux termes de difficulté, de complexité, et d'intensité. Ces termes, particulièrement polysémiques, méritent que l'on s'y attarde. Leur analyse se fera par réseaux successifs, tentant de mettre à jour l'ensemble des acceptions courantes.

**Difficulté objective et difficulté relative** : La difficulté objective renvoie à l'architecture de la tâche, c'est-à-dire à ses exigences. Il s'agit d'une caractéristique absolue, dans le sens où elle est indépendante de l'activité particulière d'un sujet ou des ressources dont il dispose. Desharnais (1971) emploie dans cette acception le terme de complexité*. La difficulté objective doit pouvoir être décrite et mesurée en ne faisant référence qu'à une analyse des contraintes. La difficulté relative peut être définie comme le rapport difficulté objective/ressources disponibles. La difficulté relative est dans ce sens un descripteur du système tâche-sujet. Desharnais (1971) emploie dans cette acception le terme de difficulté.

Certaines distinctions peuvent être opérées au niveau des exigences, en fonction du type des ressources sollicitées :

**Difficulté et intensité** : La difficulté, dans un sens plus restreint, peut être définie comme le niveau des exigences de la tâche sollicitant les ressources bio-informationnelles. On peut considérer, du moins pour des tâches simples, que la difficulté correspond à la quantité moyenne d'information* à traiter pour réaliser la tâche (Fitts, 1954). On peut donc en envisager une mesure (Alain, 1976, Delignières, 1993). En regard, l'intensité de la tâche est définie comme le niveau des exigences de la tâche sollicitant les ressources bio-énergétiques. En ce qui concerne des tâches unidimensionnelles, l'intensité se prête aisément à la mesure (vitesse ou travail mécanique imposé... cf. Durand, 1983).

Une seconde distinction a été avancée, au niveau des exigences « informationnelles », entre difficulté et complexité.

**Complexité et difficulté** : « La complexité est en rapport avec la quantité d'informations à traiter pour l'organisation et le déclenchement du mouvement, alors que la difficulté est en rapport avec la quantité d'informations à traiter pour le contrôle de ce mouvement » (Famose, 1982a, d'après Hayes et Marteniuk, 1976). Une distinction parallèle est proposée par Alain et Salmela (1980), pour qui la complexité dépend de la nature et du nombre des conditions qui doivent nécessairement être rencontrées pour que le but proposé par la tâche soit atteint, et la difficulté de la grandeur de l'erreur permise, d'ordre spatial ou d'ordre temporel. Cette distinction renvoie également au modèle proposé par Ripoll (1987, 1991) distinguant deux types de contraintes, sémantiques et sensori-motrices, sollicitant de manière spécifique des processus différenciés.

La distinction difficulté-complexité est également utilisée dans les propositions du Groupe académique d'innovation pédagogique de Nantes : la complexité est définie comme une « notion structurale qui exprime le degré d'élaboration d'une action motrice, d'un enchaînement de tâches, d'un modèle, d'un environnement (ou contexte), etc. La complexité se caractérise par le nombre d'actions (ou de catégories structurales) qu'il convient de traiter simultanément », et la difficulté comme une « notion fonctionnelle qui exprime pour un niveau de complexité donné, le degré d'exigence dans les modalités de réalisation internes à l'action considérée, à un enchaînement de tâches donné » (GAIP Nantes, 1990-91).

Il faut noter que la proposition de Hayes et Marteniuk (1976) ne repose que sur des problématiques étroitement expérimentales. Son heuristique fonctionnelle est loin d'être prouvée. Certains travaux laissent néanmoins supposer que les traitements cognitifs correspondant à ces deux dimensions soient distincts et indépendants (Kantowitz et Knight, 1978). Il y a loin néanmoins de cette distinction fondamentale à la dichotomie didactique proposée par Alain et Salmela et le GAIP de Nantes. Sans pour autant remettre en cause l'intérêt appliqué de cette dernière, on ne saurait néanmoins la valider en s'appuyant sur la précédente.

**Difficulté subjective** : La difficulté subjective correspond aux représentations du sujet, à l'évaluation qu'il réalise des demandes de la tâche. On peut distinguer à ce niveau la **difficulté estimée**, qui est une évaluation a priori de la difficulté d'une tâche, avant toute réalisation effective, et la **difficulté perçue**, qui renvoie à une évaluation de la difficulté de la tâche, effectuée pendant ou après la réalisation motrice. La difficulté perçue semble principalement liée à la quantité de ressources que le sujet a investi dans la tâche, même si cette construction perceptive peut être influencée par la performance ou des facteurs de contexte (Delignières, 1993).

## Habileté, aptitude, capacité

**Habileté *(Skill)*** : « Capacité acquise par apprentissage à atteindre des résultats fixés à l'avance avec le maximum de réussite et souvent un minimum de temps, d'énergie ou les deux » (Guthrie, 1957). Cette définition ancienne n'est guère remise en cause à l'heure actuelle. Ainsi Durand (1987) définit l'habileté comme la « capacité [...] à élaborer et à réaliser une réponse efficace et économique pour atteindre un objectif précis » (Durand, 1987). L'habileté est donc une expertise spécifique, et ce sens scientifique se démarque nettement de l'acception courante caractérisant l'adresse générale d'un sujet. On a souvent tendance à restreindre le concept d'habileté au domaine moteur. Le concept d'habileté peut en fait s'appliquer à toute activité humaine dirigée vers un but, et efficace dans son atteinte. L'habileté motrice ne constitue dans ce sens qu'une catégorie, caractérisée par l'importance essentielle de la réponse motrice. Leplat (1989) parle ainsi d'habiletés cognitives, pour désigner les habiletés pour lesquelles l'activité manifeste ne joue qu'un rôle accessoire, servant plutôt à donner une expression à l'habileté (par exemple par la parole), qu'à en constituer une partie essentielle. L'habileté est un processus interne, acquis par apprentissage et relativement stable.

**Efficience** : Selon Leplat (1989) « une activité sera dite d'autant plus efficiente qu'elle permettra d'atteindre à moindre coût le même niveau d'efficacité ». Les deux notions doivent être clairement distinguées. L'efficacité est un descripteur générique de la performance : selon le contexte et le type de tâche, elle s'exprimera en vitesse d'exécution, précision de la réponse, stabilité, etc. L'efficience renvoie elle à l'idée de rendement du système. Il s'agit du rapport entre les ressources investies et la performance obtenue. Un comportement efficient atteindra une performance donnée avec moins d'effort, ou atteindra une meilleure performance avec un investissement en ressources identique. Les relations efficacité-efficience demeurent fort complexes, notamment dans un contexte écologique. Néanmoins, et en première approche, leurs évolutions diachroniques sont parallèles : l'apprentissage améliore à la fois l'efficacité et l'efficience.

En fonction de la nature des processus majoritairement sollicités, on pourra parler d'efficience cognitive ou énergétique. La première correspond à une optimisation de la charge mentale. Divers travaux ont pu rendre compte de l'économie de l'activité de l'expert : recours massif aux processus automatiques*, permettant un traitement rapide et sans effort (Abernethy, 1993), accès direct à des variables *high order** dispensant le système de computations coûteuses (Laurent, 1991), anticipation perceptive permettant une lecture rapide des situations (Ripoll, 1987), adoption de stratégies économiques (Spérandio, 1977). L'efficience énergétique est liée à l'adoption de patterns optimaux, en fonction des exigences de la tâche : ainsi pour une tâche de course, il existe pour une vitesse donnée un rapport optimal fréquence/amplitude des foulées, correspondant à une efficience maximale (Durand, 1992). Sparrow (1983) considère que la recherche de l'efficience constitue un moteur fondamental de l'apprentissage.

**Charge de travail** (*workload*) : La charge de travail est une mesure du degré de mobilisation des ressources du sujet. Selon Welford (1977), elle « peut être exprimée comme le rapport des exigences de la tâche à la capacité maximale moyenne de l'opérateur, ou comme le pourcentage de capacité requis pour répondre aux exigences ». On peut traduire « capacité maximale » par « potentiel maximal de ressources ». En fonction de la nature des ressources sollicitées, on parlera de charge physique, ou de charge mentale. La **charge physique** renvoie au niveau de sollicitation des ressources bio-énergétiques. Sa mesure s'effectue couramment en terme de pourcentage de VO2max, ou en pourcentage de la force maximale. La **charge mentale** (*mental load*) correspond au niveau de sollicitation des ressources bio-informationnelles. Selon Welford (1977), elle « peut être mesurée en comparant le temps minimum requis et le temps disponible ». Cette méthode est à la base de nombreux protocoles expérimentaux en psychologie cognitive.

**Performance** : La performance renvoie au comportement manifeste et actuel du sujet. Famose (1993) avance une définition plus contraignante de la notion : la performance est un résultat, produit de l'activité, perçu, mesuré et évalué par le pratiquant ou un observateur extérieur. Selon l'auteur, comportement et performance ne se superposent pas : le comportement produit plusieurs types de résultats, dont seulement certains seront perçus, en fonction des critères de l'observateur (vitesse, précision, esthétique des mouvements, risques, etc.). Enfin, pour accéder au statut de performance, le résultat perçu doit être situé sur l'échelle d'évaluation. La performance n'est pas le comportement lui-même, mais la traduction métrique d'une de ses dimensions. L'habileté, non directement observable, ne peut être inférée à partir de la performance, qui en constitue une actualisation ponctuelle. Cette acception « scientifique » de la notion se démarque de son sens de terrain : la performance n'est pas nécessairement liée à l'expertise.

Les notions d'habileté et de performance revêtent un sens singulièrement différent dans de nombreux textes concernant les processus d'évaluation en EPS (voir partie 6.4.). Ces acceptions divergentes étant à la base de nombreux contre-sens, nous engageons le lecteur à en intégrer clairement les nuances. D'autres termes sont employés, recouvrant des réalités voisines ou clairement différenciées. Il convient d'examiner avec attention les concept d'aptitude, de capacité et de compétence.

**Aptitude** ***(Ability, Aptitude)*** : L'opérationnalisation scientifique de ce concept est étroitement liée aux travaux de Fleischman et de ses collaborateurs (pour une revue en langue française, voir Famose et Durand, 1987). Fleischman montre, par analyse factorielle*, que les différences interindividuelles dans la réalisation d'un certain nombre de tâches peuvent être expliquées par des facteurs sous-jacents, caractéristiques stables des sujets, qu'il dénomme aptitudes. Ses travaux lui ont permis d'isoler une cinquantaine d'aptitudes physiques (par exemple la force explosive, la souplesse dynamique...), psychomotrices (par exemple la dextérité manuelle, la vitesse de réaction...), perceptives (par exemple l'attention sélective, la vision périphérique...) et cognitives (par exemple la mémorisation, le raisonnement mathématique...). Fleischman considère ces aptitudes comme relativement stables, chez l'adulte. Elles se différencient et se développent durant l'enfance et l'adolescence, sous l'influence conjuguée de la maturation et de l'exercice. Les influences respectives de l'hérédité et de l'exercice ne sont pas encore complètement élucidées, et différent certainement d'une aptitude à l'autre. Ainsi selon Klissouras (1971), l'aptitude d'endurance serait déterminée génétiquement à 90%. Noble (1978) montre de son côté que 43% de la variance dans des tests d'aptitude rythmique est déterminée par l'hérédité. On considère généralement que l'hérédité détermine les limites à l'intérieur desquelles les facteurs environnementaux peuvent avoir une influence.

La puissance du modèle de Fleischman vient de la logique factorielle qui a présidé à son élaboration. Il se démarque par là des tentatives empiriques de classification des « aptitudes » ou « qualités physiques » qui l'ont précédé (pour une approche historique, voir Thomas *et al.*, 1989).

**Qualités physiques** : Ce terme, au contenu intuitif et imprécis, est avant tout une notion de terrain. Néanmoins Pradet (1989) se propose d'en donner une définition plus précise, à partir des concepts d'habileté et d'aptitude : « illustration de l'utilisation rationnelle qu'un individu fait de ses aptitudes motrices (peu évolutives et individuelles) et des habiletés qu'il a développées lors de son apprentissage » (Pradet, 1989). À titre d'exemple, l'auteur identifie comme qualités physiques l'**adresse**, définie comme la « faculté d'exécuter, avec la plus grande efficacité possible, un mouvement intentionnel pour résoudre une tâche concrète », et la **coordination**, définie comme la « faculté d'organisation conduisant l'organisme de la prise d'information à la participation et à la régulation des unités motrices impliquées dans le mouvement ».

**Capacité** : Nous avons déjà évoqué l'utilisation de ce terme en psychologie cognitive, où il renvoie à la quantité de ressources disponibles pour traiter l'information. On retrouve cette approche quantitative en physiologie de l'effort, où l'on parle de capacités anaérobie ou aérobie. Capacité est ici compris au sens de contenance.

Capacité peut également être compris comme « être capable de... ». Ce terme est généralement utilisé pour caractériser une ressource* (au sens didactique du terme) susceptible d'être utilisée dans un certain nombre de tâches. Ainsi pour Boda et Récopé (1991), une capacité est « un type de connaissance générale permettant au sujet d'aborder avec des chances de succès une large variété de tâches ou de situations. Elle se développerait par l'expérience et des apprentissages particuliers. Elle porte sur des composantes de la conduite : on évoque des capacités biologique, décisionnelle, relationnelle, cognitive, méthodologique, etc. ». On retrouve cette idée dans le lexique du GAIP de Nantes (1990-91) : « potentiel permettant d'agir dans des situations inconnues. Elles participent à la genèse de compétences nouvelles ». Il nous semble que dans cette optique, le concept de capacité ne se démarque guère de celui d'aptitude précédemment analysé. Les auteurs anglo-saxons regroupent d'ailleurs ces deux termes dans le concept d'*ability*. En fait, ou bien les capacités caractérisent des « qualités » transversales du sujet, et on peut les assimiler à des aptitudes, ou bien elles correspondent à la faculté apprise de réussir un certain nombre de tâches de même nature, et on peut les considérer comme des habiletés. L'identification d'un niveau « intermédiaire » entre aptitude et habileté ne nous semble ni justifié sur le plan scientifique, ni réellement nécessaire pour l'enseignement.

Meirieu (1990) utilise le terme de capacité, dans le domaine des apprentissages intellectuels, pour désigner une « activité intellectuelle stabilisée et reproductible dans des champs divers de connaissance ; terme souvent utilisé comme synonyme de "savoir-faire" (Aucune capacité n'existe à l'état pur et toute capacité ne se manifeste qu'à travers la mise en œuvre de contenus) ». Il nous semble que cette définition renvoie plus ou moins à la définition des habiletés cognitives, avancée par Leplat (1989). Ce dernier auteur déclare par ailleurs que « le concept d'habileté est à rapprocher des concepts voisins, plus ou moins synonymes, de capacité, compétence, expertise ». La remarque précédente n'interdit pas de décliner les habiletés en fonction de leur complexité, une habileté donnée pouvant intégrer plusieurs habiletés constituantes. C'est dans ce sens que Leplat (1989) définit l'**habileté complexe** : « on qualifiera de complexes les habiletés qui requièrent un apprentissage prolongé et des habiletés préalables déjà acquises ».

**Compétence** : Ce terme est souvent utilisé comme synonyme d'habileté. Pour Meirieu (1990), il s'agit d'un « savoir identifié mettant en jeu une ou des capacités dans un champ notionnel ou disciplinaire déterminé ». Le GAIP de Nantes (1990-91) la définit comme « une excellence virtuelle, autrement dit comme une capacité stable, intériorisée qui n'a de valeur que parce qu'elle peut se manifester dans une pratique, à un niveau de pratique donné. Elle se manifeste par l'activité du sujet qui réussit de façon systématique dans une situation particulière. C'est une ou plusieurs capacités actualisées/appliquées » (GAIP Nantes, 1990-91).

Il existe une autre acception du concept de compétence, développée en psychologie du travail : si l'habileté est spécifique à une tâche précise, la compétence renverrait à une expertise plus vaste, relative à un domaine social d'activité. La compétence renvoie à la notion de qualification professionnelle. Ainsi pour Leplat et Pailhous (1976), « on a souvent caractérisé l'opérateur compétent par les habiletés qu'il possède (...) Ces habiletés sont souvent la condition nécessaire de la compétence, même quand celle-ci comporte bien d'autres aspects. Il en est ainsi par exemple quand le dentiste dont les habiletés manuelles, pour essentielles qu'elles soient, ne sont que des composantes de la qualification avec les différentes connaissances indispensables pour prendre les décisions concernant la nature des soins ». On peut définir la compétence comme un ensemble structuré et cohérent de ressources, qui permet d'être efficace dans un domaine social d'activité. De Montmollin (1984) la présente, dans un contexte ergonomique, comme « un ensemble hiérarchisé de savoirs, de savoir-faire, de conduites-types, de procédures standards, de types de raisonnement que l'on peut mettre en œuvre sans apprentissage nouveau ». Elle permet à l'expert de faire face à l'ensemble des situations représentatives de son « métier ». Cette acception du concept de compétence semble particulièrement heuristique en EPS, au moment où la discipline vise à l'acquisition de savoirs réinvestissables dans la vie physique et sportive d'adulte (Delignières & Garsault, 1993).

Il a été proposé diverses classifications des habiletés, généralement sous forme de continua. Nous n'en retiendrons que les plus significatifs. Le premier concerne les conditions environnementales :

**Habiletés ouvertes/fermées *(open/closed skills)*** : Les habiletés ouvertes correspondent à des tâches caractérisées par des conditions environnementales* instables. L'incertitude* peut provenir de l'environnement (par exemple dans les activités de pleine nature), ou des autres joueurs (activités d'opposition). À l'inverse, les habiletés fermées sont caractérisées par des conditions environnementales stables et certaines (gymnastique, etc.). Ces deux types d'habiletés imposent des contraintes différenciées au système de traitement de l'information : les habiletés ouvertes nécessiteront une activité perceptive et décisionnelle, souvent sous pression temporelle. Les habiletés fermées supposent au contraire qu'une planification anticipée complète de l'action est possible.

**Habiletés manipulatoires/globales** : On parle d'habileté manipulatoire lorsque la tâche consiste à atteindre un but par la manipulation d'objets. Les transformations révélatrices de l'atteinte du but sont donc centrées sur l'environnement. En ce qui concerne les habiletés globales (*gross motor skills*), les transformations révélatrices de l'atteinte du but concernent soit le corps lui-même (par exemple en danse), soit les relations corps-environnement (en saut en hauteur par exemple). On parle également d'**habiletés posturo-cinétiques**. Cette distinction est importante, quant aux possibilités de représentation, de prise de conscience et de planification de l'action.

**Topocinèse/morphocinèse** : Les topocinèses sont des mouvements finalisés par l'atteinte d'objectifs spatialement situés (envoyer une balle dans une cible, attraper une barre fixe, etc.). On retrouve également dans la littérature les termes de télécinèses, et de téléocinèses. Les morphocinèses sont définies comme des « mouvements projetés dans l'espace qui reçoivent leur instruction non plus d'un objectif spatialement repéré qu'il faut atteindre, mais d'un modèle interne » (Paillard, 1974). Le mouvement est finalisé par une forme à reproduire (danse, etc.). De nombreuses activités sportives relèvent simultanément des deux dimensions, dans la mesure où la forme gestuelle imposée doit s'intégrer dans des contraintes spatio-temporelles précises (gymnastique, patinage acrobatique, etc.).

**Habiletés techniques/stratégiques** : Cette distinction permet de classer les habiletés en fonction du degré d'incertitude des sous-buts de la tâche. Les habiletés techniques correspondent à des tâches pour lesquelles buts et sous-buts seront certains, car uniquement déterminés par les contraintes réglementaires, environnementales et biomécaniques. Les habiletés stratégiques correspondent à des tâches pour lesquelles la pertinence des sous-buts dépend à tout instant de l'évolution de la situation, sous l'influence du sujet lui-même, de l'adversaire ou du milieu (Delignières, 1991). Cette distinction est proche de la distinction habiletés ouvertes/fermées présentée précédemment.

**Habileté discrète/continue/sérielle** : Une habileté discrète peut être décrite comme ayant un début et une fin bien définis. De nombreuses habiletés sportives relèvent de ce type (tir à l'arc, tir de penalty...). À l'inverse, dans une habileté continue, le commencement et la fin ne sont pas identifiables. La performance produite peut se dérouler sur une longue durée sans pour autant qu'il soit possible de la dissocier en éléments distincts : course à pied, cyclisme... Enfin, une habileté sérielle est constituée d'habiletés discrètes distinctes liées les unes aux autres. Ce sont les plus fréquentes dans le cadre sportif : enchaînement de gymnastique, sports collectifs, etc.

Faute de constituer des outils réellement opérationnels au niveau didactique, ces continua constituent généralement de bons supports pour l'argumentation.

## Habileté et traitement de l'information

**Cognitif** : On a souvent tendance (et l'influence des travaux de Piaget est sans doute importante à ce niveau) à lier le terme « cognitif » à l'intelligence et à la rationalité. Il recouvre en fait une réalité plus vaste. Pour George (1985), « au sens très large, le cognitif concerne ce qui a trait à la connaissance, qu'il s'agisse de connaissances déclaratives* ou de connaissances procédurales*. Dans une perspective plus restreinte, le terme cognitif désigne une activité mentale qui fait appel à des représentations*, celles-ci pouvant être conscientes ou inconscientes ». Selon Chatillon (1985), l'**activité cognitive** est « l'ensemble des mécanismes par lesquels un individu extrait des informations du milieu pour organiser les conduites qu'il y produit ».

### La théorie de l'information

L'approche cognitiviste de l'habileté fait souvent référence à la théorie fondamentale de l'information. Nous présentons ici une revue succincte de ses principaux concepts.

**Information** : Le concept d'information désigne couramment un message signifiant porté à la connaissance d'une personne. Il se démarque nettement, dans son acception scientifique, de ce sens courant : « une information désigne par définition un ou plusieurs événements parmi un ensemble d'événements possibles » (Hebenstreit, 1989). L'apport d'information permet de diminuer l'incertitude : si vous recherchez un livre dans une bibliothèque, l'indication du rayonnage dans lequel ce livre est situé diminuera largement votre temps de recherche. On peut lever davantage d'incertitude en précisant par exemple que la couverture du livre est verte. Cette seconde information, pour peu que le livre que vous recherchez soit le seul ouvrage à couverture verte du rayonnage, peut lever complètement l'incertitude de la situation.

**Quantité d'information** : Grandeur permettant de mesurer l'information. Si N est le nombre d'événements possibles et n le sous-ensemble désigné par l'information, la quantité d'information est proportionnelle au logarithme de base 2 du rapport N/n. La quantité d'information s'exprime en « bits ». Cette expression logarithmique de la quantité d'information est proprement conventionnelle. Reprenons l'exemple de la bibliothèque. 256 livres sont présents dans les rayons. Si l'on indique un rayonnage comprenant 32 livres, l'information apportée est égale à $\log_2$ (256/32) = 3 bits. Si l'on précise au contraire que le livre est vert, et que la bibliothèque comporte 8 livres de cette couleur, la quantité d'information apportée est égale à $\log_2$ (256/8) = 5 bits. La mesure de l'information permet en outre de relativiser quantitativement ces deux indications : la seconde est 1,7 fois plus informative que la première.

**Entropie** : Le calcul de la quantité d'information permet de mesurer l'information apportée par un événement donné dans un ensemble d'événements possibles. Il s'agit donc d'une mesure a posteriori, l'événement considéré étant supposé connu. L'entropie constitue à l'inverse une mesure a priori de la quantité moyenne d'informations fournies par un ensemble d'événements. Elle est définie comme la somme des quantités d'informations véhiculées par chaque événement, affectées de la probabilité d'apparition de l'événement correspondant. Plus l'entropie sera élevée, plus le sujet devra en moyenne traiter d'informations pour lever complètement l'incertitude. Plus simplement, l'entropie représente « le nombre d'alternatives, sous forme de choix binaires, nécessaire pour réduire l'incertitude d'un message » (Simonet, 1985). Syn : **Quantité moyenne d'information**, **Incertitude**. Dans le cadre de l'analyse des tâches, l'entropie peut représenter une mesure de la difficulté objective*.

Dans le cas particulier d'un ensemble d'événements équiprobables et apportant chacun une quantité d'informations identique, l'entropie sera égale à la quantité d'informations apportée par chaque événement. Considérons une tâche consistant à répondre à l'apparition d'un signal par la frappe d'une touche correspondante. Le dispositif comprend N signaux susceptibles d'apparaître. Le rapport signaux possibles/signaux pertinents est dans ce cas égal à N/1. Si N = 1, ce rapport est égal à 1. Le logarithme de 1 étant égal à zéro, la quantité d'information liée à l'apparition du signal est nulle. Ce qui est logique puisqu'il n'y a aucune incertitude quant à l'identité de ce signal. Si N = 2, la quantité d'informations sera égale à 1 bit. C'est-à-dire que le sujet devra résoudre une alternative pour déterminer sa réponse. Il faudra ensuite monter à 4 éventualités pour obtenir 2 bits, 8 éventualités pour 3 bits, 16 pour 4, 32 pour 5, etc. Divers travaux ont pu montrer que la performance, en termes de temps de réaction ou de temps de mouvement, était proportionnelle à l'entropie caractérisant la tâche (Fitts, 1954, Hick, 1952).

**Négentropie** : Diminution de l'incertitude d'un message. Toute information supplémentaire participe à la négentropie, par augmentation du rapport n/N. Dans l'exemple exposé plus haut concernant la recherche d'un livre, toute information supplémentaire (localisation, couleur) diminue l'entropie générale de la situation.

**Bruit** : Le concept de bruit, dans le cadre de la théorie de l'information, se démarque du sens courant. « La notion de bruit s'étend à tout ce qui altère le bon fonctionnement d'un canal de communication. Ainsi le bruit peut être de nature physique, mais aussi de nature affective ou culturelle » (Simonet, 1985). Même si l'on s'en tient au niveau du bruit physique, on peut distinguer, en fonction du récepteur concerné, le bruit auditif, le bruit visuel, etc. La notion de bruit ne caractérise pas uniquement le message ou son contexte de présentation, mais renvoie également au fonctionnement du canal de transmission de l'information. Les neurophysiologistes ont ainsi montré l'existence d'un « bruit de fond neuronal », caractérisé par une activité électrochimique permanente du système nerveux. Ce bruit de fond est susceptible d'altérer par exemple la transmission de signaux de faible intensité. On considère que ce bruit de fond s'accroît avec l'activation*, et peut expliquer les dégradations de performance constatées (Naataanen, 1973). On peut considérer le bruit comme l'ensemble des informations non pertinentes. Dans ce sens, l'augmentation du bruit accroît l'entropie.

**Rapport signal/bruit** : Il s'agit du rapport informations pertinentes/total des informations (il faudrait d'ailleurs plutôt parler du rapport signal/signal + bruit). Si l'on reprend les symboles utilisés plus haut (voir Quantité d'information), c'est l'équivalent du rapport n/N. Ce rapport est toujours inférieur ou égal à 1. S'il est égal à 1, cela signifie que l'ensemble des informations présentées sont pertinentes. Plus ce rapport est faible, plus la quantité d'informations à traiter est importante.

## Les processus de traitement de l'information

**Traitement de l'information** : Concevoir l'activité du sujet comme traitement de l'information, c'est assimiler l'être humain à l'ordinateur : des données sont introduites dans l'organisme, une série d'opérations va être réalisée sur ces informations et déboucher sur l'organisation de la réponse motrice. Les modèles les plus courants du traitement de l'information considèrent ce dernier comme une succession d'étapes, ou **stades de traitement**. Par exemple Schmidt (1982) propose un modèle en trois stades : un stade d'identification du stimulus, au niveau duquel les informations sont filtrées et organisées, un stade de sélection de la réponse, dont le rôle est de déterminer les grandes lignes d'actions pour le mouvement à venir, et un stade de programmation de la réponse, visant à spécifier les paramètres du mouvement en fonction des exigences de la situation. Certains auteurs, comme Theios (1975), ajoutent en amont un stade sensoriel, responsable de la capture et du codage du stimulus, et en aval un stade moteur assurant la transmission des informations vers les unités motrices. Certains auteurs, sans remettre en cause la logique structurelle de ces modèles, jugent nécessaire d'y adjoindre un versant énergétique, composé de réservoirs de **ressources*** susceptibles de moduler l'efficacité des stades de traitement. Sanders (1983) postule l'existence de trois réservoirs énergétiques : l'éveil* *(arousal)*, lié au stade d'identification du stimulus, l'activation*, liée au stade moteur, et l'effort lié au stade de sélection de la réponse et responsable de la coordination entre les deux premières instances.

**Traitement sériel/ parallèle** : Selon certains auteurs (Sternberg, 1969 ; Theios, 1975), le traitement est réalisé en série : L'information est traitée par le premier stade, les résultats sont transférés au second, etc. Ce type de modèle représente une série d'étapes discrètes et exclusives. On considère actuellement que des traitements en parallèle sont possibles, c'est-à-dire que plusieurs opérations sont réalisées en simultané (McClelland, 1979 ; Schmidt, 1982). Le traitement en parallèle concernerait avant tout le stade d'identification et dans une moindre mesure le stade de sélection de la réponse. Par contre, le stade de programmation constituerait un goulot d'étranglement au niveau duquel seul un traitement séquentiel serait envisageable.

**Chronométrie mentale** : La chronométrie mentale est un ensemble de méthodes d'investigation du traitement de l'information, basées sur l'hypothèse que le temps que met un sujet à répondre à un stimulus correspond à la somme des durées de toutes les opérations de traitement qui ont été nécessaires à l'élaboration de la réponse. L'objectif de ces méthodes est de déterminer la nature de ces opérations à partir de l'analyse des temps de réponses, en fonction de certaines manipulations des tâches à réaliser. La description des protocoles de chronométrie mentale fait appel à certains concepts spécifiques : le **signal d'exécution** ou **signal de réponse** est le stimulus provoquant la réponse du sujet. Il est souvent précédé d'un **signal préparatoire**, prévenant le sujet de l'imminence de l'apparition du signal de réponse. On appelle **période préparatoire** l'intervalle temporel situé entre le signal préparatoire et le signal de réponse. Le **temps de réaction** est la durée s'écoulant entre l'apparition du signal d'exécution et le début du déclenchement de la réponse manifeste. En fonction de la nature de la tâche, on parle de **temps de réaction simple,** dans une tâche où une seule réponse, connue à l'avance, est produite à l'apparition du seul stimulus possible, ou de **temps de réaction de choix**, dans une tâche où chaque réponse possible est associée à un stimulus différent. On appelle **temps de mouvement** la durée s'écoulant entre le début de la réponse motrice et son achèvement. Enfin, le **temps de réponse** est la durée s'écoulant entre l'apparition du signal impératif et l'achèvement de la réponse. Le temps de réponse est égal à la somme du temps de réaction et du temps moteur.

**Méthode des facteurs additifs** : Une méthode de chronométrie mentale particulièrement développée ces dernières années est la méthode des facteurs additifs (Sternberg, 1969), qui permet d'inférer le nombre et la nature des stades se déroulant entre stimulus et réponse. Si l'effet de deux facteurs (par exemple, le nombre d'éventualités, la qualité du signal) est additif (c'est-à-dire que l'effet conjoint des deux facteurs est égal à la somme des effets de chacun des facteurs), alors on suppose qu'ils affectent chacun un stade différent. Par contre si les effets interagissent (l'effet d'un facteur dépend des variations de l'autre), on suppose que ces deux facteurs affectent en commun au moins un stade de traitement. Au terme d'une méta-analyse des travaux utilisant cette méthode, Sanders (1990) propose un modèle de traitement de l'information en 7 stades : pré-traitement, extraction des caractéristiques, identification, sélection de la réponse, programmation motrice, chargement du programme, ajustements moteurs.

**Systèmes de mémoire** : La modélisation du traitement de l'information fait fréquemment appel au concept de mémoire. Il ne s'agit pas d'une modélisation alternative, par rapport aux modèles de traitement décrits précédemment, mais d'une approche différente, permettant d'appréhender certains problèmes spécifiques. On estime qu'il existe trois types de mémoires : les **mémoires sensorielles** sont des instances de stockage à très court terme des informations collectées par les organes perceptifs. Ces mémoires ont une grande capacité (traitement parallèle), mais l'information n'y est conservée que peu de temps, étant rapidement remplacée par d'autres données sensorielles plus récentes. Le contenu de ces mémoires échappe en majorité au contrôle conscient de l'individu. Certaines informations, sur lesquelles l'attention va se porter de manière sélective, vont transiter en **mémoire à court terme** (*short-term memory*), ou mémoire de travail. Cette mémoire, assimilée par certains auteurs au canal conscient, va assurer le traitement des informations sélectionnées. Il s'agit d'un système à capacité extrêmement limitée, puisqu'elle ne peut gérer de manière simultanée qu'entre 5 et 9 éléments d'information, et pour un temps relativement court (une trentaine de secondes au maximum). Certains processus, tels que le groupement (*chunking*) des informations, ou la répétition, permettent de contourner partiellement ces limitations. Enfin la **mémoire à long terme** permet de stocker, sans limitation de capacité ni de durée, le produit des apprentissages. Le stockage des informations dans cette mémoire, ainsi que leur rappel ultérieur repose sur des processus complexes de codage et d'indexation. Le phénomène d'oubli semble lié à un déficit au niveau des procédures de rappel, plutôt qu'à un effacement de l'information en mémoire à long terme.

**Préparation à l'action** : Diverses définitions de la préparation à l'action ont été proposées dans la littérature. Pour Requin (1978), il s'agit d'un « processus à court terme d'adaptation aux exigences qu'imposent les changements plus ou moins probables du milieu, s'exprimant par la mise en place, aux différentes étapes de traitement de l'information sensori-motrice, d'ajustements préparatoires destinés à augmenter l'efficience de la réponse explicite ou implicite qu'exigera un événement particulier intervenant à un moment particulier », et selon Holender (1980) d'une « modification des processus de décision, préalable à l'apparition du signal d'exécution, dont la conséquence est de réduire une ou plusieurs étapes du traitement de l'information requis pour fournir la réponse ». La préparation à l'action ne constitue pas un stade particulier et précoce du traitement de l'information, mais un processus fonctionnel, se déroulant en parallèle de ce traitement et susceptible d'affecter chacun des stades. Ces ajustements préparatoires peuvent ainsi relever d'une centration de l'attention sur certaines zones informatives (identification) d'une augmentation de la disponibilité une liaison stimulus réponse (sélection de la réponse), d'une pré-sélection d'un programme moteur (programmation), d'une prédisposition des systèmes de contrôle posturaux et moteurs (Requin, 1980). Notons enfin que l'état de préparation est coûteux pour le système et ne peut être maintenu très longtemps : il faut environ 200 millisecondes pour atteindre un état de préparation optimal, et cet état ne peut être maintenu que 150 millisecondes.

On utilise parfois de manière synonyme le terme d'**anticipation**. Ce dernier terme est néanmoins utilisé fréquemment pour désigner les réponses intervenant avant le signal d'exécution, ou après un temps de réaction si court (inférieur à 150 millisecondes) qu'il est impossible que la réponse ait été réellement inféodée à un traitement du signal. Il est fondamental de ce fait de distinguer une réponse préparée d'une réponse anticipée (Nougier, 1989).

**Attention** : Les processus attentionnels sont investigués selon deux dimensions : l'aspect qualitatif, qui détermine les stratégies de sélection des informations à traiter (on parle alors d'**attention sélective**), et l'aspect quantitatif, qui renvoie à l'intensité de l'effort consenti* (Richard, 1980). L'attention sélective est comprise comme « un mécanisme de sélection de l'information, rendu nécessaire par la capacité limitée des organismes en matière de recueil, de traitement et de stockage de l'information » (Reuchlin, 1983). L'impossibilité de traiter l'ensemble de l'information disponible a amené les chercheurs à supposer l'existence de **filtres attentionnels**, sélectionnant l'information pour ne retenir que l'essentiel. Broadbent (1958) localisait ce filtre au niveau de la première étape du traitement (mémoire sensorielle). Des théories plus récentes, se fondant notamment sur la capacité des premiers stades à réaliser des traitements en parallèle, situent ce filtre plus tardivement dans la chaîne de traitement, au niveau du stade de sélection de la réponse (Keele, 1973).

**Processus psychosémantiques/processus psychosensorimoteurs** : Cette distinction, introduite par Ripoll (1986), est basée sur l'étude de la perception visuelle. Selon l'auteur, la vision remplit deux fonctions clairement différenciées, et impliquant des mécanismes (récepteurs, structures de traitement) distincts. Les processus psychosémantiques sont destinés « à renseigner l'athlète sur la signification de la situation à laquelle il participe. Ces opérations résultent de la mise en jeu d'une gestion cognitive de recherche d'indices pertinents nécessaires à l'action, et contribuent à étayer l'activité décisionnelle » (Ripoll, 1986). L'étude de ces processus a montré chez des sportifs experts l'existence de stratégies d'exploration visuelle particulièrement efficaces et économiques. Les processus psychosensorimoteurs ont pour fonction « d'assurer les fonctions d'échange moteur entre l'individu et le milieu physique. (...) [Ils] constituent le support fonctionnel du mouvement en assurant l'efficacité de son déroulement et de son contrôle » (Ripoll, 1986). Par exemple la stabilisation du regard constitue un élément déterminant de la stabilisation céphalique, et par là de la précision des postures.

**Processus de décision** : Il s'agit de l'ensemble des opérations cognitives dont la fonction est d'optimiser la sélection, l'élaboration et le déclenchement rapide d'une réponse exacte (Temprado, 1991). Dans cette acception large, la décision n'est pas concentrée sur un stade particulier du traitement de l'information (le stade de sélection de la réponse notamment). Le système de traitement de l'information peut être considéré comme un continuum décisionnel, constitué par des processus propres à chaque stade.

L'approche de la prise de décision a longtemps été formalisée selon des principes issus de la **théorie des jeux**, utilisés pour expliquer les comportements économiques et sociaux. Ces principes s'appuyaient sur le postulat de la rationalité du décideur qui évalue le rendement de chaque décision en estimant le rapport gains espérés/risques encourus, et qui choisit en appliquant le principe de maximalisation ou d'optimisation de la valeur d'utilité de la décision (on pourra trouver des modèles de ce type dans les théories expectation/valence*). Actuellement, on admet que la rationalité du décideur n'est pas totale, qu'elle peut être limitée ou contrariée.

Dans ce cas, le sujet a tendance à choisir la première réponse satisfaisante, ou à se désolidariser de la « logique » de la situation pour adopter sa propre logique.

Les modélisations de la prise de décision en sport peuvent être distinguées selon qu'elles concernent le versant perceptif, ou le versant moteur du traitement de l'information. La modélisation des processus de décision perceptive s'appuie sur la théorie psychophysique* de détection du signal, qui formalise les règles conduisant les sujets à considérer ou non comme pertinent un signal détecté parmi d'autres. L'objet de la décision est la définition d'un critère ou d'un seuil au-delà duquel une réponse est automatiquement associée au signal détecté. La position du critère de décision détermine le risque de considérer comme un signal déclencheur ce qui n'est qu'un leurre ou au contraire de prendre pour un leurre ce qui est réellement un signal (Ripoll, 1987 ; Kerlirzin, 1990). La modélisation de la prise de décision sur le versant moteur concerne les processus qui permettent de sélectionner rapidement une réponse exacte et de l'exécuter avec précision. Cette modélisation s'applique aux situations duelles pour lesquelles un des joueurs est en position d'attente du coup de l'adversaire (renvoi en sport de raquette, parade riposte en boxe, escrime...). L'objet de la décision est le choix d'un état de préparation permettant d'optimiser les processus d'élaboration du mouvement en réponse à un signal attendu prélevé dans la situation (Alain & Sarrazin, 1985 ; Temprado, 1989).

**Position d'initiative/position d'attente** : En fonction des caractéristiques de la tâche à laquelle il est confronté, le sujet peut être en situation d'attente ou en position d'initiative. La position d'initiative correspond aux situations dans lesquelles le choix d'une réponse, parmi plusieurs possibles, repose sur la définition de préférences. Ce type de situation se prête, en particulier, à l'étude des déterminants des choix tactiques (voir par exemple Bouthier, 1988). Dans ce cas, l'incertitude concerne le caractère totalement ou partiellement imprévisible du résultat de la décision. La position d'attente correspond aux situations d'opposition dans lesquelles le choix d'une réponse dépend directement des actions produites par l'adversaire. Dans ce cas, l'incertitude peut être temporelle ou événementielle. Dans la plupart des situations sportives de décision, l'acteur passe rapidement et en permanence de la position d'initiative à la position d'attente. Par exemple, en tennis lors de l'attente d'un renvoi, la décision sur la direction du déplacement place le sujet en position d'attente, mais la décision sur la nature du retour vers l'adversaire peut relever d'une position d'initiative tactique.

**Stratégie de décision** : Utilisation optionnelle des ressources pour optimiser la performance lors de la résolution des tâches de décision. En position d'attente, on distingue deux types de stratégies, selon qu'elles portent sur l'échange vitesse de réaction/exactitude de la réponse, ou vitesse d'exécution/précision spatiale et temporelle du mouvement (Proteau & Girouard, 1987 ; Temprado, 1989, 1991). Une **stratégie conservatrice** consiste à n'accepter de se préparer en faveur d'un événement que s'il est très probable (90% de chances). Cette stratégie répond au souci de réduire le risque d'erreur de sélection de la réponse, mais ne permet pas d'amorcer rapidement la réponse. Une **stratégie audacieuse** consiste à privilégier la préparation d'une réponse, même si elle est peu probable. Une telle stratégie se traduit par un gain de temps de réaction si l'événement attendu est effectivement présenté, mais augmente le risque d'une réponse erronée lorsque c'est l'événement non attendu qui se produit. Syn : **Stratégie risquée**.

**Programme moteur** : Le concept de programme moteur est lié à la métaphore informatique largement utilisée dans les théories du contrôle moteur. Dans sa définition la plus stricte, un programme moteur est constitué d'une série d'instructions destinées à sélectionner les groupes musculaires, et à régler l'intensité et le timing de leur contraction et relaxation : le programme moteur est une structure centrale, organisée avant le déclenchement de la réponse motrice et permettant son exécution sans influence des réafférences (Keele, 1968). Cette conception « centraliste » a été largement partiellement remise en cause par la découverte de contrôle rétroactifs, même lors de mouvements extrêmement rapides (Hay & Beaubaton, 1986). Des critiques plus radicales sont apportées par les tenants de la perspective dynamique (Kelso, 1982 ; Turvey, 1977) : selon ces auteurs, les régularités observées dans les patterns de réponse ne sont pas inscrites dans des programmes moteurs, mais émergent naturellement de l'interaction complexe entre l'organisme et l'environnement. Une voie de synthèse est peut-être proposée par les modèles hiérarchiques* du contrôle moteur, supposant que seul le niveau intentionnel est géré centralement, l'adaptation du mouvement étant massivement pris en charge par les structures sensori-motrices (Paillard, 1985).

**Théorie du schéma** : La théorie du schéma a été proposée par Schmidt (1975, 1982), afin de résoudre le problème du stockage des programmes moteurs spécifiques. Schmidt estime que l'hypothèse faisant correspondre à chaque mouvement un programme spécifique est inconcevable. L'expérience motrice serait stockée sous forme de **programmes moteurs généralisés**, relatifs non à un mouvement précis mais à une catégorie de mouvements caractérisés par une identité de structure. Un programme généralisé ne spécifie que les invariants structuraux du mouvement, et notamment la structure temporelle relative (Schmidt, 1982). Certains paramètres demeurent non définis (amplitude, trajectoire, durée, vitesse...) et doivent être spécifiés afin de produire le mouvement adapté à la situation présente. Le schéma est conceptualisé comme une règle mettant en relation certains paramètres du programme et les résultats de l'action. Par exemple, on le représente comme la droite de régression décrivant la relation entre la force d'un lancer et la distance réalisée. Une fois cette relation constituée et consolidée par l'expérience, le sujet doit pouvoir trouver le paramètre (force de lancer) correspondant à une distance donnée, même s'il s'agit d'une distance inédite pour lui. La pertinence de ces règles de paramétrisation est, selon Schmidt, liée à la quantité et à la variabilité de la pratique. Enfin la théorie du schéma propose un cadre explicatif concernant le transfert : un programme généralisé pourrait s'appliquer, au-delà des tâches qui ont servi de support à son apprentissage, à des tâches de structure voisine.

**Conception centraliste/périphérique** : Les conceptions centralistes du contrôle du mouvement estiment que ce dernier est majoritairement basé sur une représentation, stockée ou construite au plus haut niveau (schéma, programme). À l'opposé, les théories périphéristes insistent sur l'importance du traitement des réafférences dans le contrôle du mouvement. Un des arguments en faveur de la thèse centraliste était l'impossibilité de traiter les réafférences lors de mouvements rapides : Keele et Posner (1968) estimaient par exemple qu'un mouvement de durée inférieure à 200 millisecondes ne permettait pas le traitement des réafférences visuelles et devait nécessairement être préprogrammé. Divers travaux ont montré depuis, que le seuil minimal d'utilisation des réafférences était beaucoup plus bref (par exemple Hay et Beaubaton, 1985).

Un argument en défaveur des thèses centralistes était lié à la complexité de la programmation des multiples degrés de liberté impliqués dans le mouvement. Divers modèles ont tenté néanmoins de montrer que la programmation centrale pouvait utiliser des procédures de codage particulièrement économiques. Ainsi selon le **modèle « impulse timing »**, les seules variables contrôlées lors de la programmation sont la force et le temps : l'intensité de la contraction musculaire et la durée de l'activité suffisent à définir un mouvement particulier, et notamment sa vitesse, son accélération et le point de localisation terminal (Schmidt, 1982). Le **modèle des masses élastiques** (*mass-spring model*, Kelso & Holt, 1980) considère qu'une position articulaire donnée peut être définie par un équilibre particulier entre relations tension-longueur des muscles agonistes et antagonistes : pour une position donnée, il existe un rapport constant entre l'activité tonique des fléchisseurs et des extenseurs. Quelle que soit la position de départ, le système se contenterait de programmer le rapport correspondant à la position finale. Ce modèle est particulièrement économique, en terme de traitement de l'information (Lestienne, 1982).

Dans leurs conceptions les plus strictes, la thèse périphériste correspond à un **contrôle en boucle fermée** (c'est-à-dire que la chaîne de traitement de l'information se referme sur elle-même par le traitement de réafférences), et la thèse centraliste à un **contrôle en boucle ouverte** (le mouvement est produit sans corrections rétroactives). On considère maintenant que le contrôle du mouvement, par exemple dans un mouvement de pointage, peut obéir à une logique mixte : contrôle en boucle ouverte dans la phase balistique de déplacement vers la cible, contrôle en boucle fermée (réduction d'écart) à l'approche de la cible (Schmidt, 1982).

**Programmes câblés** : Programmes moteurs génétiquement inscrits dans le plan de construction du système nerveux. « Ces programmes reposent sur l'existence d'une architecture de neurones aux interconnexions (jonctions synaptiques) rigidement câblées. Ce câblage contient tous les détails de l'organisation spatio-temporelle d'une séquence motrice, fonctionnellement signifiante » (Paillard, 1977). Dans une certaine mesure, ces programmes sont doués de flexibilité et de plasticité. « On entend par **flexibilité** d'un système la marge d'erreur, ou d'écart par rapport à sa norme de fonctionnement, que le système peut tolérer à l'exercice correct de la régulation ou de la fonction qu'il assume » (Paillard, 1976). Quant à la **plasticité**, il s'agit de la « capacité que possède un système de modifier durablement sa propre structure en acquérant une possibilité nouvelle de fonctionnement non primitivement prévue dans son plan de câblage initial » (Paillard, 1976).

## Niveaux de contrôle et efficience

Les modèles précédents reposent sur l'hypothèse d'un contrôle central exclusif de la motricité. Certaines propositions mettent au contraire l'accent sur l'économie cognitive du contrôle moteur, supposant l'existence de plusieurs niveaux potentiels de traitement. Cette redondance (Chatillon, 1985) des niveaux de contrôle permettrait une gestion économique de la motricité, le système faisant de manière systématique appel au niveau le moins coûteux, en fonction des exigences de la situation. Nous avons regroupé ici divers modèles, issus de champs forts différents (neurophysiologie, psychologie cognitive, psychologie du développement), tentant de rendre compte de cette logique.

**Modèles hiérarchiques du contrôle moteur** : Les premières théories du contrôle moteur reposaient sur une hypothèse centraliste, posant d'évidents problèmes, tant au niveau du stockage de l'information qu'à celui de la gestion des activités complexes. Un des axes de dépassement de ces théories a été l'hypothèse d'une hiérarchie de **niveaux de contrôle**, avancée par Pew (1974), et développée récemment par Paillard (1982, 1985). Paillard distingue quatre niveaux hiérarchisés, possédant chacun leur logique d'action et d'adaptation : le premier est constitué par le muscle et le noyau moteur qui le commande. Ce module possède déjà un ensemble de boucles de servo-assistance participant au contrôle moteur. Le second niveau est constitué par des **programmes câblés***, et l'ensemble des mécanismes de régulation qui leur sont associés. Le troisième niveau est constitué d'un processeur adaptatif susceptible de remanier partiellement la logique câblée du module sous-jacent. Enfin le module le plus élaboré est celui de l'auto-organisation des processus cognitifs, responsable des projets, intentions et stratégies. Ce modèle hiérarchique suppose une grande économie de contrôle : d'une manière générale, un module n'intervient que lorsque les modules sous-jacents sont débordés par les exigences de la situation. D'une manière générale, les trois modules sensori-moteurs seraient capables de gérer de manière autonome la motricité habituelle, le module cognitif n'intervenant qu'en cas d'accident ou face à des situations inédites (en situation d'apprentissage notamment).

**Registres de fonctionnement** : Le modèle des registres de fonctionnement a été avancé par Vermersch (1978), dans une perspective néo-piagétienne, pour expliquer le comportement d'adultes en situation de résolution de problèmes. Selon l'auteur, un adulte ayant atteint le stade opératoire formel, dispose toujours des classes d'instruments qui ont émaillé son développement cognitif. La résolution d'un problème pourra être réalisée selon la logique opératoire formelle, mais le sujet peut également faire appel à des classes d'instruments moins élaborés, relevant d'une logique opératoire concrète ou même sensori-motrice. La mise en jeu d'une de ces classes d'instruments définit le registre de fonctionnement du sujet. Le sujet peut ainsi mettre en œuvre une régulation conceptuelle de ses actions, et à l'opposé, une régulation agie. Vermersch montre que confronté à une situation nouvelle, face à laquelle il ne possède pas de références antérieures, l'adulte met tout d'abord en jeu un registre de fonctionnement sensori-moteur. Ce modèle présente quelques analogies avec les modèles hiérarchiques, notamment par le fait que ces différents registres présentent un coût cognitif croissant, du plus primaire au plus élaboré.

**Processus contrôlés/automatiques** : Cette distinction a été amenée par Schiffrin et Schneider (1977), au terme d'une longue expérimentation sur des tâches perceptives. Les processus contrôlés sont des processus cognitifs réclamant attention et effort mental. Ils mobilisent la mémoire à court terme, dans une logique de traitement sériel de l'information, coûteux en temps. Les processus automatiques sont a contrario des processus cognitifs ne réclamant aucun effort et se déroulent en dehors du champ de la conscience. Ils se déroulent en parallèle, c'est-à-dire que plusieurs traitements automatiques peuvent être simultanés, sans solliciter la mémoire à court terme. Ils sont très rapides. On a également parlé de **processus profonds** (contrôlés) et de **processus superficiels** (automatiques). Le recours aux processus automatiques permet la diminution de la charge mentale et accroît l'efficience du traitement de l'information : il est une des caractéristiques principales de l'habileté. Selon Shiffrin et Schneider (1977), un processus contrôlé se transforme en processus automatique sous l'effet conjoint de la répétition et de la

**consistance** de la tâche. La consistance de la tâche est définie comme une stabilité du codage entre stimulus et réponse : c'est-à-dire que d'un essai à l'autre, le sujet retrouve des stimuli de même nature et doit y apporter des réponses similaires. La consistance peut n'être que partielle : elle rend alors compte d'un noyau invariant, d'une structure permanente au fil des répétitions, même si certains aspects de la tâche sont modifiés. On peut dans une certaine mesure rapprocher cette notion des concepts de logique interne, d'invariants, de fondamentaux, utilisés en didactique des APS. Les auteurs précisent en outre qu'il n'est pas nécessaire que le sujet ait conscience de la consistance pour que l'automatisation ait lieu. Selon Camus (1989), en situation consistante, le système détecte rapidement les invariants et s'y adapte par une automatisation sélective des processus correspondants. Les processus automatiques correspondent à ce que Piaget (1972) appelait l'**inconscient cognitif**, définit comme un « ensemble de structures et de fonctionnements ignorés du sujet sauf en leurs résultats » (Piaget, 1972).

**Sous-routines** : « Le contrôle central porte non pas sur des contractions musculaires isolées mais sur des blocs construits autonomes. Ces blocs construits sont des »sous-routines« qui permettent de réaliser les composantes de la tâche, d'atteindre chacun de ses sous-buts constitutifs. Par analogie avec les programmes informatiques, les sous-routines sont conçues comme des sous-programmes » (Durand, 1987). Ce concept, introduit par Bruner, est fondamental dans les théories modernes concernant le développement et le contrôle des habiletés. On appelle **modularisation** le « processus par lequel une unité comportementale passe d'un contrôle séquentiel à un contrôle unitaire » (Bruner, 1973). Ce terme désigne le processus d'intégration* des sous-routines dans un bloc automatisé plus complexe.

## Habileté et connaissance

**Représentation** : « Modèle interne de la réalité que les sujets possèdent et utilisent pour organiser leur action » (Vermersch, 1977). Cette définition, très large, englobe l'ensemble des représentations, conscientes et infraconscientes. Le concept de représentation est délicat à manier, car il est dans le discours courant lié à l'imagerie et la conscience. Pour des auteurs comme Meirieu (1990) ou Giordan (1989), une représentation renvoie à la « conception que le sujet a, à un moment donné, d'un objet ou d'un phénomène ». Cette acception, développée dans le cadre de la didactique des apprentissages intellectuels, demeure largement restrictive (voir également représentation sociale*).

**Représentation fonctionnelle** : Le terme de représentation fonctionnelle a été introduit par Leplat (1985), afin de désigner les modèles mentaux assurant la planification et le guidage de l'action. Ces représentations sont finalisées, c'est-à-dire orientées vers la réalisation d'un objectif, sélectives, dans le sens où elles ne retiennent du système dans lequel s'insère l'activité que les propriétés pertinentes à cette activité, déformées, par l'accentuation de certains points informatifs particulièrement saillants, et peu rationnelles. « Par opposition, une représentation non-fonctionnelle serait celle qui ne vise qu'à caractériser un objet ou plus généralement une entité de référence sans exploiter immédiatement cette caractérisation à une autre fin » (Leplat, 1985). Cette distinction est identique à celle introduite par Ochanine (1972) entre **image opérative** et **image cognitive**. On retrouve également cette logique dans un texte d'Éloi (1989), qui oppose **image d'action** et **image de l'action** : « L'image d'action fait référence aux processus mentaux que le sujet met en œuvre au moment même de l'action (...). L'image d'action serait une représentation abstraite, rapide et efficace » L'image de l'action serait quant à elle une « représentation d'une action faite dans des conditions de disponibilité du sujet vis-à-vis des processus d'imagerie, c'est-à-dire sans que celui-ci soit physiquement impliqué dans l'action. (...) L'image d'action aboutit donc à une visualisation » (Éloi, 1989).

**Connaissances déclaratives/procédurales** : Cette distinction provient de travaux réalisés dans le cadre de l'intelligence artificielle et des systèmes experts : les connaissances déclaratives constituent une base de données, et les connaissances procédurales des instructions relatives à l'utilisation de ces données. Le sens que revêtent ces concepts dans les théories psychologiques peut être fort divers. Ainsi pour Abernethy (1993), connaissances déclaratives et procédurales se distinguent par leur contenu : les premières portent sur des événements, les secondes sur des manières de faire. On a pu montrer dans cette logique que les experts développaient des bases de connaissances* à dominante procédurale. Georges présente une autre conception, selon laquelle la distinction ne porte pas sur le contenu véhiculé par ces connaissances (information ou procédure de traitement), mais sur les modalités d'expression de ces connaissances. « Les connaissances déclaratives sont celles qui s'actualisent ou s'expriment dans le langage naturel ou un autre langage symbolique » (Georges, 1989). Les connaissances procédurales s'actualisent quant à elles dans l'activité finalisée. Si une connaissance déclarative peut être évaluée sur des critères de véracité, une connaissance procédurale ne peut être validée que sur son efficacité. Ces deux types de connaissances sont en fait synonymes respectivement de **savoir** et de **savoir-faire**. Dans ce cadre, une connaissance sur les procédures est de nature déclarative.

**Habileté tacite** ***(tacit skill)*** : Le concept d'habileté tacite est né des travaux sur l'expertise, montrant que cette dernière était davantage qu'une technique (en tant que savoir-faire transmissible), et comportait des aspects sous-jacents échappant à la conscience du sujet. Selon Leplat (1989), il s'agit de cette partie de l'habileté, caractéristique de l'expertise, qui ne s'acquiert que par la pratique, et qui ne peut être ni verbalisée, ni enseignée. L'habileté tacite crée de ce fait un décalage entre habileté et technique. On trouve dans la littérature divers termes synonymes : connaissances tacites, connaissances implicites.

**Base de connaissances *(knowledge base)*** : La base de connaissances représente l'ensemble des connaissances dont dispose le sujet pour réaliser efficacement une tâche. Ce concept a été avancé pour rendre compte des différences entre experts et novices, au niveau des comportements perceptifs et décisionnels dans les tâches complexes (Vom Hofe, 1987). D'une manière générale, les auteurs s'accordent à estimer que cette base de connaissances est majoritairement procédurale, même si elle peut secondairement s'exprimer dans la supériorité des experts dans des tâches sémantiques à propos de leur activité (Davids & Myers, 1990 ; Russell, 1990).

**Base d'orientation** : Galperine (1980) définit la base d'orientation comme « système ramifié de représentations de l'action et de son produit, des propriétés du matériel de départ et de ses transformations successives, plus toutes les informations dont se sert pratiquement le sujet pour réaliser l'action ». La définition proposée par Talyzina (1980) est concordante : « ensemble des connaissances du sujet, à propos de l'action et des conditions dans lesquelles elle est accomplie ». Les auteurs distinguent plusieurs types de bases d'orientations, en fonction de leur niveau d'élaboration. Les bases incomplètes ne donnent pas au sujet l'ensemble des informations dont il a besoin pour agir : il va donc devoir recourir à une démarche par essais et erreurs. Une base d'orientation empirique donne au sujet l'ensemble des informations dont il a besoin pour réaliser une tâche donnée. Néanmoins ce type de base d'orientation demeure très spécifique et ne peut être généralisé à des conditions changeantes. Enfin une base d'orientation rationnelle, donnant les principes de construction de bases d'orientation complètes, permettra au sujet de s'adapter à toutes les situations relevant d'un domaine donné. La communication aux sujets de bases d'orientation rationnelles permettrait un apprentissage plus rapide, et davantage réinvestissable. Cette théorie a inspiré de nombreux travaux, notamment dans le cadre de l'enseignement des sports collectifs (Deleplace, 1979 ; Bouthier, 1988).

**Structure de but** : « Organisation hiérarchique des buts et sous-buts envisagés par le sujet pour exécuter ou élaborer son activité » (George, 1989). La structure de but est une description de la tâche effective*. Parce qu'elle renvoie au niveau intentionnel du comportement, elle peut être amenée dans le champ de la conscience, et participe à la constitution des bases de connaissances déclaratives. On considère que la structure de but envisagée par le sujet évolue qualitativement avec l'apprentissage.

**Algorithme** : « Système de prescriptions et de règles définissant ce qu'il faut faire, et dans quel ordre, pour résoudre une classe de problèmes donnée » (Landa, 1962, cité par Vermersch, 1977). L'algorithme permet à coup sûr d'aboutir au résultat, dans un nombre défini de pas. Un algorithme s'applique surtout à des problèmes supportant une modélisation formelle. On assiste à l'heure actuelle à un recours massif à la notion d'algorithme en didactique de l'EPS (voir par exemple Collinet, 1992). On peut néanmoins se demander si les arbres de décision développés par ces auteurs ne correspondent pas davantage à une analyse experte de l'activité, qu'à une modélisation des processus de décision réellement engagé dans l'action par le sujet. Les caractéristiques de l'activité sportive (pression temporelle, implication émotionnelle, motricité globale...) introduisent de sévères limitations à sa gestion rationnelle par le sujet (Delignières, 1991). C'est sans doute dans une perspective de rationalité limitée (Simon, 1991) qu'il convient de rechercher des modèles de l'utilisation des connaissances dans la gestion de la motricité sportive.

**Heuristique** : Une heuristique est une règle pragmatique ayant un certain degré de généralisation, et qui permet d'éviter une activité cognitive trop complexe, au prix d'une incertitude quant aux résultats qu'elle fournit. C'est cette incertitude qui différencie heuristique et algorithme. Dans ce sens, le terme d'heuristique paraît plus approprié que celui d'algorithme, dans le cadre de la motricité. Gréco (1976) utilise ce terme pour caractériser les opérations responsables du contrôle moteur : « il n'est pas certain que la représentation mentale que l'on a de ses propres mouvements soit une représentation adéquate, ni même qu'elle doive être. Un organisme utilise un nombre considérable d'informations, et sans doute des heuristiques assez économiques. On n'arriverait jamais à traverser la rue, ni aller à bicyclette, s'il fallait calculer exhaustivement les trajectoires, les vitesses, les conditions de l'équilibre, etc. »

## L'approche écologique

**Théories écologiques** : Ce terme recouvre un ensemble d'approches théoriques récentes du contrôle moteur. Ces théories, issues des travaux de Bernstein (1967) sur le contrôle moteur, et de Gibson (1979) sur la perception, partent du constat que les modèles classiques du traitement de l'information ne peuvent rendre compte de la gestion de la motricité dans les situations écologiques complexes. Elles insistent sur l'économie cognitive du contrôle de la motricité : le système n'utiliserait que des informations de haut niveau, contrôlant un grand nombre de degrés de liberté. En outre, ces variables ne seraient pas traitées centralement, mais seraient disponibles directement au niveau des récepteurs périphériques. L'opposition entre les théories classiques paramétriques, et les théories écologiques constitue à l'heure actuelle un lieu de vives controverses. Certains auteurs tentent de la dépasser en envisageant une éventuelle redondance des modalités de contrôle, liées à l'expertise et au contexte de réalisation (Laurent, 1991).

**Structures coordinatives** : Bernstein (1967) évoquait de la manière suivante la problématique du contrôle : « comment les nombreux degrés de liberté des articulations du corps peuvent être régulés, de manière systématique, dans des contextes variables, par un exécutif au minimum intelligent intervenant au minimum ? ». Le concept de structure coordinative tente de rendre compte de ce type de régulation. Une structure coordinative est conçue comme un assemblage temporaire de synergies musculaires, destiné à réduire les degrés de liberté contrôlés par le sujet (Whiting, Vogt & Vereijken, 1992). Elle s'exprime par le « gel » de certaines articulations, le couplage de certains groupes fonctionnels par des mécanismes de compensation réciproque, etc. Certains paramètres restent libres et vont permettre d'adapter la structure coordinative aux caractéristiques de la situation actuelle. Dans la perspective écologique, l'existence des structures coordinatives permet de limiter le contrôle à ces paramètres libres. Dans ce cadre, l'habileté est définie comme l'assignation de valeurs optimales à ces paramètres.

**Perception visuelle directe** : Les modèles écologiques du contrôle moteur trouvent leurs sources dans la théorie gibsonnienne de la perception (Gibson, 1979). Gibson rejette la distinction entre sensation et perception : cette distinction suppose que la perception est construite à partir des sensations, par des processus cognitifs d'inférence, de catégorisation etc. Pour Gibson, la perception est une prise de contact avec l'environnement. Cette prise de contact ne demande pas de la part de l'individu une activité de traitement, d'organisation de l'information, puisque cette organisation existe déjà dans le stimulus. La perception consiste à appréhender directement de l'information organisée, non à organiser des sensations disparates. Ceci ne veut pas dire que l'individu reçoit de manière passive l'information visuelle. La résonance entre stimulus et perception repose sur une recherche de synthonisation. Donc, plutôt que de s'intéresser aux processus qui permettraient le passage de la sensation à la perception, Gibson a étudié la stimulation et à cherché à y retrouver les caractéristiques d'organisation susceptibles de supporter la perception directe.

**Affordance** : L'affordance d'un objet est une combinaison spéciale des propriétés de sa substance et de ses surfaces, fonction du sujet percevant. Warren (1984) a montré que des sujets étaient capables d'estimer avec précision et uniquement à partir de la perception visuelle, la hauteur à partir de laquelle les marches ne sont plus montables normalement, c'est-à-dire sans recours aux mains ou à d'autres comportements d'escalade. L'acteur extrait de son environnement des invariants, qui ne s'expriment pas dans une grandeur quelconque mais sous forme de rapport : ce sont des « nombres pi », qui dépendent du rapport acteur/environnement (A/E). Dans l'expérience de Warren, A correspond à la longueur des membres inférieurs et E à la hauteur des marches. Ce rapport est constant pour une tâche donnée : il est le même pour les sujets de grande et de petite taille. Il n'y a donc pas référence à une métrique extrinsèque, mais à des valeurs intrinsèques, liées à la morphologie des sujets. Selon Gibson, l'affordance, tout comme l'invariant géométrique constitué par le gradient, sont perçus directement, sans que le sujet ait besoin de recourir à une élaboration interne complexe.

**Gradient** : Le gradient est défini comme une augmentation ou une diminution de quelque chose selon un axe ou une dimension. Par exemple, le gradient de texture est caractérisé par la variation de la densité. Ce gradient a deux fonctions : celle de créer de la continuité dans l'espace en profondeur, et celle de servir à évaluer la distance (la distance apparente des objets est fonction de leur point de contact avec le gradient). Le gradient de paralaxe de mouvement est caractérisé par la variation des vitesses apparentes. Par exemple, pour un pilote d'avion ou d'automobile, le point d'immobilité ou foyer d'expansion représente la direction de son déplacement. Selon Gibson, les illusions d'optiques seraient liées à une diminution artificielle de la force des gradients. Mais dans la perception habituelle, les gradients permettent une appréhension directe de la réalité.

**Méthode calculatoire/méthode directe** : L'accès à certaines variables essentielles pour le contrôle de l'action peut être réalisé selon diverses stratégies (Laurent, Paul & Cavallo, 1988). La méthode calculatoire consiste combiner des variables élémentaires : par exemple, dans le cas d'un déplacement vers une cible, le temps de pré-contact, c'est-à-dire le temps nécessaire à un sujet se déplaçant à vitesse constante pour atteindre la cible à partir d'un moment donné, peut être déterminé par le calcul du rapport entre la distance à parcourir et la vitesse de déplacement. Il est néanmoins possible d'obtenir directement cette information, sur la base de la vitesse d'expansion de l'image de la cible sur la rétine (**variable optique tau**) La méthode calculatoire fournit de **variables low-order**, c'est-à-dire des variables non directement utilisables, au prix d'un traitement coûteux pour le système. La méthode directe utilise les caractéristiques du flux visuel (on parle également d'*optic flow method*) pour accéder à des **variables high order**, directement utilisables.

**Couplage perception/action** : Un des concepts centraux de l'approche écologique du contrôle moteur, qui considère que perception et action sont indissociables et ne peuvent être étudiés séparément. Si l'action s'appuie sur la perception de la situation, à l'inverse, l'action génère les perceptions nécessaires à un contrôle efficace : on peut citer le cas de la locomotion, où le déplacement du corps génère le flux optique. Le couplage entre certaines variables informationnelles et certaines variables d'exécution (vitesse, direction, etc.) s'exprime dans une **loi de contrôle** (Bootsma, 1993) : par exemple, dans le cas des déplacements finalisés, quelle que soit la vitesse du sujet, le temps de précontact (disponible directement grâce à la variable tau) au moment de l'entrée en décélération reste constant (Laurent, Tournadre & Bovet, 1987). La détermination des lois de contrôle, qui repose essentiellement sur une logique corrélationnelle, ne peut cependant pas permettre de juger de leur statut fonctionnel : une loi de contrôle constitue-t-elle un outil, particulièrement économique, utilisé par le sujet pour contrôler ses actions, ou représente-t-elle une description intégrée du comportement, résultat d'une chaîne de traitements cognitifs ?

**Stratégies de recherche** : Dans une perspective écologique, l'apprentissage requiert moins la répétition d'une solution que la répétition d'un processus de recherche de solutions. On considère que l'interaction organisme-environnement définit un **espace de travail**, que l'individu va devoir explorer afin de faire émerger la coordination optimale, caractérisée notamment par son efficience. Une stratégie de recherche décrit la manière dont l'individu explore l'espace de travail afin de résoudre le problème moteur qui lui est posé (Whiting, Vogt & Vereijken, 1992). Durand (1993) propose une étude différentielle des stratégies de recherche dans une tâche de simulateur de ski. L'enseignant peut optimiser ces stratégies en aménageant l'espace de travail ou par consignes, afin de guider l'élève vers les variables les plus pertinentes.

## L'apprentissage

**Feed-back** : D'une manière générale, on appelle feed-back toute information qu'un système reçoit en retour sur son fonctionnement et ses résultats. De nombreux modèles du contrôle moteur, dits en boucle fermée (Adams, 1971 ; Schmidt, 1975) mettent l'accent sur l'importance de ces bouclages rétroactifs. Un feed-back peut être qualifié d'intrinsèque, si le sujet en dispose naturellement, ou extrinsèque s'il s'agit d'une information supplémentaire donnée par un observateur ou un dispositif extérieur à la tâche (vidéo par exemple). Un problème majeur de l'enseignement est la gestion des feed-back extrinsèques. On parle couramment, dans le cadre de l'apprentissage, de **connaissance des résultats** (*knowledge of results, KR*), qui est une « information relative à la congruence du résultat par rapport au but » (Simonet, 1985) et de **connaissance de la performance** (*knowledge of performance, KP*), qui est une « information relative à la nature des opérations mises en œuvre » (Simonet, 1985). La connaissance des résultats a longtemps été considérée comme l'information essentielle pour l'apprentissage. La pratique en soi ne permet pas l'apprentissage si le sujet ne dispose pas d'information sur les erreurs qu'il commet par rapport au but qui lui était assigné. Certains travaux récents tendent à montrer néanmoins qu'en ce qui concerne les tâches complexes, nécessitant la gestion de multiples degrés de liberté, la connaissance de la performance, accompagnée d'**informations transitionnelles**, c'est-à-dire de consignes indiquant ce qui doit être modifié dans le « pattern » de réponse, et comment le changer, permet un apprentissage plus efficace que la simple connaissance des résultats (Kernodle & Carlton, 1992 ; Newell, Quinn & Carlton, 1987).

**Biofeedback** : « Processus par lequel certains rythmes ou réactions physiologiques sont recueillis et traduits, grâce à un appareillage mécanique ou électronique, en un signal lumineux ou sonore. Celui-ci est immédiatement retransmis au sujet, qui ainsi informé sur son état physiologique, devient alors en mesure d'apprendre à le modifier » (Agathon, 1977, cité par Thomas *et al.*, 1987). Le biofeedback, fournissant au sujet une information au cours de l'action, a été utilisé dans le cadre d'activités cycliques ou continues (ski, aviron), afin d'optimiser les « patterns » et stratégies des sujets. On utilise également des appareillages de biofeedback en préparation mentale, afin d'apprendre aux sujets à réguler de manière volontaire leur niveau d'activation.

**Pré-requis** : Le concept de pré-requis concerne les conditions préalables à remplir, les comportements à acquérir pour entreprendre un apprentissage donné ou de façon plus générale, l'ordre séquentiel des tâches d'apprentissage. Gagné (1976) postule qu'il existe pour chaque tâche d'apprentissage des pré-requis de nature cognitive qui constituent des acquis nécessaires pour le nouvel apprentissage à entreprendre. Ainsi pour les habiletés complexes, la constitution d'un plan d'action adapté apparaît comme l'intégration de séquences d'habiletés élémentaires initialement séparés. Le sujet apprend certes à construire son mouvement pour faire face aux demandes de la tâche mais son habileté va dépendre aussi de l'habileté à organiser de manière hiérarchique les sous-habiletés composantes. L'organisation temporelle de la réponse de l'enfant va traduire sa capacité à coordonner les actions élémentaires pour atteindre le but final de la tâche.

**Hiérarchie d'apprentissage** : Une habileté complexe est considérée comme étant la composition d'une multitude de sous-habiletés, organisées hiérarchiquement (Singer & Dick, 1974). L'enseignant visera donc l'acquisition préalable de ces sous-habiletés, puis leur coordination en des blocs fonctionnels plus intégrés. Une hiérarchie d'apprentissage est « l'organigramme des habiletés pré-requises à une habileté plus complexe qui doit être acquise » (Famose, 1990). Il convient de déterminer, pour un sujet donné, le niveau de la hiérarchie qu'il est susceptible d'appréhender, compte tenu de ses ressources du moment. L'approche de l'enseignement des habiletés complexes par les hiérarchies d'apprentissage, pour être intellectuellement séduisante, pose certains problèmes : tout d'abord, à partir d'un certain stade de décomposition, les habiletés retenues n'ont plus guère de relation avec l'habileté complexe visée. Ceci pose le problème du sens* que le sujet trouvera dans son activité. Enfin cette démarche présente le risque d'une dérive associationniste, même si dans l'esprit elle s'appuie plutôt sur une conception structuraliste du développement des habiletés.

Le concept de hiérarchie d'apprentissage soulève des objections plus fondamentales. Ces hiérarchies sont constituées en réponse à ce type de questions : qu'est-ce qu'un élève doit être capable de faire pour accomplir la tâche terminale ou critère (celle-ci peut être recherchée à différents niveaux du continuum d'apprentissage) ; quels sont les préalables à l'accomplissement de la tâche demandée ? Cependant, la relation d'ordre (avant, après) entre les différentes tâches n'est pas suffisante pour élucider la question d'une théorie de la séquentialité des tâches. Le manque de renseignements fiables sur les aspects longitudinaux des apprentissages est flagrant et s'il est vrai qu'il est rare qu'une tâche n'ait aucun lien avec d'autres, que chacune est nécessaire à l'apprentissage de la suivante, il est cependant difficile de postuler l'existence de séquences parfaitement ordonnées. Actuellement, les théories de l'apprentissage et du développement moteur ne sont pas en mesure de fournir la description fine des étapes à franchir pour progresser dans l'acquisition d'une habileté. Par ailleurs, une hiérarchie constituée a priori pose des problèmes méthodologiques importants. Ainsi, les méthodes d'analyse hiérarchique ou descendantes ne s'appliquent qu'à des résultats exprimés en termes de réussite et d'échec par rapport au but de la tâche. Lorsqu'il s'agit de conduites qualitatives et/ou de conduites intermédiaires indiquant un apprentissage en train de se constituer, ces méthodes ne sont pas applicables. Par exemple, lorsque des élèves sont confrontés à une tâche de résolution de problèmes moteurs, il se peut que certains aient des difficultés pour comprendre le but, d'autres la procédure, d'autres encore le critère de réussite... Clairement il est difficile d'imaginer que ces comportements soient hiérarchisés. Or s'il est vrai que l'enseignant a besoin d'un « chemin didactique » pour se guider dans la planification des contenus, les aspects qualitatifs des conduites sont souvent aussi intéressants à analyser que les stricts résultats. Le maître s'interroge alors autant sur les résultats que sur la signification d'un comportement dont on peut difficilement savoir de quel comportement il résulte et prédire quel autre comportement il va permettre. Il est donc difficile d'ordonner les conduites intermédiaires et de construire des hiérarchies d'apprentissage trop strictes. Souvent, les auteurs expriment cet aspect séquentiel en termes macroscopiques : objectif plancher, objectif intermédiaire, objectif obstacle, point de repères, objectifs terminaux d'intégration, etc. C'est pourquoi certains auteurs (Hoc, 1987) proposent pour les activités de planification des contenus, d'associer à une stratégie descendante une stratégie ascendante, « dirigée par les faits ». Malgré tout, ceci hypothèque la constitution de programmes d'apprentissage linéaire, de nature hiérarchique et souvent déterminés par un seul critère d'analyse issu du strict contenu disciplinaire. En fait, la réussite des apprentissages apparaît dépendre de deux catégories d'acquisitions : celles qui sont enseignées forcément sous une forme séquentielle et d'autres, finalement aussi nombreuses qui ne sont pas directement enseignées, mais qui sont tout aussi indispensables.

**Apprentissage par observation** : L'apprentissage par observation est une transformation du comportement du sujet, résultant uniquement de l'observation du comportement d'autrui. On parle également d'**apprentissage vicariant.** On a longtemps décrié le caractère passif de ce type de transmission, ce qui a entraîné une résistance souvent idéologique aux pratiques liées à la démonstration. Il a été montré au contraire que l'apprentissage par observation repose sur une activité cognitive intense (attention sélective aux aspects pertinents du modèle, un codage symbolique de ses caractéristiques... Winnikamen, 1982). L'apprentissage par observation constitue en outre le principal vecteur de l'apprentissage des comportements sociaux (Bandura, 1977), et ne peut être ignoré dans le contexte écologique des situations sociales d'apprentissage (classe, clubs, etc.).

**Apprentissage incident** : On parle d'apprentissage incident lorsque le sujet apprend à son insu, c'est-à-dire sans intention explicite d'apprendre. Il s'agit d'une source de modification des comportements que l'on a tendance à occulter, notamment dans le cadre scolaire qui est a priori le lieu des apprentissages intentionnels. Son existence est néanmoins manifeste, qu'il relève d'un apprentissage par observation, ou qu'il soit le résultat d'une pratique réelle (Durand, 1987).

**Stades d'apprentissage** : Divers auteurs ont décrit la dynamique d'évolution de l'apprentissage sous forme de stades successifs. On distingue généralement un premier stade caractérisé par l'importance des régulations cognitives et une forte demande attentionnelle. Fitts (1964) parle de stade cognitif, Adams (1971) de stade verbal-moteur. Il s'agit pour le sujet de se faire une idée précise de ce qu'il y a à faire et des moyens à mettre en œuvre pour y parvenir. Une seconde étape est caractérisée par l'intégration de la réponse : la stabilité des patterns s'améliore, le timing et l'anticipation sont plus performants. Dans le cas d'une tâche ouverte, la flexibilité de la réponse est accrue. Le rôle des régulations conscientes diminue. Fitts (1964) parle de stade moteur, Gentile (1972) de stade de fixation-diversification. Enfin, la dernière phase dénommée stade autonome par Fitts (1964) correspond au point ultime de l'apprentissage : l'habileté est principalement gérée sur un registre automatique, indépendant de toute demande attentionnelle. Cette évolution de l'habileté, d'une gestion cognitive à une gestion automatique, a été confirmée par des travaux étudiant la nature des processus expliquant les différences interindividuelles au cours du développement de l'habileté (Ackerman, 1988) : dans un premier temps, ces différences sont principalement expliquées par des différences au niveau des aptitudes cognitives, puis les aptitudes perceptives acquièrent un pouvoir explicatif supérieur, et enfin les aptitudes motrices au terme de l'apprentissage.

**Transfert** : Le transfert d'apprentissage se définit de manière générale par « l'influence d'un apprentissage antérieur sur l'acquisition d'une habileté nouvelle » (Famose et Durand, 1988). On parle également de transfert si l'acquisition d'une habileté nouvelle a une influence sur une autre habileté antérieurement acquise (transfert rétroactif). Dans les deux cas, le transfert peut être positif (effet bénéfique), ou négatif (effet d'interférence). Enfin on peut distinguer le transfert horizontal, si l'on envisage l'influence d'une habileté sur une habileté de difficulté similaire, mais de nature différente, et le transfert vertical quand il s'agit, la nature de la tâche demeurant identique, de réinvestir une acquisition à un niveau de difficulté supérieur. D'une manière générale, les possibilités de transfert horizontal semblent limitées, et restreintes à des tâches extrêmement voisines. L'habileté apparaît très spécifique, et de nombreux travaux sur le transfert se sont révélés décevants (Migeon, 1980). La théorie du schéma de Schmidt (1975) suppose néanmoins que la variabilité des conditions d'apprentissage, en accroissant la pertinence des règles de paramétrisation, facilite le transfert. Certains travaux ont produit des résultats allant dans le sens de cette hypothèse. Le transfert peut également être recherché par la voie d'une prise conscience des procédures utilisées dans une première tâche, afin d'organiser la planification de l'action dans une seconde (Durand, 1983). Cette hypothèse est à la base des propositions de Gréhaigne & Guillon (1991), concernant l'usage des règles d'action*. L'application de ces principes aux activités complexes et sous pression temporelle demeure néanmoins problématique (Delignières, 1991).

Le transfert vertical est à la base des procédures de simplification/complexification (logique de progressivité de la difficulté), dont les principes sont bien documentés dans la littérature sur l'apprentissage (Famose, 1990 ; Spaeth-Arnold, 1985). La mise en pratique de la progressivité ne semble néanmoins pas si triviale : par exemple Durand, Famose & Bertsch (1985) dans une expérience portant sur l'apprentissage d'une tâche d'anticipation-coïncidence ont montré que ce transfert n'avait lieu que si la simplification/complexification portait sur certaines dimensions fondamentales (incertitude spatiale).

**Conflit socio-cognitif** : « Interaction cognitive entre des sujets ayant des points de vue différents. Pour que l'interaction ait réellement lieu, il faut que chaque sujet prenne en compte le point de vue d'autrui et intériorise le conflit socio-cognitif. Il y a alors conflit de centrations, contradiction, et si cette dernière est surmontée, progression intellectuelle » (Meirieu, 1990). La théorie du conflit socio-cognitif insiste sur la supériorité de la résolution collective des problèmes, par rapport aux démarches individuelles. Ce point de vue n'est néanmoins documenté qu'en ce qui concerne les apprentissages conceptuels, et sa pertinence dans le domaine de la motricité reste à éprouver.

**Interactions de guidage** : Selon Vygotski (1985), les acquisitions sont d'abord le produit des interactions sociales. Ces interactions se décomposent en interactions adultes/enfants et les interactions enfants/enfants. La fameuse maxime « ce que l'enfant sait faire aujourd'hui avec l'aide de l'adulte il saura le faire tout seul demain » définit pour Vygotski la **zone proximale de développement** c'est-à-dire la marge d'acquisition juste au-delà de son niveau actuel qu'il peut cependant atteindre avec l'aide de l'adulte. Bruner (1983) désigne par « **étayage** » l'activité déployée par l'adulte pour aider l'enfant. Winnykamen (1990) définit le concept d'**imitation-modélisation** comme une forme particulière de guidage de tutelle. Cette modalité suppose deux partenaires, le sujet modèle et le sujet imitant. Les deux partenaires ont en commun au plan relationnel l'objectif de maintenir l'interaction, et au plan cognitif l'objectif de réduire progressivement la dissymétrie initiale des compétences. Elle est interactive ce qui la différencie de la démonstration commentée classique. Lafont (1994) a opérationalisé et expérimenté cette voie. Entre enfants, les effets d'une interaction dissymétrique améliorent les performances du tuteur plus que du tutoré. Guider un plus faible que soi suppose une activité cognitive intense favorable au progrès. Il ne suffit pas de maîtriser les règles de résolution de problèmes pour aider efficacement, il s'agit également de pouvoir évaluer avec finesse le besoin d'aide d'autrui.

## Le développement

Le développement renvoie à l'évolution structurale et fonctionnelle d'un système. On parle également de **phylogenèse**, en ce qui concerne le développement des espèces, et d'**ontogenèse**, pour le développement de l'individu. Une controverse majeure, au sujet du développement, renvoie à l'influence réciproque de l'inné et de l'acquis, de la nature et de la culture, dans ce processus. Certains auteurs, tels que Gesell, insistent sur la programmation génétique du processus de maturation. D'autres mettent au contraire en avant l'influence de l'environnement. On considère le plus souvent à l'heure actuelle que le développement se déroule sous l'influence croisée des déterminants génétiques et des stimulations extérieures.

**Maturation** : De façon générale, ce mot désigne l'ensemble des facteurs endogènes du développement. D'inspiration biologique ou psychologique, il recouvre des acceptions variées et des modèles différents. Les **conceptions préformistes** supposent que la maturation consiste à révéler au plan comportemental, le programme génétique de l'individu. Gesell (1952) par exemple, conçoit la maturation comme une série de changements strictement ordonnée, invariante et inéluctable que l'on peut évaluer de manière quantitative en terme de taux de changement. De là, une estimation en tout ou rien et la recherche d'âges clés dans le développement. C'est ainsi que l'on peut repérer des stades ou des étapes dans l'acquisition de certaines capacités (Seefeldt *et al.*, 1982). Les échelles de développement servent à évaluer la normalité du rythme de développement de chaque enfant vis-à-vis d'une population de référence. L'**apprentissage précoce** concerne le fait que par rapport à la norme d'âge, à des âges clés, des acquisitions se réalisent plus tôt chez certains enfants. Cette approche conduit à apprécier la maturation sous forme de données quantitatives en terme d'ampleur de changements ou de **croissance** et certainement à négliger pour une bonne part, la nature des changements.

À l'opposé, les **conceptions épigénétiques** postulent que l'individu humain n'a pas de formes préétablies et que c'est l'environnement qui le façonne : elles conçoivent le développement comme un processus où chaque niveau d'organisation est issu d'une réorganisation des niveaux antérieurs et non d'une simple addition.

Actuellement, les changements maturationnels ne sont plus considérés comme strictement endogènes et correspondent à une évolution à laquelle participent des facteurs d'expérience et environnementaux. Pour cette **conception interactionniste** la liaison entre maturation et comportement n'est pas à considérer comme une relation causale simple. Au regard des travaux de recherche, on peut affirmer que les conditions d'environnement jouent un rôle important par la quantité et la diversité de stimulations qu'elles permettent. De même, à environnement similaire, le taux d'activité et la répétition retentissent de manière positive sur le processus de maturation.

Ainsi le mot maturation rend plutôt compte des modes de changement, des transformations morphologiques et fonctionnelles qui affectent une structure (ou un ensemble) ou un processus identifié. C'est pourquoi pour rendre compte qualitativement et quantitativement de l'évolution des performances motrices de l'enfant, il convient à la fois d'évoquer un processus de maturation des différentes structures sous-jacentes et un processus d'apprentissage moteur. La principale et subtile distinction entre les deux réside dans le fait que l'apprentissage implique un changement dans le comportement en raison des effets de la pratique, alors que le développement implique un changement dans le comportement résultant uniquement des aspects temporels. Le développement des compétences de l'enfant résulte tout autant d'une horloge biologique que d'une horloge sociale, sorte de calendrier déterminé par la culture, en fonction duquel on considère que les divers événements du développement se produisent à des moments appropriés.

**Génotype/Phénotype** : Le génotype constitue le patrimoine héréditaire d'un individu, dépendant des gènes hérités des parents. Les jumeaux vrais ont le même génotype. Le phénotype représente l'ensemble des caractéristiques individuelles correspondant à une réalisation du génotype, déterminée par l'expérience.

**Étude longitudinale** : Méthode de recherche qui consiste à identifier un groupe de personnes et à recueillir différentes informations à leur sujet au cours de leur vie. Elle se différencie de l'**étude transversale** qui consiste vis-à-vis d'une variable, à étudier différents groupes d'individus d'âge différent en même temps. En pratique on a souvent recours à une méthode mixte dite **cross-transversale.**

**Configuration motrice** : L'approche descriptive des « patrons moteurs » se consacre principalement à rechercher l'évolution des configurations spatio-temporelles des habiletés dites fondamentales ou « ontogénétiques » telles que les habiletés de posture, de locomotion et de manipulation. Ces travaux ont représenté les premiers essais pour décrire l'acquisition de la coordination humaine dans l'enfance. Les auteurs considèrent que l'évolution de la forme des mouvements au cours de l'enfance traduit des niveaux d'habileté correspondant à l'accroissement de l'efficacité des facteurs biomécaniques et des processus neuromoteurs de planification et de contrôle du mouvement. Cette orientation, que l'on peut qualifier aussi de morphologique, vise à la description de formes, de « patrons » spécifiques ; elle conduit à l'étude systématique des changements dans la topographie corporelle et à l'observation de cette évolution dans le temps. Elle a porté sur de multiples patterns fondamentaux qui sont généralement classés en trois groupes : les habiletés locomotrices (marche, course...), les habiletés non locomotrices (saut à cloche pied, saut en contrebas...) les habiletés de réception ou de projection d'objets (lancer à bras cassé, attrapage de balle, frappe de balle au pied...). Au plan méthodologique, les auteurs décrivent soit l'ensemble des mouvements du corps en considérant que les interrelations entre les différentes parties du corps présentent fonctionnellement une cohérence, soit les composants du pattern, c'est-à-dire principalement l'action des membres et du tronc. Dans ce cas, les auteurs s'attachent à rechercher dans l'évolution de l'action, les propriétés d'invariance du mouvement (nature et ordre d'apparition des différentes séquences segmentaires) en considérant que les divers composants se développent selon leur propre dynamique et n'apparaissent pas obligatoirement en même temps.

La description du changement des formes gestuelles au cours de l'enfance offre un cadre méthodologique de description et de comparaison de l'évolution des habiletés motrices. Ce travail présente l'intérêt de dater dans le temps l'apparition des différentes étapes pour chaque action segmentaire. On peut ainsi relever les différences liées au sexe, répertorier les décalages entre les fréquences d'apparition des différents composants selon l'âge et comparer de manière précise les patterns entre eux (Roberton *et al.*, 1988).

Le renouvellement des perspectives explicatives du développement et de l'acquisition des habiletés motrices rend cette approche descriptive de plus en plus intéressante. Par exemple, certains auteurs mettent en évidence des pics d'augmentation du développement (caractérisés par l'apparition fréquente d'actions significatives vis-à-vis de l'habileté), corrélatifs à une augmentation de la taille, du poids du corps et à des changements des contraintes de l'environnement physique (Thelen *et al.*, 1983).

Cette vision de l'organisation des configurations motrices implique deux niveaux d'intervention : l'un structural, l'autre métrique. Le niveau structural concerne le niveau d'activité des muscles composant une structure coordinative. Le niveau métrique module l'activité des groupes de muscles reliés par les structures coordinatives et joue sur les paramètres du geste : la durée, l'intensité, l'orientation, le déclenchement d'une mise en coïncidence, etc., constituent les valeurs métriques du mouvement. Dans cette perspective écologique et développementale (Keller, 1993) les configurations motrices sont considérées comme la traduction des contraintes du milieu sur un organisme qui les gère en fonction des structures coordinatives. Ceci se manifeste par des changements qualitatifs dans la forme du mouvement qui évolue en fonction des contraintes environnementales et de l'âge de l'enfant. Ainsi, au cours du temps les habiletés motrices se réalisent en utilisant des configurations différentes de mouvement. Avec l'âge, l'enfant n'apprend pas à créer une forme gestuelle mais à utiliser des synergies ou des structures de coordination, équilibre entre les forces internes et les contraintes issues de l'environnement. Pour l'enfant, le développement de l'habileté consiste alors à rechercher les manières les plus efficaces et les plus économiques pour relier les articulations et les muscles entre eux afin de construire un système fonctionnel (Sparrow, 1983). Le développement est alors conçu comme l'élaboration progressive de la coordination du geste.

**Différenciation/Intégration** : Schéma théorique selon lequel le développement de l'enfant met en jeu deux processus conjoints ou successifs de différenciation intra-individuelle et d'intégration hiérarchique (Reuchlin, 1987). Ce schéma peut être envisagé tant au plan structural (biologique) que fonctionnel (psychologique) et traduit le passage « d'une homogénéité indéfinie et incohérente vers une hétérogénéité définie et cohérente ». L'intégration est le processus par lequel des fonctions primitivement séparées se fondent dans une fonction unitaire d'un niveau supérieur : il correspond à la « construction d'unités d'ordre supérieur à partir d'un équipement à la naissance conçu comme élémentaire, c'est-à-dire restreint et séparé » (Reuchlin, 1983). La différentiation est le processus par lequel des fonctions primitivement semblables se transforment progressivement en fonctions différentes. La différenciation « désigne le fait que des organisations initiales adaptées à un seul type de situation peuvent devenir plus souples et efficaces dans d'autres situations. La différenciation renvoie aussi à l'idée que des organisations qui fonctionnent au départ comme un tout, évoluent dans le sens d'une plus grande autonomie des parties de cet ensemble » (Durand, 1987).

En prenant l'exemple de la préhension chez l'enfant, Bruner (1983) montre que les habiletés élémentaires s'incorporent progressivement à un mouvement intentionnel dirigé vers un but. Les constituants de cette action se dégagent progressivement d'un ensemble plus vaste et indifférencié au début de l'exercice. Ce processus dit de modularisation* correspond à la différenciation des composants élémentaires (modules) à l'intérieur d'actes initialement grossiers. L'enfant adaptant par segmentation ses actes bruts à la structure spatio-temporelle de tâches nouvelles. Il organise ainsi, au sein d'une activité dirigée vers un but, une unité dotée d'autonomie, auto-controlée et automatisée. Les modules, et par extension, les habiletés élémentaires ainsi « isolées » s'affranchissent de leur contexte originel et peuvent être intégrés à des séquences nouvelles. C'est lorsque le stade de la modularisation est atteint et que l'habileté présente une organisation souple, qu'elle peut s'incorporer à des configurations sérielles nouvelles plus larges et plus complexes qui constituent une habileté d'ordre supérieur. C'est le processus dit d'intégration hiérarchique. En effet, une fois constituées les sous-routines sont susceptibles de s'intégrer à plusieurs ensembles moteurs les requérant. Un état de plus grande différenciation et d'intégration est ainsi un état hiérarchiquement supérieur car il fournit au sujet les moyens d'une adaptation plus efficace.

**Allure du développement** : De nombreuses observations effectuées sur les courbes de gains en performance selon l'âge montrent que celles-ci ne sont pas uniformes et monotones. En effet, si l'accroissement des performances apparaît globalement de façon continue, une étude plus fine fait apparaître des périodes « perturbées », où le gain en performance est moindre, voire négatif. L'existence de discontinuités montre que le processus de développement implique non seulement un changement quantitatif, mais aussi une transformation qualitative de l'organisation de l'habileté. Ces observations fondent l'hypothèse d'alternance et de succession entre des phases de développement ou les progrès sont importants au plan quantitatif, suivies de phases de progrès moins importants correspondant à une réorganisation qualitative des différents processus organisant la motricité (Durand, 1987). Le développement et l'acquisition des habiletés motrices n'est donc pas simplement un processus quantitatif qui se développe de manière monotone en fonction de l'exercice et de la répétition mais aussi et surtout un processus discontinu et qualitatif. Ceci amène à valoriser une conception du développement et de l'apprentissage moteur conçu comme un processus vertical (Namikas 1983) ou hiérarchique (Glencross 1980) durant lequel l'enfant progresse à travers différents niveaux de configuration de l'habileté motrice.

**Période critique** : À certaines périodes de la vie d'un individu, le développement d'une fonction ou l'acquisition d'habiletés est plus favorable qu'à d'autres. Au plan biologique, ce terme signifie que si une fonction n'est pas sollicitée et ne se développe pas pendant la fenêtre temporelle de sa période critique, elle est altérée de façon irrémédiable. « Durant ces périodes, le système nerveux devient temporairement plus spécialement sensible à certaines influences et subit une empreinte irréversible qui se traduit dans la stabilité de ses comportements ultérieurs » (Paillard, 1976). Au regard des nombreuses acquisitions qui doivent être effectuées pendant l'enfance (et de plus en plus pendant l'adolescence), cette période est socialement considérée comme sensible aux apprentissages. En considérant alors la plus grande sensibilité aux apprentissages pendant ces moments de la vie, certains auteurs préfèrent évoquer plutôt la notion de **période optimale** pour l'apprentissage d'habiletés ou de capacités spécifiques (Durand, 1987).

4

# Les variables individuelles

## La personnalité et son évaluation

**Personnalité** : La personnalité est définie comme les patterns caractéristiques du comportement, de la pensée et de l'émotion, qui déterminent de manière relativement constante l'adaptation d'un individu aux exigences de son environnement. On considère que la personnalité se façonne par l'interaction de prédispositions biologiques, d'influences culturelles et d'expériences personnelles. Il existe plusieurs théories de la personnalité, tentant de rendre compte de sa genèse et de proposer des modèles prédictifs de l'adaptation comportementale des individus : on peut notamment citer les théories psychodynamiques, la théorie de l'apprentissage social, les théories phénoménologiques et la théorie des traits.

**Théorie psychodynamique** : Les théories psychodynamiques accordent une importance centrale aux motifs et aux conflits inconscients comme forces déterminantes du comportement. C'est le cas notamment de la théorie psychanalytique : selon cette dernière, la personnalité est construite au travers de l'interaction et des conflits entre trois instances : le ça, réservoir de pulsions et obéissant au principe de plaisir, le surmoi, imposant au sujet des standards moraux, et le moi, obéissant au principe de réalité. Certains types de personnalité seraient liés à la fixation à l'un des stades du développement psychosexuel.

**Théorie de l'apprentissage social** : Cette théorie met l'accent sur l'importance des facteurs environnementaux dans la détermination du comportement et le façonnement de la personnalité. Les différences interindividuelles proviennent des différences dans les expériences et apprentissages réalisés au cours du développement, et des renforcements, récompenses ou punitions qui y ont été associés. Les théoriciens de l'apprentissage social estiment que le renforcement n'est pas nécessaire à l'apprentissage : par simple observation du comportement d'autrui et de ses conséquences, le sujet est susceptible de s'approprier un grand nombre de compétences (on parle d'**apprentissage vicariant**). Néanmoins le renforcement serait nécessaire à l'adoption régulière du comportement. Dans cette perspective, la stabilité de la personnalité et du comportement serait liée à la constance des situations vécues et des rôles assignés.

**Théories phénoménologiques** : Ces approches mettent l'accent sur l'expérience subjective des situations, c'est-à-dire la façon dont les individus perçoivent et interprètent les événements de leur existence. Selon Rogers (1968), la personnalité se structure en fonction de la concordance, ou congruence, entre le **concept de soi**, c'est-à-dire l'ensemble des idées, valeurs et perceptions relatives à « ce que je suis », et la réalité, et d'autre part dans la concordance entre le concept de soi et le **soi idéal**, représentant le type d'individu que nous souhaiterions devenir. Rogers postule l'existence d'une dynamique positive fondamentale, l'**actualisation de soi**, visant la congruence et l'atteinte du soi idéal.

**Théories des traits** : Les traits sont des dimensions de la personnalité, caractérisant de manière durable les sujets, et que l'on estime responsables de la cohérence du comportement. Ces théories postulent que l'on peut décrire la personnalité en la situant par rapport à un certain nombre de traits, rendant compte de manière exhaustive des différences interindividuelles de comportement. Elles supposent une stabilité des traits et des comportements qui en découlent. Les auteurs qui ont travaillé dans cette optique ont procédé à l'isolation de ces traits fondamentaux par analyse factorielle*. On peut citer notamment les travaux de Cattell (1965), qui débouchent sur l'isolation de 16 traits de personnalité. La théorie des traits a permis l'élaboration d'inventaires d'évaluation de la personnalité, largement utilisés en psychologie différentielle ou dans les procédures d'orientation ou de sélection. Néanmoins ces théories sont plus descriptives qu'explicatives.

**Approche interactionniste** : Les approches précédemment décrites mettent l'accent soit sur l'importance des caractéristiques de l'individu (par exemple la théorie des traits), soit sur celle de la situation vécue. L'approche interactionniste, qui se développe largement à l'heure actuelle, considère que le comportement dépend à la fois des traits et des caractéristiques actuelles de la situation. Cette perspective a débouché sur des travaux décrivant la personnalité dans une visée plus locale : par exemple, un trait global tel que l'anxiété permet difficilement de prédire le comportement du sujet dans des situations stressantes variées, telles qu'une compétition sportive, un examen, ou un accident. Des outils d'évaluation plus spécifiques ont été élaborés et validés, dans une perspective visant davantage à l'intervention pratique qu'à une description exhaustive de la personnalité (voir par exemple Martens, Vealey et Burton, 1989).

**Extraversion et névrosisme** : Les différents travaux à base d'analyse factorielle réalisés dans le domaine de la personnalité n'ont pas toujours débouché sur des résultats convergents. Cependant, les dimensions extraversion et névrosisme apparaissent régulièrement dans les modèles factoriels retenus. L'extraversion ponctue avec l'**introversion** un continuum descriptif de la personnalité, notamment étudié par Eysenck. L'extraverti fait preuve de sociabilité, a beaucoup d'amis, aime travailler en groupe. Il préfère l'action à la réflexion, il est optimiste, hardi et impulsif. L'introverti, à l'opposé, est renfermé sur lui-même, aime la lecture ou le travail solitaire. Le névrosisme (on dit également neurotisme ou neuroticisme) caractérise la stabilité affective et émotionnelle. Les sujets névrotiques supportent difficilement les agressions, les situations de conflit et les frustrations. On considère généralement le névrosisme comme synonyme d'**anxiété**.

Les dimensions extraversion et névrosisme, au-delà de leurs expressions manifestes (l'ouverture sociale pour l'extraversion, l'instabilité émotionnelle pour le névrosisme), reposent plus fondamentalement, selon Eysenck, sur les caractéristiques du système activateur. D'une manière générale, les extravertis présentent des niveaux d'activation plus faibles que les introvertis. Le névrosisme renverrait pour sa part à l'évolution du niveau d'activation en situation stressante. Les sujets à tendance névrotique seraient caractérisés par une forte capacité d'activation, c'est-à-dire qu'en cas de stimulation intense, leur niveau d'activation a tendance à s'élever plus rapidement que chez les sujets émotionellement stables (Dornic, 1986). Dans cette logique, les sujets extravertis et stables, présentant un bas niveau d'activation et une faible capacité d'activation, seraient plus capables de traiter des tâches complexes, difficiles et/ou risquées, ou de soutenir une charge mentale élevée. On a couramment mis en évidence par exemple que les sportifs de haut niveau se caractérisent par leur extraversion et leur stabilité émotionnelle. En outre, c'est chez les sujets les plus engagés dans le risque (alpinistes de haut-niveau) que l'on retrouve les plus hauts scores d'extraversion et les plus faibles de névrosisme (Gomà i Freixanet, 1991). Actuellement beaucoup d'auteurs estiment que l'extraversion est composée de deux facteurs primaires : l'**impulsivité** et la **sociabilité**. Les relations précédemment décrites entre extraversion et activation ne seraient liées qu'au facteur impulsivité (Revelle *et al.*, 1980). Par ailleurs, les relations entre extraversion et activation, classiquement présentées comme une suractivation chronique des sujets introvertis, semblent plus complexes et renverraient plutôt à un décalage dans les phases des rythmes journaliers d'activation : si le matin, les introvertis sont davantage activés que les extravertis, on observe un tableau inverse dans la soirée, où les extravertis sont plus activés que les introvertis (Revelle *et al.*, 1980). L'extraversion, et surtout sa composante impulsivité, serait donc liée à la matinatilé/verspéralité.

**Type A et type B** : Les types de personnalités A et B ont été particulièrement étudiés par des médecins travaillant sur la prévention des risques cardiaques (Friedman et Rosenman, 1974). Les individus de type A sont compétitifs et axés sur le rendement. Ils sont colériques, ont du mal à se détendre, ne supportent pas l'incompétence et le temps perdu. Tout en se présentant comme relativement sûrs d'eux-mêmes, ils sont sujets à un doute constant concernant leur propre personne. À l'inverse, les individus de type B sont capables de se détendre sans culpabilité et de travailler sereinement, sans précipitation ni impatience. Ils sont émotionnellement plus stables. On a montré que les individus de type A était plus sujets aux incidents cardiaques que les individus de type B. Cette prédisposition serait liée au stress chronique entretenu par les premiers, débouchant sur une hausse du niveau de cholestérol sanguin, un accroissement de la pression artérielle et une sécrétion accrue de noradrénaline. Des tentatives de thérapie behaviorale, visant à modifier le comportement des individus de type A, se sont révélées efficaces dans la réduction des risques cardiaques ultérieurs (Friedman *et al.*, 1985).

**Recherche de sensation** : La recherche de sensation (*sensation seeking*) est un trait de personnalité étudié par Zuckerman (1983). Selon lui, un « sensation seeker » est un individu caractérisé par « un besoin élevé d'intenses formes de stimulations et d'expériences nouvelles, complexes et variées » (Zuckerman, 1990). L'auteur a mis au point un questionnaire spécifique (*sensation seeking scale*, SSS), évaluant les sujets selon quatre facteurs intervenant dans la recherche de sensation : la recherche d'aventure, la désinhibition (c'est-à-dire la tendance à exprimer ses pulsions), la recherche d'expériences inédites, et la susceptibilité à l'ennui. Zuckerman inscrit son approche dans une conception biologique de la personnalité. Dans la logique des conceptions de Berlyne, sur la notion de niveau optimal d'activation, Zuckerman lie la recherche de sensation à la production hormonale et enzymatique et à sa régulation. On a pu ainsi montrer l'étroite relation entre le score obtenu dans la SSS et l'activité du système noradrénergique, la production hormonale des gonades (en particulier la testostérone), et le taux sanguin d'enzymes telles que les mono-amino-oxydases (Zuckerman, 1990). La recherche de sensation apparaît comme un besoin primaire, lié à des caractéristiques biologiques. Ce trait est très proche de l'extraversion. On a pu montrer que les sportifs investis dans des activités à risque présentaient de hauts niveaux de recherche de sensation.

**Dominance télique** : Selon Apter (1982), les relations entre activation et émotion sont très complexes et ne peuvent être expliquées de manière satisfaisante par les théories de l'optimum. Des différences interindividuelles profondes existent, renvoyant à des « états métamotivationnels » distincts. Les sujets téliques préfèrent les faibles niveaux d'activation, présentent des comportements très planifiés. Les sujets paratéliques, à l'inverse, recherchent les hauts niveaux d'activation, et leurs comportements sont ludiques et spontanés. Ces états métamotivationnels ne sont pas stables, et un sujet oscille continuellement de l'un à l'autre (Apter utilise à ce propos le terme *reversal*, revirement). Néanmoins un sujet est caractérisé par une dominance, qui organise en majorité son comportement. Sveback & Kerr (1985) ont montré que la dominance télique était un élément déterminant dans la préférence pour des activités sportives « explosives » et incertaines (paratéliques), ou répétitives et planifiées (téliques). La dominance télique, enfin semble conceptuellement étroitement liée à la recherche de sensation*.

**Trait d'anxiété** : « Prédisposition à percevoir certains stimuli environnementaux comme menaçants, et à y répondre par des niveaux variés d'état d'anxiété » (Martens, Vealey et Burton, 1989). Le trait global d'anxiété, mesuré par exemple par le State-Trait Anxiety Inventory de Spielberger (Spielberger *et al.*, 1971), est très proche du facteur névrosisme d'Eysenck. Dans une optique interactionniste, Martens, Vealey et Burton (1989) ont mis en évidence chez les sportifs un trait d'**anxiété compétitive**, correspondant à une prédisposition à développer des états d'anxiété* en situation de compétition. L'anxiété compétitive ne présente qu'une faible corrélation avec l'anxiété globale.

**Rôles sexuels *(sex roles)*** : Le rôle sexuel correspond à l'ensemble des attitudes et comportements qu'une société juge convenir à un individu, compte tenu de son sexe biologique. Certains traits, tels que l'agressivité, l'indépendance, l'objectivité, l'ambition et la compétition apparaissent comme masculins. D'autres, comme l'émotivité, le calme, l'amour des enfants, sont considérés comme féminins. Il est évident que cette catégorisation est éminement culturelle, qu'elle varie d'une société à l'autre et qu'elle évolue avec le temps. Mais d'une manière générale, on considère que la masculinité est caractérisée par des traits associés à de hautes attentes d'efficacité (self-efficacy*), et la féminité à l'expressivité et la relationalité. On appelle **caractérisation sexuelle,** le processus d'adoption des rôles sexuels. Les théoriciens de l'apprentissage social expliquent la caractérisation sexuelle par l'apprentissage par observation, et les incitations sociales à imiter les adultes de son sexe. En fait tout sujet endosse de manière simultanée des rôles masculins et féminins, et l'on considère à l'heure actuelle que la masculinité et la féminité constituent des dimensions indépendantes de la personnalité. Au-delà du sexe biologique, on considère comme typé masculin un sujet adoptant majoritairement des rôles sexuels masculins, et à l'inverse pour les sujets typés féminins. Les sujets adoptant dans des proportions similaires et à haut niveau des rôles masculins et féminins sont qualifiés d'androgynes. On qualifie enfin d'indifférenciés les sujets ne manisfestant que de faibles identifications sur les deux dimensions. La caractérisation sexuelle est un élément fondamental de la personnalité et influence largement les choix de l'individu. Au-delà du sexe biologique, les sujets typés féminins tendent à être plus anxieux, ou à percevoir de manière plus forte l'effort, que les sujets typés masculins. La caractérisation sexuelle se révèle par ailleurs souvent, dans ce type d'étude différentielle, un critère plus pertinent que le sexe biologique. Williams (1978) a montré que dans une population de sportifs, les sujets typés masculins sont généralement sur-représentés. Notons enfin que la caractérisation sexuelle se distingue de l'**identité du genre**, c'est-à-dire la mesure selon laquelle un individu se reconnaît comme homme ou femme.

L'importance des rôles sexuels dans l'adaptation à la société et le bien-être psychologique a fait l'objet d'une série de théories contrastées. Dans les années 60, on estimait que l'adaptation sociale était liée à la correspondance du sexe biologique et des rôles sexuels : l'homme devait être masculin et la femme féminine (Kagan, 1964). Bem (1974) développe une théorie de l'androgynie, mettant en avant l'importance de l'adoption simultanée des rôles masculins et féminins. Les sujets sexuellement typés, ou à l'inverse indifférenciés, auraient davantage tendance à la désadaptation. Des travaux plus récents tendent à mettre en avant l'importance de la masculinité (Allgood-Merten & Stockard, 1991 ; Whitley, 1984). Notamment, la masculinité corrèle fortement avec l'estime de soi, alors que la féminité en est indépendante. De même, la perception que l'individu a de ses propres capacités physiques est étroitement liée à son degré de masculinité, mais est indépendante de son degré de féminité (Delignières *et al.*, 1993).

**Estime de soi** ***(self-esteem)*** : « L'estime de soi est l'expression d'une approbation ou d'une désapprobation portée sur soi-même. Elle indique dans quelle mesure un individu se croit capable, valable, important. C'est une expérience subjective qui se traduit aussi bien verbalement que par des comportements significatifs » (Coopersmith, 1984). L'estime de soi constitue un trait de personnalité, et correspond donc à une évaluation durable de soi-même. Bien que cette auto-appréciation puisse être affectée par les événements, réussites et échecs, vécus par le sujet, elle constitue, à l'inverse, un puissant filtre perceptif de ces événements et de leurs causes. On considère actuellement l'estime de soi comme une construction multidimensionnelle, constituée de facteurs plus ou moins indépendants renvoyant à des domaines d'activité particuliers (activité professionnelle ou scolaire, famille, relations sociales, activités sportives, etc.).

L'estime de soi est liée à un certain nombre d'autres traits classiques. Les sujets à forte estime de soi tendent à avoir un locus de contrôle interne (Burns, 1979), à présenter de faibles niveaux d'anxiété (Delignières *et al.*, 1993), à avoir de fortes attentes d'efficacité. L'estime de soi est enfin liée au degré de masculinité des sujets (Allgood-Merten & Stockard, 1991 ; Delignières *et al.*, 1993). On considère l'estime de soi comme un des éléments fondamentaux du bien-être psychologique (Coopersmith, 1967).

**Lieu de contrôle *(locus of control)*** : Le locus ou lieu de contrôle rend compte d'une tendance globale de l'individu à attribuer les événements à des causes externes ou internes (Rotter, 1966). Les sujets à locus de contrôle interne estiment être responsables des événements : ils pensent posséder les habiletés et aptitudes nécessaires pour contrôler leurs comportements et leurs conséquences. À l'inverse, les sujets à locus externe tendent à attribuer les événements à des causes qui leur échappent, soit à l'action d'autrui, soit à la malchance ou au hasard. Le locus de contrôle est de toute évidence lié à la manière dont le sujet s'évalue. Les sujets développant des sentiments d'insécurité, de malchance, d'inadéquation, tendent à avoir un locus externe. À l'inverse, on a montré que les sujets à forte estime de soi présentaient un locus de contrôle interne (Burns, 1979). L'approche initiale de Rotter considère le locus de contrôle comme un trait général. Certains auteurs, dans une optique interactionniste, ont proposé des approches plus spécifiques du locus de contrôle, estimant que ce dernier dépendait de la nature de la situation à laquelle était confronté le sujet. On a ainsi proposé des méthodes d'évaluation spécifiques au contexte sportif, aux problèmes de condition physique, aux problèmes de perte de poids, etc. (McCready & Long, 1985 ; Whitehead & Corbin, 1988).

**Attente d'efficacité *(self-efficacy)*** : Ce concept, introduit par Bandura (1977), s'inscrit dans la théorie de l'apprentissage social*. On peut le définir comme le degré selon lequel un individu estime être capable de faire face aux exigences des situations stressantes. L'attente d'efficacité détermine le choix d'un comportement adaptatif, la quantité d'effort qui va y être investie, et la persistence du sujet. Selon Bandura, l'attente d'efficacité est modelée par quatre sources principales d'information. La première est constituée par les expériences d'accomplissement, c'est-à-dire par les réussites qu'enregistre le sujet dans ses confrontations aux situations difficiles. Le renforcement des attentes d'efficacité par la réussite effective est à la base des thérapies behaviorales. À l'inverse la répétition des échecs tend à diminuer les attentes d'efficacité. Une seconde source d'information est l'expérience vicariante, c'est-à-dire l'observation d'autrui en situation d'accomplissement : le fait de voir autrui réussir une tâche difficile ou dangereuse peut persuader le sujet qu'il en sera également capable, à condition de persister dans son effort. Bandura estime également que la persuasion verbale peut jouer un rôle, même si son influence demeure mineure, par rapport à celle de la réussite effective dans des situations d'accomplissement. Enfin, les attentes d'efficacité sont influencées par l'état physiologique, et notamment le niveau d'activation : un sujet percevant en lui des symptômes aigus d'anxiété sera amené à douter de ses chances de réussite.

L'attente d'efficacité est un élément fondamental de la capacité à résister au stress, et d'une manière générale du bien-être psychologique. Bandura (1977) estime que la plupart des procédures thérapiques visent en dernier ressort un renforcement de l'attente d'efficacité. Ce concept est abondamment employé en psychologie du sport, où l'on a montré son intérêt dans la prédiction des performances futures des sujets, notamment dans les situations à risque et stressantes, et dans la régulation de l'anxiété compétitive (Feltz, 1988 ; Wittig, Duncan & Schurr, 1987).

On retrouve dans la littérature un certain nombre de termes plus ou moins synonymes, comme **habileté perçue** *(perceived hability)*, ou **sentiment de compétence**. Ces concepts ne s'inscrivent en général pas dans une théorie aussi puissante que la précédente, et sont soumis à d'importantes fluctuations de sens. Selon les auteurs, « l'habileté perçue constitue soit une caractéristique stable de la personnalité qui organise les conduites dans un grand nombre de situations, soit une construction ponctuelle liée à une classe de tâches ou à une activité particulière » (Durand, 1987). Dans le premier cas, le concept est proche de celui d'attente d'efficacité ou de **niveau d'aspiration** (Robaye, 1957). Dans ce cas, il constitue un trait de personnalité, constitutif de l'estime de soi, et particulier aux situations à visée d'accomplissement. Dans le second, il s'agit d'un sentiment actuel d'adéquation entre l'habileté spécifique et les demandes de la tâche. On retrouve cette idée dans les concepts de **confiance dans le mouvement** (*movement confidence*, Griffin et Keogh, 1982) et de **niveau d'expectation** (Robaye, 1957). On peut considérer la première acception comme un trait, et la seconde comme l'état consécutif et actuel. Le terme d'habileté perçue semble de plus en plus utilisé dans la littérature selon la première acception.

**Style cognitif** : « Style d'organisation ne caractérisant pas seulement les phénomènes perceptifs, mais plus largement le type de rapports que l'individu entretient avec le milieu » (Thomas *et al.*, 1987). Le style cognitif décrit un mode de fonctionnement du sujet, relativement stable, indépendant de la nature des situations auxquelles il est confronté. Le style cognitif le plus connu est la dépendance/indépendance à l'égard du champ. D'autres styles cognitifs ont également été identifiés et étudiés.

**Dépendance/Indépendance à l'égard du champ** : Ce style cognitif, analysé notamment par Witkin est basé à l'origine sur le constat de différences interindividuelles dans la résolution de conflits perceptifs : certains sujets sont capables de percevoir un élément séparé de son contexte, quand d'autres ne peuvent dépasser une approche syncrétique du champ perceptif, cause notamment d'illusions perceptives. La dépendance à l'égard du champ renverrait en fait plus globalement à un facteur de différenciation, par rapport au milieu perceptif d'une part, mais également par rapport au milieu familial et social. Les sujets indépendants tendent à adopter une démarche analytique dans la résolution des problèmes, à percevoir leur milieu et leurs expériences dans ce milieu sous un aspect moins global, à réagir aux situations stressantes par une analyse des problèmes plutôt que par des réactions émotives ou des comportements d'évitement (Witkin *et al.*, 1977).

**Impulsivité-réflexivité** : Selon Kagan (1965), les sujets peuvent être classés selon un facteur de réflexion-impulsivité, qui ferait que certains ont tendance à répondre très rapidement, au risque de commettre des erreurs fréquentes, alors que d'autres auraient besoin d'un temps plus long pour réagir. Ces différences interindividuelles semblent pouvoir jouer un rôle fondamental dans la réussite scolaire, en fonction de la nature des tâches proposées aux élèves. Rappelons par ailleurs que l'impulsivité est un trait de personnalité fréquemment relevé par les auteurs : il s'agit d'une des dimensions constitutives de l'extraversion* chez Eysenck, et apparaît proche de la recherche de sensation* ou de la dominance paratélique*.

**Visuel-auditif** : Styles cognitifs popularisés par de La Garanderie (1980), renvoyant à la nature du codage des informations réalisé par les sujets. Certains fonctionneraient spontanément sur des images figuratives, et d'autres sur un codage verbal. La présentation figurative ou verbale des informations pourrait donc pénaliser ou avantager différentiellement les sujets, en fonction de ce style cognitif.

## La motivation et l'émotion

**Motivation** : La motivation est un terme très général « se rapportant à la régulation du comportement de satisfaction des besoins et de recherche de buts » (Thomas, 1991). Les travaux sur la motivation tentent de l'objectiver au travers d'indicateurs tels que le choix de certaines activités et de certains types de buts, l'intensité du comportement adopté (effort consenti*), la constance de cet investissement ou encore la persévérance dans l'activité choisie (Roberts, 1991). La performance par contre n'en constitue qu'un piètre indicateur, étant soumise par ailleurs à d'autres catégories d'influence. D'une manière générale, le concept de motivation rend simultanément compte des aspects sélectif et intensif du comportement. Bouet (1969) la définit ainsi comme une « orientation active, persistante et sélective qui caractérise le comportement ».

**Théories homéostasiques** : D'une manière générale, l'homéostasie est la tendance de l'organisme à maintenir constant son milieu intérieur, malgré les changements de son environnement. Dans un système homéostasique, une variable est comparée à un standard, puis est soumise à un traitement destiné à réduire l'écart constaté entre la variable et le standard, puis est soumise à nouveau à comparaison, et ainsi de suite. On peut faire une analogie avec le fonctionnement des thermostats sur les radiateurs domestiques. Les premières théories de la motivation reposaient sur ce principe (Hull, 1943). On considérait notamment qu'un besoin (*need*) non satisfait entraînait un état de tension, générant une tendance (*drive*) à déclencher une activité instrumentale, dans le but de réduire la tension. Si la théorie homéostasique peut s'appliquer à la satisfaction des besoins physiologiques, elle ne peut prendre en considération certains comportements, fréquents dans le domaine sportif, qui cherchent au contraire à accroître l'état de tension (prise de risque, compétition, etc.).

**Théories de l'optimum** : En opposition à la logique purement réactive et subie de la théorie homéostasique, des chercheurs vont mettre l'accent au contraire sur le caractère proactif et volontaire du comportement motivé. C'est-à-dire que le comportement est dirigé intentionnellement vers la réalisation de standards construits, dépendant à la fois de caractéristiques individuelles et des données situationnelles. On retrouve ces principes dans la théorie de l'optimum d'activation, et dans celle de la dissonance cognitive. Les principes guidant le sujet dans la détermination de l'optimum seront développés par la suite, par les théories de l'expectation-valence*.

**Théories de l'expectation-valence** : Ce terme désigne un ensemble de modèles psychologiques, qui postulent que l'évaluation d'une situation, et les décisions qui en dérivent, sont fonction d'une part des attentes concernant la nature du résultat (expectation), et d'autre part de la valeur de ce résultat pour le sujet (valence). Le sujet opterait pour le comportement rendant cette fonction optimale. Ce principe est inspiré de l'approche mathématique des phénomènes aléatoires, et notamment de la notion d'espérance mathématique. On le retrouve, sous des formes diverses, dans les théories de l'anxiété (Martens, Vealey & Burton, 1989), de la prise de risque corporel (Robaye, 1963 ; Oppe, 1988), et de la motivation (Atkinson, 1957). Ainsi selon Atkinson, la tendance à rechercher le succès dans une tâche est proportionnelle au produit de la probabilité subjective de succès (expectation), et de la valeur incitative du succès (valence). Le modèle de l'expectation-valence a profondément marqué les théories de la motivation, et les propositions récentes, notamment dans le domaine de la motivation d'accomplissement, ont avant tout cherché à approfondir l'influence des variables individuelles et situationnelles sur les mécanismes d'élaboration des valences et expectations.

**Besoin *(need)*** : Dans la théorie de Hull, le besoin correspond à un écart physiologique, par rapport à une valeur idéale. Il s'agit de besoins primaires, destinés à assurer la survie de l'individu et de l'espèce, qui peuvent difficilement expliquer l'ensemble de l'activité humaine. On peut noter néanmoins que dans certaines théories biologiques de la personnalité est postulée l'existence de besoins primaires comme la recherche de sensation* (Zuckerman, 1990) ou de stimulation (Eysenck, 1967). Ces approches réactualisent et élargissent la portée des modèles de réduction de tendance. De nombreux auteurs ont distingué besoins physiologiques et psychologiques. Par exemple Maslow (1970) propose une organisation hiérarchique des besoins, distinguant les besoins physiologiques (faim, soif, besoins sexuels...), de sécurité, d'affection et d'appartenance (approbation par les pairs), les besoins d'estime (réussite, compétence...), et ceux d'actualisation de soi (voir théories phénoménologiques de la personnalité*). Selon Maslow, un sujet progresse dans cette hiérarchie au fur et à mesure que les besoins de chaque niveau sont satisfaits. Cette théorie profondément humaniste semble néanmoins difficilement pouvoir rendre compte de la disparité interindividuelle de la structure motivationnelle.

Nuttin (1980) propose une autre approche de la notion de besoin, s'opposant résolument au modèle homéostasique. Pour l'auteur, le sujet serait guidé par des standards définissant son fonctionnement optimal. Ces standards sont soit innés, soit construits. Le besoin est défini comme une relation requise entre l'individu et le monde, pour l'atteinte de ces standards et le fonctionnement optimal de l'individu. Le besoin ne se définit pas comme une carence, mais s'inscrit dans la dynamique du fonctionnement de la personnalité.

Durand (1987) distingue trois besoins principaux à l'origine de la motivation dans le domaine du sport : les besoins d'accomplissement, hédonique, et d'affiliation. Le **besoin d'accomplissement** (*need for achievement*) renvoie à un besoin de surmonter, de réaliser des tâches difficiles, à une tendance à rechercher le succès. La motivation a connu ces dernières années de nombreux développements, que nous aborderons plus loin. Le **besoin hédonique** correspond à la recherche du plaisir. Le sujet n'est pas mû comme précédemment par le désir de réaliser des buts significatifs, mais de faire l'expérience de sensations agréables. De nombreux auteurs lient ce besoin à la recherche de stimulations (voir précédemment, la recherche de sensation*). Le **besoin d'affiliation** incite à établir des contacts et à rechercher des relations affectives avec autrui. Ce besoin contribue à la richesse du tissu social, familial et associatif. Son importance est particulièrement déterminante lors de l'adolescence. Certains sujets éprouvent néanmoins un tel besoin d'affiliation qu'ils ne peuvent supporter la solitude ou la prise de décision indépendante. Schachter (1959) a montré que la force du besoin d'affiliation était lié à l'anxiété des sujets.

À l'heure actuelle, le terme de besoin est jugé suspect par de nombreux auteurs, qui préfèrent employer le terme **motif** (*motive*). On peut noter à ce niveau que chez Nuttin (1980), besoin et motif ne se superposent pas nécessairement. Le besoin demeure relativement général, alors que le motif est orienté vers un objetbut concret. C'est au terme d'un processus de spécification du besoin dans une voie comportementale concrète que les motifs vont s'installer.

**Activation** : La notion d'activation désigne classiquement le degré d'activité de l'organisme, selon un continuum qui irait du sommeil à la veille, puis à la veille attentive et au stress. L'activation représente la dimension intensive, énergétique du comportement, et a intéressé très tôt les chercheurs dans son influence sur l'efficacité des processus perceptifs, cognitifs ou moteurs. L'activation a beaucoup intéressé les psychologues dans ses relations à la performance : selon la loi de Yerkes et Dodson (1908), activation et performance sont reliées par une courbe à optimum. La position de l'optimum dépend en outre de la difficulté de la tâche à réaliser : plus la tâche requiert précision et contrôle, plus l'optimum est bas situé. Ces données ont débouché, dans la perspective de la préparation à la compétition, sur de nombreux travaux sur l'état optimal d'activation (Thomas, 1991). Le modèle à optimum a néanmoins reçu quelques amendements et critiques récentes (pour une revue, voir Delignières, 1993).

Traditionnellement, l'activation était considérée comme un concept unitaire (Duffy, 1962). Les modèles les plus récents l'envisagent selon une optique multidimensionnelle, distinguant des dimensions cognitive et somatique (Broadbent, 1971 ; Lacey, 1967 ; Sanders, 1983). Ainsi pour Lacey l'activation cognitive renvoie au degré d'activité électrique du cortex, mesurée par exemple par électroencéphalogramme, et l'activation somatique au niveau physiologique, sous le contrôle du système nerveux végétatif. On réserve parfois le terme d'**éveil** (*arousal*) au versant cognitif, ne conservant celui d'activation que pour le versant somatique (Sanders, 1983).

**Dissonance cognitive** : « Deux éléments sont en relation dissonante si en considérant ces deux éléments seuls, l'inverse de l'un devrait découler de l'autre » (Festinger, 1957). La théorie de la dissonance cognitive, d'une portée très générale, est basée sur le postulat selon lequel l'individu tend à réduire les inconsistances qui peuvent survenir entre cognitions, attitudes et comportements. Ce processus a notamment été invoqué pour expliquer la motivation, les variations du niveau d'activation, ou les modifications d'attitude. Certains auteurs (par exemple Berlyne, 1960), estiment que les sujets ne cherchent pas à éliminer toute dissonance, mais au contraire provoquent l'installation d'un certain niveau de dissonance considéré comme agréable. On utilise également le terme synonyme de **discrépance**.

**Motivation d'accomplissement** : La motivation d'accomplissement renvoie à un besoin de surmonter, de réaliser des tâches difficiles, à une tendance à rechercher le succès. Les premières théories de l'accomplissement (McClelland *et al.*,

1953 ; Atkinson, 1957) postulaient l'existence d'un **besoin d'accomplissement**, correspondant à une disposition plus ou moins stable à rechercher le succès. La motivation d'accomplissement dépend dans cette logique de la force de ce besoin, et dans une logique expectation-valence de la probabilité et de la valence du succès. Ce modèle permet par exemple à Atkinson (1957) de prédire que les sujets à fort besoin d'accomplisssement auront tendance à s'investir dans des tâches de difficulté moyenne, c'est-à-dire suffisamment facile pour avoir des chances raisonnables de succès, et suffisamment difficiles pour que le résultat soit significatif. Depuis White (1959), on conceptualise la motivation d'accomplissement en tant que **motivation de compétence** : le sujet chercherait, dans les situations d'accomplissement, à faire la démonstration de sa compétence, ou à l'inverse à éviter de faire l'étalage de son incompétence (pour une revue, voir Famose, 1990 ; Thill, 1989). Cette nouvelle perspective va amener les auteurs à différencier l'approche de la motivation d'accomplissement, en fonction des conceptions de la compétence utilisées par les différents sujets, et des buts motivationnels qui en résultent.

**Buts motivationnels** : Les théoriciens actuels de la motivation estiment que le besoin d'accomplissement résulte du besoin de faire la démonstration de sa compétence, et/ou d'éviter d'avoir à faire la démonstration de son incompétence (Famose, 1990 ; Roberts, 1991 ; Thill, 1989). Cette proposition fondamentale a permis de distinguer deux types de buts motivationnels, en fonction de la façon dont les sujets concevaient leur compétence : le sujet poursuit des **buts compétitifs** (*competitive goals*) s'il est motivé pour faire la démonstration de son habileté par un processus de comparaison sociale : il s'agit de « faire la démonstration d'une supériorité vis-à-vis des autres » (Famose, Sarrazin et Cury, 1991). Le sujet peut, à l'opposé, suivre des **buts de maîtrise** (*mastery goals*) : il s'agit pour le sujet de « faire la démonstration de progrès personnel et d'apprentissage » (Famose, Sarrazin et Cury, 1991). On parle également d'**investissement sur soi** (*ego involvment*) dans le premier cas, et d'**investissement sur la tâche** (*task involvment*) dans le second. Le choix de tel ou tel type de but motivationnel est en partie lié à des variables stables de personnalité. On a néanmoins pu montrer l'importance du **climat motivationnel** instauré par l'enseignant ou l'entraîneur dans l'adoption par le sujet de telle ou telle conception de la compétence.

**Fixation de buts *(goal setting)*** : Procédure visant à influencer et contrôler la nature des buts que se fixe le sujet. La systématisation de ces procédures est née des recherches sur le caractère motivationnel ou anxiogène des différents types de buts, en fonction de leur influence sur les expectations et valences. Burton (1989) a expérimenté des programmes de fixation de buts avec des nageurs de compétition. Les sujets sont entraînés à opter pour des buts de maîtrise plutôt que compétitifs, à court terme plutôt qu'à long terme, spécifiques plutôt que généraux, individuels plutôt que collectifs. Burton obtient par ce programme un renforcement du sentiment de compétence, une réduction de l'anxiété, et une amélioration des performances en compétition.

**Effort consenti** : Variable fréquemment invoquée dans les modèles de la motivation et de la performance, correspondant à l'investissement en ressources, bio-énergétiques ou bio-informationnelles, consenti par le sujet pour réaliser la tâche. Divers termes synonymes sont utilisés dans la littérature : **investissement consenti, effort intentionnel, effort voulu.** Selon Kukla (1972), le niveau d'effort consenti est lié à l'estimation de la difficulté de la tâche à réaliser : dans un premier temps, l'investissement serait proportionnel à la difficulté estimée. Mais au-delà d'une certaine limite au niveau de laquelle le sujet estime ne plus pouvoir faire face aux exigences de la tâche, le niveau d'effort consenti chuterait brutalement.

**Motivation intrinsèque/Motivation extrinsèque** : La motivation intrinsèque est liée aux bénéfices que le sujet pourra tirer directement de son activité : les théories contemporaines insistent à ce sujet sur l'importance du renforcement du sentiment de compétence et d'auto-détermination (Deci, 1975). La recherche des contacts sociaux et la recherche hédonique de sensations constituent également des motifs intrinsèques importants. La motivation extrinsèque renvoie à l'ensemble des récompenses et sanctions ajoutées (salaires, approbations verbales, notes...). Classiquement, on décrit une interférence entre les deux types de motivations : la poursuite de motifs extrinsèques peut nuire à l'atteinte des motifs intrinsèques.

**Attribution causale** : En contraste avec les processus inconscients étudiés par la psychanalyse, la théorie de l'attribution met l'accent sur la psychologie naïve du sujet qui interprète les événements et conduites courantes. Le modèle le plus utilisé est celui de Weiner (1972), distinguant deux dimensions : la stabilité et la localisation des causes (internes ou externes au sujet). Le tableau suivant représente les causalités fréquemment retenues, par croisement des deux dimensions.

| Causalités | Stables | Instables |
|---|---|---|
| Internes | Habileté | Effort |
| Externes | Difficulté | Chance |

En 1979, Weiner enrichit son modèle autour de trois dimensions : la contrôlabilité, la localisation, la stabilité de la cause. La nature des attributions retenues par un sujet pour expliquer sa performance aura une influence certaine sur sa motivation ultérieure. Il est fréquemment reconnu qu'attribuer un échec à une cause interne et stable (l'habileté par exemple) s'accompagne d'une baisse de la motivation, d'un abandon de la tâche et d'un état émotionnel à tonalité désagréable. L'attribution à une cause externe (la difficulté) ou à une cause interne mais instable (l'investissement) n'aura pas les mêmes répercussions.

**Attitude** : Une attitude est une prédisposition à réagir de façon défavorable ou favorable envers un objet donné. Elle constitue une structure interne relativement stable et durable, toujours orientée vers un objet, et s'exprimant au travers d'évaluations (perceptions, opinions), de sentiments (affects, émotions), de conations (intention, désirs) et d'actions (comportements manifestes). Comme l'habileté, l'attitude est une construction hypothétique, inobservable au-delà de ses manifestations verbales ou comportementales (Thomas et Alaphilippe, 1983). La modification des attitudes est une problématique centrale en psychologie sociale. Divers auteurs ont recherché les principes d'efficacité de diverses méthodes, telles que la persuasion, l'autorité, etc. D'une manière générale, les psychosociologues tendent à montrer que la manière la plus efficace de modifier l'attitude consiste à modifier dans un premier temps le comportement, le changement d'attitude intervenant par la suite comme une justification a posteriori du nouveau comportement adopté. Festinger (1957) analyse ce processus dans le cadre de la théorie de la dissonance cognitive*. Ainsi pour Brouillet *et al.* (1990), « *pour amener une personne à changer d'attitude [...], il n'est pas nécessaire de lui administrer, à forte dose, des informations nouvelles. Il serait certainement plus efficace de l'amener à prendre une part active dans des réflexions, des rôles ou des pratiques qui feraient naître une certaine dissonance* ». Le changement d'attitude a pour fonction de réduire la dissonance induite par l'adoption de nouveaux types de comportement. Les fondements de l'attitude apparaissent relativement imperméables à la rationalité consciente. C'est ce qui explique en partie la résistance de l'attitude à la persuasion.

**Affectivité** : « Ensemble des affects, émotions et sentiments éprouvés par l'individu dans des situations variées, l'affectivité renvoie à l'impact et au retentissement émotionnel provoqués chez le sujet par les relations qu'il entretient avec lui-même, autrui et le milieu » (Thomas *et al.*, 1987). L'« affectif » a souvent été opposé au « cognitif », tant dans les discours didactiques que scientifiques. Au-delà des logiques de défense des champs, ce style d'opposition nous semble dépassé : l'affectivité apparaît comme un ensemble de processus à gestion cognitive, et l'on voit de plus en plus se développer des théories cognitives de l'affectivité (voir par exemple les théories de l'anxiété, Martens, Vealey et Burton, 1989).

**Émotion** : L'émotion est un état affectif, déterminé par une situation donnée, et s'exprimant au travers de dimensions physiologiques et cognitives. On peut citer, parmi les émotions les plus courantes : la peur, la colère, l'amour, l'anxiété, etc. L'émotion s'accompagne d'une activation du **système nerveux autonome** (sympathique et parasympathique), se traduisant par des symptômes tels que l'accélération des fréquences cardiaque et respiratoire, l'assèchement de la bouche, l'accroissement de la sudation, le « point à l'estomac », etc. Sur le plan cognitif, l'émotion s'exprime au travers d'évaluations, de sentiments ou de conations. Diverses théories ont été élaborées pour rendre compte du rôle des facteurs physiologiques, situationnels et cognitifs dans le déclenchement de la réaction émotive. Les théories contemporaines lient la réaction émotive à une évaluation cognitive du niveau d'activation, en fonction de la situation (Schachter, 1971 ; Schachter & Singer, 1962). En d'autres termes, la situation déclencherait de manière automatique un accroissement indifférencié du niveau d'activation. Le sujet chercherait alors à identifier les causes de cet accroissement, et étiquetterait son émotion à la suite de ce processus évaluatif. Schachter a ainsi montré qu'un accroissement artificiellement induit du niveau d'activation pouvait déboucher sur des réactions émotives de colère ou d'euphorie, en fonction d'une manipulation expérimentale de ce processus d'évaluation. L'émotion apparaît de ce fait comme une réaction construite.

**État d'anxiété** : « État émotionnel caractérisé par des sentiments d'appréhension et de tension, et associé à l'activation de l'organisme. L'état d'anxiété est lié à des affects négatifs » (Martens, Vealey et Burton, 1990). L'état d'anxiété est momentané, et lié à la situation présente. Les modélisations récentes de l'anxiété distinguent deux dimensions relativement indépendante : il s'agit d'une part de l'**anxiété cognitive,** qui serait une composante mentale de l'anxiété, caractérisée par des expectations et/ou des autoévaluations négatives. L'anxiété cognitive renvoie à la sphère des représentations. On distingue d'autre part l'**anxiété somatique**, qui « renvoie aux éléments physiologiques et affectifs de l'anxiété, dérivant directement de l'activation. L'anxiété somatique s'exprime au travers de réactions telles que l'accélération du rythme cardiaque, le souffle court, les mains moites, le point à l'estomac, les tensions musculaires » (Martens, Vealey et Burton, 1989).

Selon les approches contemporaines, l'anxiété serait liée à une évaluation cognitive de la situation. L'état d'anxiété serait lié à la perception d'une menace *(threat)*, déterminée d'une part par l'incertitude de l'issue de la situation (par exemple le résultat dans une compétition sportive), et d'autre part par l'importance que revêt cette issue pour le sujet. On retrouve à ce niveau la logique globale des modèles expectation-valence*. La magnitude de l'état d'anxiété sera en outre déterminée par le niveau d'anxiété-trait* caractérisant le sujet (pour une revue, voir Delignières, 1993).

**Stress** : Le terme de stress renvoie, suivant les auteurs, à divers niveaux d'acception. Selon certains, il décrit le stimulus extérieur à l'origine de la réaction. D'autres préfèrent parler à ce niveau de **stresseurs**. Pour d'autres encore, le stress constitue la réponse de l'organisme, aux niveaux physiologique (activation) et psychologique (anxiété, agression, dépression), à une agression extérieure. Enfin pour d'autres le stress constitue le processus qui conduit du stimulus à la réaction. La nature des événements susceptibles de générer un stress est très diverse : catastrophes naturelles, guerre, accidents, perte de personnes proches, conditions de travail, compétition sportive, etc. La réaction de stress est déterminée par une évaluation cognitive de la situation, sur le modèle de celle qui a été décrite pour l'anxiété. L'incertitude perçue des stresseurs, les possibilités de contrôle de la situation qu'entrevoit le sujet constitue des déterminants majeurs de l'importance du stress et des possibilités du sujet de s'en accomoder.

L'étude du stress est liée à celle de l'anxiété, mais s'en démarque en ce que le stress a tendance à s'installer dans la durée, et à avoir des répercussions conséquentes sur l'état physiologique et la santé de l'individu. Selye (1976) estime que quelle que soit la nature du stresseur (danger physique, événement important, maladie), la réaction de l'organisme peut être décrite de manière invariable sous la forme d'un **syndrome général d'adaptation**. Ce dernier comprend trois phases : la réaction d'alarme est caractérisée par un accroissement de l'activité de la division sympathique du système nerveux autonome, et par l'adoption de comportements adaptatifs de lutte ou de fuite. Il s'agit d'une réaction très coûteuse, qui ne peut être maintenue longtemps. Si le stresseur n'est pas éliminé, le sujet entre en phase de résistance, dans laquelle le degré d'activité du système sympathique va légèrement diminuer : le sujet va alors tenter de gérer son adaptation sur le long terme. Enfin si le stresseur est toujours présent, le sujet peut entrer en phase d'épuisement, dans laquelle les réactions physiologiques peuvent être inversées. Les défenses immunitaires de l'organisme peuvent alors chuter de manière spectaculaire.

On utilise le terme de **coping** pour désigner l'ensemble des stratégies mises en œuvre par l'individu en réaction à une situation stressante. Ce terme, qui vient du verbe *to cope with...* (faire face à...), n'a pas encore trouvé de traduction satisfaisante et est souvent utilisé comme tel par les auteurs francophones. Les individus sont inégaux dans leurs possibilités de s'accomoder du stress : d'une manière générale, les sujets présentant des attentes d'efficacité* (*self-efficacy*) élevées et un locus de contrôle interne, résistent mieux au stress. On peut également rappeler que la typologie type A/type B* a été élaborée pour rendre compte de la propension des sujets aux accidents cardio-vasculaires, notamment en situation de stress.

# 5

# La dimension énergétique

Deux niveaux de connaissance, qui répondent à des logiques de constitution différentes, décrivent la dimension énergétique. Le premier se situe au niveau du comportement directement observable, et débouche sur la définition de qualités physiques. Le second se réfère aux composantes fonctionnelles sollicitées par la performance, et renvoie au concept d'aptitude physique. Ces deux niveaux attribuent au vocabulaire un sens spécifique lié au lieu et à la logique de constitution des savoirs. La relation directe qui est parfois établie entre ces deux niveaux d'approche est la source de nombreuses ambiguïtés, d'inférences erronées ou d'interprétations hâtives qui rendent difficile ou trop schématique la description et la compréhension de la dimension énergétique.

## Les qualités physiques

De caractère global, elles constituent les facteurs de la performance, elles englobent, sans les confondre, les composantes de l'aptitude physique, leurs définitions se rapportent toutes à une méthode de développement (Zatsiorsky, 1966 ; Pradet, 1989). Les définitions actuelles n'ont guère évolué depuis celles publiées par Zatsiorsky en 1966. Parfois même, elles se retrouvent sous des noms différents (ex : capacités conditionnelles, Manno, 1992). La définition des qualités physiques de Pradet (1989) à partir des concepts d'habileté et d'aptitude souligne la difficulté d'établir des inférences causales entre la modification des composantes fonctionnelles de l'aptitude physique et celle des qualités physiques. Les plus fréquemment évoquées sont la vitesse, la force, l'endurance et la résistance.

**Vitesse** : « Faculté d'effectuer des actions motrices dans un espace de temps minimal » (Zatsiorsky, 1966). On distingue dans le développement de cette qualité, l'amélioration de la vitesse de réaction à un signal, de la fréquence gestuelle et de la faculté d'acquérir et de maintenir la plus grande vitesse possible, ces trois catégories reposent sur des supports fonctionnels différents.

**Force** : « Faculté de vaincre des résistances extérieures ou de s'y opposer grâce à des efforts musculaires » (Zatsiorsky, 1966). Cette définition se différencie de la notion de force au sens mécanique du terme. La classification des différentes formes de force est réalisée en référence à une forme de travail musculaire. Aussi, on distingue une force « statique » lorsque le régime de travail musculaire est isométrique (la résistance extérieure est supérieure à la force musculaire), et une force « dynamique » correspondant à un travail anisométrique avec réduction de longueur ou avec allongement (régime plyométrique).

**Endurance** : « Faculté d'effectuer pendant longtemps une activité quelconque sans qu'il y ait baisse de son efficacité » (Zatsiorsky, 1966). Cette définition, à l'époque originale, est communément admise actuellement, mais elle remet en question l'existence de l'endurance comme qualité physique (Legros et Pradet, 1991). Ainsi, elle recouvre différentes modalités. Selon que l'on se rapporte à la masse musculaire, on parle d'endurance locale ou globale ; au métabolisme impliqué, endurance aérobie ou anaérobie ; au type de contraction musculaire, endurance statique ou dynamique, et même à la qualité physique, endurance de force ou de vitesse. Dans le domaine de l'entraînement elle est souvent confondue avec l'endurance du métabolisme aérobie et se rapporte à une méthode de son développement.

**Résistance** : Dans la classification des qualités physiques, le terme de résistance est classiquement utilisé. Son sens se rapporte directement à une terminologie d'entraînement. Cette catégorisation qui repose sur des conceptions anciennes, dont la validité est remise en question, décrit des efforts qui correspondent, dans l'idée des auteurs, à la mise en jeu du métabolisme anaérobie lactique. On la définit comme la « capacité à endurer la fatigue » (Larousse). La définition de la résistance recouvre donc celle de l'endurance, et reste employée dans les manuels d'entraînement qui distinguent une résistance « vitesse » et une résistance « endurance » (Cottereau, 1980, Goriot, 1980). Cette distinction se réfère à une schématisation sommaire de la sollicitation du métabolisme anaérobie. Chez ces auteurs, des niveaux de fréquences cardiaques définissent les intensités d'effort préconisées pour l'entraînement à la résistance.

# L'aptitude physique

Les savoirs relatifs aux composantes de l'aptitude physique sont construits en laboratoire et empruntent le vocabulaire du champ scientifique de référence, de nombreuses analogies existent par le passage des termes dans l'un ou l'autre de ces champs. Classiquement on distingue une dimension énergétique liée à la production d'énergie métabolique (**l'aptitude énergétique**) et une dimension liée à la production d'énergie mécanique (**l'aptitude biomécanique**). Dans le mouvement la mise en jeu de ces deux aptitudes est conjointe. Néanmoins les mécanismes sous-jacents à une relation entre ces deux dimensions restent peu clairs et de nombreux travaux montrent la difficulté de relier la dépense énergétique à la production d'énergie mécanique (Kaneko, 1990 ; Van Ingen Shenau & Cavanagh, 1990, Martin *et al*, 1993).

## Aptitude biomécanique

Le langage utilisé dans ce champ se fonde sur la définition d'une part, des variables mécaniques et d'autre part des modalités de l'activité. Dans ce cadre, ces termes prennent un sens spécifique relatif à la contraction musculaire. Par ailleurs, l'aptitude biomécanique est envisagée aux différents niveaux de production d'énergie mécanique, du niveau local du muscle à celui très global du mouvement. Les savoirs construits sont donc strictement spécifiques au niveau d'étude. Ainsi les résultats des études réalisées sur le muscle *in vitro* ne sont pas directement transférables sur le muscle *in situ* ou au niveau général de l'organisme. Enfin une terminologie particulière est liée aux méthodes de description et de mesure de cette aptitude.

Les principales variables mécaniques utilisées sont la vitesse, la force, le travail et la puissance.

**Vitesse** : Rapidité à laquelle se meut un corps d'un lieu à un autre. On distingue la vitesse instantanée et la vitesse moyenne (unités $m/s^{-1}$, $km/h^{-1}$).

**Force** : La force est toute cause capable de modifier l'état de repos ou de mouvement d'un corps elle est définie par une intensité, une direction, un point d'application. Son unité d'expression est le Newton. Le Newton est la force qui donne à une masse de 1 kg une accélération de 1 $m/s^{-1}$.

**Travail** : Quand une force agit sur un corps, le travail effectué est égal au produit de la distance parcourue dans la direction de la force qui lui est appliquée (unité : le joule).

**Puissance** : La puissance exprime le rapport entre le travail exécuté et le temps, il correspond également à la combinaison de la force et de la vitesse (unité : le watt).

En ce qui concerne les modalités d'activité, un premier niveau de distinction est réalisé en fonction du type de contraction musculaire.

**Contraction musculaire** : La contraction est dite **isométrique** lorsque la force musculaire est égale à la force extérieure. Celle-ci peut être brève ou maintenue (Monod et Flandrois, 1989). On parle de **contraction anisométrique** lorsque la force musculaire est différente de la force extérieure. Dans ce cadre, si la force musculaire est supérieure à la force extérieure, on parle de **contraction concentrique ou myométrique**, lorsque la force musculaire est inférieure à la force extérieure, la contraction est dite **excentrique ou plyométrique**. Enfin, dans les contractions anisométriques, lorsque la vitesse du mouvement est constante, on parle de **contraction isocinétique**. Ce type de contraction est fréquemment utilisé pour l'entraînement et l'évaluation des sportifs. On définit dans tous les cas le niveau d'intensité de la contraction en fonction du nombre d'unités motrices sollicitées. On différencie ainsi une **contraction maximale** mobilisant la totalité ou une **contraction sous-maximale** ne mobilisant qu'une partie des unités motrices.

Une seconde distinction se réfère donc au type de travail mécanique.

**Travail mécanique** : « Activité résultant de la répétition ou de la prolongation de contractions d'un ou plusieurs groupes musculaires » (Monod et Flandrois, 1989). **Le travail statique** correspond à des contractions isométriques alors que **le travail dynamique** correspond à des contractions anisométriques.

**Travail local, régional ou global** : La troisième distinction se réfère à la masse musculaire impliquée dans l'exercice. Selon le nombre de muscles mis en jeu, on parle de travail local, régional ou global (Monod et Scherrer, 1960).

**Régime critique de travail** : Le régime définit un niveau de travail. Le régime critique est le régime le plus élevé que l'on peut maintenir sans fatigue (Monod et Flandrois, 1989). On peut ainsi définir dans les caractéristiques du travail musculaire une **force critique** (travail statique) et une **puissance critique** (travail dynamique) et, dans la description du déplacement, une **vitesse critique**.

**Temps limite-Travail limite** : Lors d'exercices dont le régime est d'intensité supérieure à celle du régime critique, un « seuil d'épuisement » est atteint caractérisé par une durée de travail (temps limite) ou une quantité de travail (travail limite, Monod et Flandrois, 1989). Sherrer *et al* (1954) ont montré que l'on pouvait faire une relation entre ces indices et la performance dans un exercice monoarticulaire. Ensuite cette relation a été étendue aux exercices polyarticulaires (Ettema, 1966 ; Le Chevalier *et al*, 1989 ; Vandewalle *et al*, 1989) ou encore à l'analyse des temps records (Perronnet & Thibault, 1989). Néanmoins dans ce dernier cas, la construction de ce modèle est liée à de nombreux a priori méthodologiques qui rendent son application difficile.

**Biomécanique musculaire** : Les trois propriétés du muscle sont l'**excitabilité**, l'**élasticité**, la **contractilité** (Monod et Flandrois, 1989). Le muscle est dit excitable car il répond de façon spécifique à la stimulation, il est élastique car il se laisse déformer sous l'effet d'une force et reprend son état initial, et enfin, il est contractile car il a la possibilité de se raccourcir. Ce dernier terme semble impropre car le muscle n'a pas toujours la possibilité de se raccourcir (Monod et Flandrois, 1989).

**Vitesse de contraction** : Elle décrit la vitesse de glissement entre les filaments d'actine et de myosine, et dépend de la quantité d'énergie fournie. On distingue deux types de fibres musculaires : des **fibres rapides** également appelées blanches ou II. Elles sont principalement impliquées dans les mouvements brefs ou très intenses, et des **fibres lentes** également appelées rouges ou I ; la distinction est autant énergétique que biomécanique (Howald et Wasserman, 1988).

**Force musculaire** : Elle représente la transformation de l'énergie en une force produite par le muscle et transmise à l'ensemble ostéo-tendineux pour se manifester dans le milieu extérieur (Legros et Rieu, 1990). Elle dépend du nombre de fibres musculaires recrutées ainsi que des dimensions de celles-ci.

Deux modèles sont utilisés pour décrire la biomécanique musculaire : le diagramme tension-longueur et le diagramme force-vitesse.

**Diagramme force tension-longueur** : Le diagramme tension-longueur établit la relation entre la force que peut développer un muscle et son allongement de part et d'autre de sa longueur de repos. Ce diagramme diffère selon le type de muscle envisagé ou selon le nombre d'articulations que croise le muscle.

**Diagramme force-vitesse** : Ce diagramme décrit la relation entre la vitesse de raccourcissement du muscle et la force qui lui est exercée. Cette notion ancienne qui date des travaux de Hill (1938) a été définie sur le muscle isolé. Ce diagramme diffère selon le type de muscle (rapide ou lent) et sa structure. Dans le muscle *in vivo*, cette relation a été retrouvée lors des mouvements monoarticulaires et polyarticulaires. Néanmoins, lors de mouvements complexes, de nombreux facteurs méthodologiques sont à prendre en compte pour l'interprétation de ce diagramme (Vandewalle, 1992).

**Énergie mécanique** : À l'échelon global de l'organisme, l'énergie mécanique nécessaire à la production du travail reflète à la fois les composantes énergétiques liées à chaque segment, mais également le rendement du transfert énergétique entre les différents segments (Aleshinski, 1986 ; Winter, 1979). De nombreux auteurs ont proposé différents modèles de calcul de l'énergie mécanique. Les modes de calcul de l'énergie mécanique représentent la cause la plus fréquente de la difficulté à interpréter les études qui analysent le rendement du mouvement. Les différences entre les résultats calculés par les différentes procédures sont importantes, et les variations qui peuvent être du simple au quintuple rendent difficile toute généralisation des résultats, indépendamment de la méthodologie de calcul (Pierrynowski *et al*, 1980).

**Électromyographie** : « Technique d'étude des phénomènes électriques de la contraction musculaire » (Monod et Flandrois, 1989). Le signal E.M.G. est le reflet de la qualité et de la quantité de l'activité myoélectrique. Ce signal est fréquemment traité à partir des méthodes de spectrographie physique qui permettent de différencier des fréquences en fonction de leur importance. On parle alors d'**analyse spectrale**. L'électromyographie est utilisée au niveau du muscle, pour l'étude du mouvement ou encore des phénomènes de fatigue. Dans tous les cas, les résultats obtenus sont directement liés à méthodologie expérimentale mise en œuvre et ne peuvent être généralisés de façon systématique.

**Analyse cinétique** : Les variables cinétiques sont relatives à la mesure de la force. Plusieurs techniques peuvent être mises en œuvre pour mesurer des variables cinétiques. Une des plus fréquentes est la mesure à partir d'une plate forme de force.

**Analyse cinématique** : Les variables cinématiques décrivent les mouvements des corps, en dehors des forces qui les produisent (vitesse, distance de déplacement ; Winter, 1979). Plusieurs mesures directes et indirectes sont utilisées pour décrire le mouvement. Dans les gestes cycliques la mesure directe la plus utilisée consiste à enregistrer la fréquence du geste. Les valeurs des angles entre les différents segments corporels, ainsi que les accélérations de ces segments, peuvent être obtenues respectivement à partir d'un **goniomètre** et d'un **accéléromètre**. Ces mesures sont immédiatement accessibles à l'expérimentateur. Par contre, elles présentent l'inconvénient d'être locales et incomplètes.

Les procédures indirectes utilisent les données issues d'images du mouvement. La méthodologie d'analyse du mouvement, à partir de la digitalisation d'images, a fait l'objet de nombreuses recherches, et la validité des mesures est liée à une grande rigueur dans les différentes étapes de l'expérimentation (Mottet *et al*, 1992 ; Winter, 1979). Les paramètres mesurés par cette technique peuvent être des paramètres temporels ou spatiaux. Les indices spatiaux renseignent sur la position d'un point mais en aucun cas sur la dynamique du mouvement. Chacun d'entre eux est associé à des indices temporels d'accélération, de vitesse. Ces derniers paramètres sont les plus sensibles à l'erreur instrumentale liée à la technique d'analyse (Mottet *et al*, 1992, Winter, 1979). Dans tous les cas une erreur importante est liée à la technique de repérage des points anatomiques.

Le **décours d'un point** représente son trajet sur un axe vertical (y) ou horizontal (x). Il est exprimé en cm. L'oscillation verticale du centre de gravité représente le décours de ce point sur l'axe vertical. La **poulène d'un point** représente le tracé paramétrique d'un point selon deux axes (x et y). Elle est exprimée en cm. Dans la course à pied les poulènes du pied et des bras sont classiquement mises en rapport avec la dépense en énergie métabolique. Néanmoins cette relation n'a pas été validée expérimentalement (Williams, 1985). Le **calcul d'un angle**, lors de l'analyse cinématique, est réalisé à partir des coordonnées des repères anatomiques. Par convention, le calcul de l'angle s'effectue par rapport à la position horizontale.

Bien que ces mesures ne fassent pas directement partie de la dimension biomécanique, la plupart des mesures biomécaniques utilisent des mesures anthropométriques. Dans ce cadre la mise en relation des paramètres anthropométriques et des paramètres biomécaniques aboutit à la construction d'indices qui permettent d'expliquer la dynamique du mouvement. Ces relations sont en majeure partie de type allométrique.

**Relation allométrique** : Une équation allométrique exprime la relation entre deux indices selon une fonction puissance de type Y = BXa. Si a est égal à 1, la relation est isométrique, si a est différent de 1, la relation est dite allométrique. Lors du passage de la marche à la course, Alexander (1991) indique que le passage d'une allure à une autre, s'effectue selon les tailles des espèces, pour des valeurs identiques du **nombre de Froude**. Ce nombre exprime, dans une équation allométrique, le rapport entre la vitesse de déplacement et la longueur des membres.

**Fréquence de résonance** : La nature périodique de la locomotion permet de l'approcher à partir d'un mécanisme oscillatoire simple ou complexe. Ce modèle prédit une fréquence caractéristique qui est la fréquence de résonance (**FDHO**) en fonction des dimensions des éléments du système (Kugler et Turvey, 1987 ; Holt *et al*, 1990).

## Aptitude énergétique

Cette aptitude repose sur la fourniture de l'énergie nécessaire au mouvement, la contraction musculaire est permise par la libération d'énergie à partir de l'hydrolyse de **l'A.T.P.**, la reconstitution de l'A.T.P. se réalise à travers des **voies métaboliques** à partir de **substrats énergétiques**.

**Voie métabolique** : Système biochimique de dégradation des substrats énergétiques assurant la synthèse de l'A.T.P. La reconstitution de l'A.T.P. se réalise au moyen d'un transfert d'énergie appelé **phosphorylation.** Lorsque le mécanisme de phosphorylation s'effectue par l'intermédiaire d'oxygène, le métabolisme est **aérobie.** Dans le cas contraire il est **anaérobie.**

**Substrats énergétiques** : L'énergie qui permet la reconstitution de l'A.T.P. est obtenue par l'oxydation des glucides, lipides et protides. Ce sont les substrats énergétiques. La dégradation d'un substrat est appelée **lyse.** On parlera donc selon les cas de **glycolyse, lipolyse, protéolyse.** Seule la glycolyse peut se réaliser dans des conditions aérobies ou anaérobies. Cette distinction formelle différencie la **glycolyse anaérobie** de la **glycolyse aérobie**.

Chaque métabolisme aérobie ou anaérobie représente un système fonctionnel caractérisé par sa capacité, sa puissance et son temps de latence. On peut donc décrire une aptitude anaérobie et une aptitude aérobie. Dans tous les cas, les caractéristiques de ces aptitudes sont identifiées par des indices directs ou indirects.

**Aptitude aérobie** : L'aptitude aérobie repose sur la mise en jeu des processus oxydatifs. Dans le métabolisme aérobie, toutes les réactions dépendent de l'approvisionnement en oxygène. Aussi, la mesure de la consommation d'oxygène permet une évaluation du métabolisme énergétique par spirométrie.

Lors de l'exercice musculaire, l'intensité de l'effort peut être caractérisée par rapport à la sollicitation des processus aérobies. Un effort est dit **maximal** lorsque la puissance en énergie nécessaire à la réalisation de l'exercice est égale à la puissance maximale du système aérobie. Un effort est dit **sous maximal** lorsque la puissance en énergie nécessaire à la réalisation de l'exercice est inférieure à la puissance maximale du système aérobie. Un effort est dit **supra maximal** lorsque la puissance en énergie nécessaire à la réalisation de l'exercice ne peut être soutenue par les voies oxydatives.

**Processus oxydatifs** : La dégradation des substrats énergétiques aboutit à une libération d'ions hydrogènes. Dans la mitochondrie, un transfert d'électrons se produit, et l'oxygène intervient en fin de chaîne pour se combiner à l'hydrogène et former de l'eau. Ce processus, qui permet la reconstitution d'A.T.P. par phosphorylation oxydative, est appelé processus oxydatif, et définit le métabolisme aérobie.

**Puissance maximale aérobie** : Elle représente la mesure de la puissance maximale du métabolisme aérobie. Elle est estimée à partir de la mesure de la quantité maximale d'oxygène consommée par unité de temps ou VO2 max ou par la mesure de paramètres mécaniques. Elle se différencie de la puissance maximale de travail en condition aérobie, que l'on appelle P.M.A.

**VO2 max** : En réalité VO2 max correspond à la mesure du prélèvement maximal d'oxygène (Vandewalle et Friemel, 1989). Il est exprimé en $lO2.mn^{-1}$ ou rapporté au poids corporel en $mlO2.kg^{-1}.mn^{-1}$. Le mode d'expression en $mlO2.kg^{-1}.mn^{-1}$ pourrait être responsable des différences de VO2 max enregistrées entre adultes et enfants. Dans ce cadre, Bergh *et al.* (1991) préfèrent une relation allométrique entre le O2 et le poids et expriment VO2 max en $mlO2.kg^{-0,75}.mn^{-1}$. La détermination de VO2 max est soit directe en laboratoire, soit indirecte par l'intermédiaire de tests de terrain sub-maximaux (Astrand et Ryhming, 1954), maximaux continus (Cooper, 1968) ou progressifs (Leger et Boucher, 1980 ; Brue *et al.*, 1988). Cette estimation indirecte présente plusieurs sources d'invalidité qui sont : l'incertitude sur le coût énergétique individuel de l'exercice, le niveau de participation du métabolisme anaérobie, et l'incertitude liée à la détermination de la fréquence cardiaque maximale (Vandewalle et Friemel, 1989).

**P.M.A.** : La puissance maximale de sollicitation du métabolisme aérobie correspond à une puissance mécanique de travail ; elle est également appelée PMA ou VMA en course à pied. Cet indice, qui sert de référence dans l'exposé de nombreuses procédures d'entraînement, est lié à son mode de calcul. Dans certains cas PMA correspond à la puissance à laquelle VO2 max est atteint (ex : Leger et Boucher, 1980) au rapport entre VO2 max et le coût énergétique (ex : Lacour 1990, 1992) ou à la puissance pour laquelle le métabolisme aérobie n'est plus prédominant (ex : Rieu, 1990). Par ailleurs, dans le premier cas lorsque PMA correspond à la puissance à laquelle a été atteint VO2 max, le type de protocole induit une variation de cette valeur. Ces différences peuvent aboutir à d'importantes erreurs de mise en œuvre des procédures d'entraînement lorsque le mode de calcul de PMA n'est pas défini.

**Capacité aérobie** : Elle correspond à la quantité maximale d'énergie qui peut être fournie par le métabolisme aérobie au cours d'un effort prolongé, elle est souvent localisée au niveau de la zone de transition entre le métabolisme aérobie et anaérobie (Joussellin et Legros, 1990). De cette valeur dépend la durée maximale pendant laquelle peut être soutenu un exercice aérobie ; elle représente de ce fait l'**endurance**

**aérobie** du sujet ; elle est exprimée en pourcentage de VO2 max et est appelée **fraction maximale d'utilisation de VO2 max (Fmax.VO2 max** ; di Prampero, 1986).

**Aptitude anaérobie** : Les composantes de l'aptitude anaérobie sont encore mal définies. Lors de l'évaluation de cette aptitude, on différencie la puissance de la capacité anaérobie. Dans ce cadre l'exploration de ce métabolisme a été pendant longtemps uniquement réalisée à partir de méthodes indirectes basées sur la mesure de la lactatémie et de la consommation d'oxygène. Depuis quelques années, l'introduction de nouvelles méthodes permet une approche directe par la biopsie musculaire ou la spectrométrie R.M.N.

**Biopsie musculaire** : Cette technique introduite par Bergström (1975) permet d'estimer l'état métabolique à partir de la mesure sur broyât de muscle. Cependant l'utilisation de cette méthodologie pour approcher la puissance anaérobie est contestable. Les 20 à 40 mg de muscle prélevés n'étant pas représentatifs du muscle entier (Vandewalle et Friemel, 1989).

**Spectrométrie R.M.N.** : La spectrométrie donne accès à la distribution spatiale des molécules biologiques. Les noyaux atomiques peuvent absorber des ondes électromagnétiques. L'absorption et la rémission ultérieure de cette onde dépend du type de noyau et se trouve à la base du phénomène de résonance magnétique nucléaire (R.M.N.) (Legros *et al*, 1988). Cette méthode permet de suivre les variations des composés intracellulaires.

**Déficit d'oxygène** : Au cours de l'exercice lorsque la demande énergétique est supérieure à celle qui peut être fournie par les voies oxydatives on parle de déficit d'oxygène. On différencie un déficit initial lié à la latence de la mise en jeu du système de transport de l'oxygène et un déficit lié la différence entre la demande énergétique de celle qui pourrait être fournie par les voies oxydatives lors de l'effort supramaximal (Lacour, 1992). La mesure de la capacité anaérobie à partir du déficit d'oxygène est classique depuis Medbö *et al* (1988). Saltin (1990) considère que cette méthode est la seule valide pour mesurer cette caractéristique du métabolisme anaérobie. Néanmoins la méthodologie mise en œuvre pour calculer cet indice constitue la source d'une grande variabilité des résultats. Par ailleurs, la relation entre le déficit d'oxygène et la capacité anaérobie reste peu claire (Green et Dawson, 1993).

**Dette d'oxygène** : « Après un exercice, lorsque la consommation d'oxygène reste supérieure à sa valeur de repos alors que le travail mécanique est nul, on parle de dette d'oxygène » (Lacour, 1992). Le terme de dette qui suppose la compensation d'un déficit est ambigu. Il est actuellement remplacé par celui d'**EPOC** (Excess Post exercise Oxygen Consumption). Néanmoins, il existe de nombreuses critiques qui remettent en cause la validité de cet indice pour quantifier l'intervention du métabolisme anaérobie (Cerretelli, 1988 ; Green et Dawson, 1993).

**Lactatémie** : Elle exprime l'apparition de lactate à partir du pyruvate lors de la dégradation du glucose dans la voie anaérobie, on mesure une lactatémie sanguine qui n'est pas l'exact reflet de ce métabolisme et qui semble encore très difficile à maîtriser dans son intégralité. (Poortmans, 1986). La mesure de la valeur maximale de lactatémie en fin d'exercice ou **pic de lactate** est classiquement utilisée pour évaluer le niveau d'intervention du métabolisme anaérobie en laboratoire ou sur le terrain (Schnabel et Kindermann, 1983, Lacour *et al*, 1990). Bien que la lactatémie constitue une valeur de référence dans le suivi de l'entraînement des sportifs, la validité de cette mesure pour estimer le degré d'intervention du métabolisme anaérobie reste cependant très controversée (Green et Dawson, 1993).

**Zone de transition aérobie-anaérobie** : La détermination de cette zone est couramment utilisée pour le suivi et la conduite de l'entraînement (Joussellin *et al*, 1984). Dans la pratique, elle est liée à la détermination de seuils. Ces seuils permettent de déterminer le moment à partir duquel le métabolisme aérobie ne suffit plus à fournir l'énergie nécessaire à l'organisme. L'idée de l'existence d'un seuil reste cependant sujette à caution (Rieu, 1986) qui peut être attribuée, pour une part à une traduction stricte de la notion anglaise plus large de « threshold ». Les indices qui permettent la détermination de ces seuils sont ventilatoires, sanguins ou cardiaques. Les méthodes de calcul des seuils se différencient en fonction de leur objectif. Soit elles tentent d'objectiver le début de l'augmentation de la lactatémie au-dessus de sa valeur de repos, soit elles objectivent une lactatémie d'état stable (Rieu, 1986). Aussi l'utilisation pour l'entraînement d'une puissance de travail correspondant à un seuil dépend directement de son mode de calcul et de la validité de cet indice. Dans tous les cas, une utilisation stricte de cette puissance est erronée.

**Seuil anaérobie ventilatoire** : Cette notion est due à Wassermann (1973). Lors d'un effort progressivement croissant, on observe une augmentation du débit ventilatoire (VE), du rapport (VE/VO2), alors que la relation puissance de travail reste linéaire. L'intensité de l'effort correspondant est appelé seuil anaérobie ventilatoire.

**Seuil aérobie lactique** : Pour le même type de protocole Kindermann (1979) définit un point où la lactatémie s'élève au-dessus de sa valeur de repos. Une valeur fixe arbitraire de 2mmol.$l^{-1}$ lui est attribuée, on parle aussi du seuil de 2mmol. La comparaison entre le seuil anaérobie ventilatoire et le seuil aérobie lactique présente des résultats contradictoires et la question reste posée d'une identité de nature ou d'une simple coïncidence conjoncturelle (Rieu, 1986).

**Seuil anaérobie lactique** : Ce seuil est déterminé à partir de plusieurs protocoles d'efforts à puissance constante. Le seuil anaérobie correspond à la puissance de l'exercice pour lequel la lactatémie n'est plus stable, c'est-à-dire lorsque sa production excède sa consommation. Pour ce « seuil » intitulé également **OBLA** (Onset Blood Lactate Accumulation), Mader *et al* (1976) ont fixé, à partir d'un échantillonnage statistique, une valeur de lactatémie égale à 4 $mmol.l^{-1}$. Aussi, il est important de considérer que la valeur de stabilité de la lactatémie peut être différente de 4 mmol selon les sujets.

À l'interface entre la dimension biomécanique et énergétique se trouve définie l'efficience du sujet. Le mode d'approche et d'étude de cette aptitude dépend de sa détermination. Dans la littérature, la grande profusion d'indices de l'efficience rend difficile l'interprétation et la synthèse des résultats expérimentaux.

**Efficience** : Dans les activités de locomotion, l'efficience du sujet est définie comme le rapport entre le travail mécanique et l'énergie consommée. La mesure de cet indice repose sur deux modes d'approche différents qui considèrent soit le travail mécanique produit pour une énergie métabolique consommée, on parle alors de **rendement**, soit l'énergie consommée pour un travail utile produit, on parle alors de **coût énergétique**. La distinction entre ces deux indices de l'efficience du sujet est nécessaire. Nous pouvons en effet remarquer, d'une part que le rendement considère le travail mécanique produit lors du mouvement alors que le coût énergétique prend en compte le travail mécanique utile produit (en course à pied : la vitesse de déplacement), d'autre part, ces indices évoluent en sens inverse. La définition et le mode de calcul des deux grandeurs du rapport présentent de nombreuses variations qui sont la source d'ambiguïté dans l'interprétation des résultats expérimentaux (Brisswalter, 1994).

**Fatigue** : Dans l'étude de la dimension énergétique un terme tient une place à part, celui de fatigue. Dans de nombreux écrits la confusion est faite entre fatigue et sollicitation des processus énergétiques. La définition de la fatigue la plus communément admise est celle de Bigland, Ritchie et Woods (1984) : « Réduction de la capacité à générer une force ou un couple de force ». Classiquement on distingue une fatigue centrale et une fatigue périphérique (Kirkendall, 1990). La **fatigue centrale** repose sur une altération de la motivation, de la transmission des commandes du système nerveux. Il semble que la fatigue centrale n'intervient que peu dans la baisse des performances (Bigard et Guézennec, 1993). La **fatigue périphérique** se traduit par un ralentissement de la vitesse de conduction au niveau du muscle et une altération des processus liés à la contraction musculaire, particulièrement un déficit dans la reconstitution de l'A.T.P. (Kirkendall, 1990).

# 6

# La didactique

**Éducation physique** : Il serait illusoire de rechercher une définition universelle et an-historique de l'éducation physique. La discipline évolue, dans ses conceptions et ses objectifs, avec l'ensemble du système éducatif et la société dans son ensemble. De plus, en fonction de leur positionnement institutionnel et/ou de leurs pré-supposés théoriques, les auteurs mettent l'accent sur certains aspects, et proposent des définitions contrastées. Mialaret (1979) en propose ainsi une définition minimale et institutionnelle, en tant que « discipline incluse dans les programmes d'enseignement, grâce à laquelle l'élève entretient, développe particulièrement ses qualités motrices et corporelles ». Colombier (1989) propose la définition suivante : « à l'intérieur de l'ensemble éducation, [l'éducation physique est] le sous-ensemble qui comprendrait la totalité des processus qui permettraient à un individu de passer d'un état d'indifférenciation motrice donné à un état de différenciation (donc d'intégration) motrice défini, à un moment donné de son évolution ». Cette définition a pour but de positionner l'éducation physique par rapport à une « éducation intellectuelle ». On peut se demander si le développement récent des connaissances sur le fonctionnement du système cognitif d'une part, et l'évolution actuelle de l'éducation physique d'autre part, ne rendent pas cette dichotomie hasardeuse.

Une définition marquante est apportée par Parlebas (1981), selon lequel l'éducation physique serait une « pratique d'intervention qui exerce une influence sur les conduites motrices* des participants en fonction de normes éducatives implicites ou explicites ». Cette proposition est marquée par le concept de conduite motrice, qui représenterait, selon l'auteur, l'objet* de l'éducation physique. Ici encore, l'évolution même de l'éducation physique, sur le terrain, questionne l'objet proposé. Par exemple, la définition explicite par les enseignants d'objectifs de méthode et d'attitude, parfois la centration des projets pédagogiques, dans certaines zones difficiles, sur ces objectifs transdisciplinaires, montre que si la référence sinon motrice, du moins sportive, demeure, l'éducation physique tend à diversifier ses objets.

Par ailleurs, cette définition distribue clairement les rôles respectifs des discours normatifs et scientifiques. L'éducation physique « est une discipline d'intervention normative, et ne peut être une science. Elle peut néanmoins devenir de plus en plus scientifique » (Parlebas, 1981). Nous reviendrons sur ce thème épistémologique à propos de la didactique. On peut noter que cette exigence de rationalité apparaît précocement dans l'histoire de la discipline, avec la revendication du statut de méthode.

La redéfinition récente des objectifs de la discipline (Pineau, 1991) précise les contours de l'éducation physique actuelle. Elle apparaît comme une discipline d'enseignement visant simultanément le développement et l'enrichissement des ressources requises dans les situations motrices, l'appropriation des fondements de la culture sportive et la préparation à la gestion ultérieure de sa vie physique et sportive. Ces objectifs décrivent trois axes, fonctionnaliste, culturel et utilitariste, dont l'éducation physique doit assurer la synthèse. On peut se demander si une telle synthèse est possible, ou si de manière nécessaire, une hiérarchisation de ces trois axes doit être envisagée (Delignières & Garsault, 1993).

## Didactique et pédagogie

**Didactique** : Dans le domaine de l'enseignement, la réflexion a été largement marquée ces dernières années par un retour et un renouveau de la didactique. L'EPS n'échappe pas à la règle, même si l'impulsion est venue d'autres matières d'enseignement, notamment des mathématiques. Diverses définitions sont disponibles dans la littérature : « étude des processus d'élaboration et d'acquisition (chez l'élève) et de transmission (chez l'enseignant) des savoirs et savoir-faire d'une discipline » (Hébrard, 1986), « théorie construite de l'exercice qui par un ensemble de situations instrumentales finalisées définit pour chaque matière d'enseignement un contenu structuré et hiérarchisé afin de guider les apprentissages scolaires des élèves » (Arnaud, 1985), « domaine de recherche qui étudie les processus de transmission et d'acquisition, en tenant compte scrupuleusement des contenus d'enseignement et des contenus de connaissance. Elle est l'étude de l'ensemble des contraintes qui président au développement des contenus » (Vergnaud, 1983), « réflexions et propositions sur les méthodologies à mettre en œuvre pour permettre l'appropriation de contenus spécifiques » (Meirieu, 1990). Ces définitions sont suffisamment concordantes : la didactique apparaît comme une technologie*, dont l'objet est de produire des contenus et des stratégies d'enseignement les plus efficaces possibles. Au-delà, diverses distinctions peuvent être réalisées, qui vont être envisagées par la suite.

**Didactique fondamentale** : La réflexion se situe ici à un niveau général, sans référence à une discipline précise. Elle s'oppose en cela à la **didactique des disciplines**, qui se posera le problème de l'optimisation de la transmission des connaissances dans le domaine restreint d'une discipline scolaire (didactique du français, didactique des mathématiques). Si la problématique de la didactique fondamentale demeure celle de l'efficacité dans la transmission d'un contenu, les critères de classification de ce dernier dépassent les justifications institutionnelles. Les travaux de Meirieu en constituent un bon exemple. Au-delà des usuelles défenses de spécificité, la didactique fondamentale apparaît peu ou prou comme une psychologie appliquée. L'utilité des modèles de didactique fondamentale, par rapport à la spécificité disciplinaire des contenus, doit cependant être questionnée, et peut-être plus nettement en éducation physique, où la nature des contenus et des ressources mobilisées est profondément originale.

**Didactique des APS/Didactique de l'EPS** : L'utilisation du terme « didactique des disciplines » a posé problème en EPS, cette dernière apparaissant souvent comme la juxtaposition de disciplines différentes. On a donc opposé, à ce niveau, la didactique des APS et la didactique de l'EPS. La première est une réflexion didactique centrée sur les contenus spécifiques d'une activité sportive donnée. On parlera de didactique du football, de la gymnastique, etc. Une telle démarche ne préjuge pas a priori du lieu de son application (c'est-à-dire dans un cadre civil ou scolaire). Quant à la seconde il s'agit, au niveau de la didactique des disciplines*, d'une réflexion spécifique à la discipline EPS. Pour certains auteurs, la construction d'une didactique de l'EPS passe avant tout par l'unité et l'homogénéité des traitements didactiques de chaque APS. On va donc chercher cette construction dans l'élaboration d'un cadre théorique et conceptuel commun (voir par exemple Dugal, 1991). Une autre approche considère que la didactique de l'EPS ne se résoud pas à la juxtaposition des didactiques respectives des APS de référence (Pineau, 1991). Certains auteurs ont ainsi proposé de dépasser la juxtaposition des APS en recherchant des principes d'invariance, structurant de manière transversale l'ensemble des disciplines sportives (noyaux thématiques généralisables, principes d'action, etc. cf. GAIP Nantes, 1988 ; 1990-91). Cette approche est profondément influencée par les propositions de Parlebas (1976), pour une « éducation physique structurale », et repose sur les postulats axiologiques de l'auteur. Une autre optique est d'affirmer que l'éducation physique poursuit certains objectifs qui ne sont pas nécessairement inscrits dans la logique culturelle des APS qui lui servent de support. Dans ce cadre, l'élaboration des contenus d'enseignement dépend de deux logiques simultanées : la référence à une pratique sociale qui fonde l'EPS en tant que discipline d'enseignement, et qui débouche sur la poursuite d'objectifs spécifiques, nécessairement référés à cette pratique, et la logique scolaire, incontournable, qui assigne à l'EPS, discipline à part entière, de concourir à la formation générale des élèves, par la poursuite d'objectifs transdisciplinaires, souvent cernés par le vocable d'objectifs de méthode et d'attitude. Dans cette optique, le pari d'une didactique de l'EPS serait de mettre en cohérence d'une part, les objectifs disciplinaires, et d'autre part les objectifs généraux de l'école, en essayant d'opérationaliser les uns et les autres (Delignières, 1989).

Une problématique fréquemment soulevée est celle des relations qu'entretient la didactique avec la pédagogie. Tout semble dépendre des définitions données à chacun des deux termes.

**Pédagogie** : « Pratique d'intervention normative qui recherche une influence près d'autrui dans une perspective explicite de formation » (Parlebas, 1980). « Réflexion sur l'éducation de l'enfant (...). La pédagogie s'interroge sur les finalités à affecter à cette éducation, sur la nature des connaissances à transmettre et sur les méthodes qu'elle doit utiliser » (Meirieu, 1990). Par rapport à ces définitions très larges, la didactique apparaît comme une composante de la pédagogie, centrée sur l'organisation des situations d'apprentissage. Hébrard (1986) propose une lecture différente de ces relations. Selon lui, la réflexion pédagogique représente un moment de l'évolution des problématiques en sciences de l'éducation. Pendant les années 1970, la réflexion se porte ainsi volontiers sur « les phénomènes relationnels qui unissent l'enseignant et l'élève dans l'action » (Hébrard, 1986). La réflexion didactique amène dans cette logique une rupture, mettant l'accent à partir des années 1975 sur « l'étude privilégiée des activités de l'élève face aux activités enseignées et la volonté de comprendre les processus d'acquisition de l'élève en même temps que les exigences des tâches proposées » (Hébrard, 1986).

Pour clore cette parenthèse pédagogique, il nous semble intéressant de clarifier une série d'expressions créées afin de qualifier diverses stratégies d'enseignement, ou encore divers principes pédagogiques et plus généralement les pratiques qui en découlent. Notons que par **stratégie d'enseignement**, on entend la logique d'organisation de l'enseignement, caractérisée par le type des tâches utilisées, leur répartition dans le temps, la structuration du groupe d'apprenants, le type de produit attendu, et par **principe pédagogique** la position philosophique sous-tendant l'élaboration d'une stratégie d'enseignement.

**Pédagogie traditionnelle** : Le terme de pédagogie traditionnelle décrit un ensemble de pratiques pédagogiques basées sur l'instruction contraignante et raisonnée de l'enfant, par sa confrontation progressive à la culture (Alain, Chateau,

Durkeim...). Dans cette conception, qui a durablement marqué le système éducatif français, c'est par le travail et l'effort, sous l'autorité bienveillante du maître, que l'élève progresse. L'utilitarisme est clairement rejeté : l'enfant doit se développer en tant qu'individu, non pour le groupe, et ce, par la culture générale. Pour Chateau (1957), « ce qui compte, c'est la forme de l'activité, non sa matière. Le latin, les mathématiques ne seront d'aucune utilité pour le futur adulte. Mais les modes de pensée qu'ils auront mis en branle l'influenceront à jamais ».

**Pédagogie nouvelle** : Ensemble de pratiques pédagogiques caractérisées par une centration sur l'enfant, sa nature, ses motivations et intérêts. Les pédagogies nouvelles ont trouvé leur source dans des situations elles aussi nouvelles où les éducateurs se trouvaient confrontés à des obstacles inhabituels : enfants déscolarisés pour Pestalozzi, enfants anormaux pour Montessori, inadaptés scolaires pour Decroly. On parle également de **méthodes nouvelles**, ou **méthodes actives**. Ces méthodes ont été largement influencées par les progrès de la psychologie génétique, notamment au niveau de la reconnaissance de l'originalité de l'enfant et de ses structures intellectuelles et morales, et de la conception de l'intelligence en tant qu'activité adaptative. Il n'est pas sans intérêt de souligner les enjeux de champ. Ainsi lorsqu'une pédagogie se veut nouvelle elle s'oppose explicitement aux pédagogies traditionnelles alors décrites comme autoritaires, centrées sur la discipline, valorisant le respect et l'effort attachés à une conception transmissive du savoir où l'élève, simple réceptacle, reçoit du maître tout puissant. En contrepoint se dessinent les caractéristiques des pédagogies nouvelles, qui toutes insistent sur l'importance des relations entre élèves, le plaisir d'apprendre et la responsabilisation (Claparède, Ferrière) liée à la réciprocité des relations maître-élève. Mais on conçoit aisément que ces traits soient trop excessifs pour correspondre à autre chose qu'à des archétypes destinés à animer la polémique.

**Pédagogie non-directive** : Ensemble de pratiques basées sur la vacance du pouvoir et la subordination des actes pédagogiques aux demandes des élèves (Rogers, Neill, Pagès...). La non-directivité est liée à la conception rogérienne de la personnalité, insistant sur le côté positif de l'être humain et sur ses efforts de croissance personnelle et d'actualisation de soi. Snyders (1976) émet une critique virulente à l'égard de la non-directivité, estimant qu'elle ne peut déboucher que sur le conformisme et la reproduction : le dépassement ne peut venir que de l'opposition contrôlée de l'adulte. On peut noter que la non-directivité a inspiré certaines expériences pédagogiques en EPS (voir par exemple Vadepied, 1976), et sans doute enrichi les pratiques enseignantes dans le premier degré.

**Pédagogie institutionnelle** : Ensemble de pratiques pédagogiques basées sur la sollicitation de l'activité instituante des élèves, c'est-à-dire d'une activité créatrice d'institutions (définition des lieux, des moments, des statuts de chacun, des fonctions, des rôles, des rites...). Oury et Vasquez (1971) la définissent comme un « ensemble de techniques d'organisation, de méthodes de travail, d'institutions internes, nées de la praxis de classes actives ». On retrouve dans cette mouvance des auteurs tels que Vasquez, Oury, Lourau, Lapassade, Lobrot, Hess... Si la pédagogie institutionnelle a suscité à la fin des années 70 une réflexion sur la distribution des pouvoirs dans la classe, aucune expérience d'envergure ne semble avoir été menée par des enseignants d'EPS.

**Pédagogie des situations** : Stratégie d'enseignement caractérisée par « l'utilisation de types de tâches assignées qui permettent à l'enfant, dans son processus de redéfinition, d'élaborer des buts et des projets personnels » (Famose 1982b). L'auteur préconise le recours à des tâches semi-définies*, à l'opposé des approches technicistes classiques de l'apprentissage sportif. Si le terme n'est plus guère usité à l'heure actuelle, ses principes ont profondément marqué la didactique actuelle, qui met en avant le recours à des situations-problèmes* exigeant de la part des élèves un processus actif de compréhension et de planification des réponses.

**Pédagogie par les objectifs** : Méthode de structuration des contenus, basée sur la recherche d'une cohérence verticale entre les différents niveaux d'objectifs (finalités*, buts*, objectifs généraux*, objectifs opérationnels*). « La pédagogie par objectifs n'est pas une pédagogie ; elle ne fournit aucun éclaircissement sur la question des valeurs*, des priorités éducatives. Il conviendrait plutôt de parler à son endroit de technologie éducative* (...) ou encore, d'entrée dans la pédagogie par les objectifs » (Eisenbeis et Maccario, 1979). Si les tentatives d'introduction de la pédagogie par les objectifs dans le cadre de l'EPS, vers la fin des années 70, se sont révélées décevantes, la plupart des propositions didactiques qui se sont succédées au cours des années 80 ont été manifestement marquées par la rigueur méthodologique de la P.P.O.

**Pédagogie du contrat** : Stratégie d'enseignement dans laquelle on sollicite un engagement contractuel vis-à-vis d'un objectif d'apprentissage, dont le contenu et le terme sont négociés entre l'enseignant et l'apprenant. Le terme peut être plus ou moins long (séquence, séance, cycle, année scolaire...). L'évaluation porte sur l'écart entre l'objectif spécifié par le contrat et la performance produite à l'échéance prévue. Le contrat peut être collectif ou individuel. L'objectif de cette démarche est de favoriser l'engagement de l'élève en rendant plus lisible la nature et l'utilité des objectifs poursuivis. La pédagogie du contrat suppose que l'élève soit perçu comme responsable, comme un individu (avec ses intérêts), comme une personne (avec son identité) et comme un citoyen en devenir (avec ses valeurs).

La classe est alors considérée comme une société en miniature ou prévaut une solidarité organique. En fonction de l'enseignant le contrat pourra porter sur un domaine plus ou moins étendu : simplement sur le rapport au savoir ou sur la distribution des pouvoirs et l'élaboration des normes de conduite. J. Filloux montre à ce sujet que derrière un refus apparent du pouvoir arbitraire le contrat prolonge et intériorise les exigences de contrôle en substituant un libre consentement à une contrainte imposée. La **pédagogie du projet** est une stratégie d'enseignement de type pédagogie du contrat. On réserve ce terme à des contrats à long terme, collectifs, nécessitant une division du travail, et débouchant sur une présentation du produit à des tiers : « le projet doit être présenté à un groupe social autre que celui qui l'a engendré » (Marchal, 1985). Selon l'auteur, il s'agit d'une « méthode destinée à favoriser le passage de l'intérêt à l'activité, et à rendre cette dernière structurante et culturelle » (Marchal, 1985).

**Pédagogie d'éveil** : Stratégie d'enseignement particulièrement développée au niveau de l'enseignement élémentaire. Elle s'organise en trois phases : une phase d'activités fonctionnelles, où on laisse l'enfant agir sur et dans un milieu stimulant, mis en place par le maître (**situation d'appel**) ; une phase de structuration des connaissances, durant laquelle l'enseignant, s'appuyant sur les réponses spontanées enregistrées lors de la phase précédente, cherche à enrichir, diversifier, stabiliser le répertoire des enfants ; une phase de réinvestissement où les savoirs acquis sont mis à l'épreuve des faits, dans le cadre d'une activité complexe (Best, 1985). Cette troisième phase repose souvent sur une socialisation des productions, rejoignant en cela les perspectives de la pédagogie du projet.

**Pédagogie différenciée** : Principe pédagogique basé sur l'atteinte par tous d'objectifs communs, et sur le respect des trajectoires individuelles d'apprentissage. La pédagogie différenciée rejette « l'indifférence aux différences », l'enseignement uniforme pour tous, et essaie de répondre à l'hétérogénéité croissante de la population scolaire, liée notamment à la prolongation de la scolarité obligatoire. Cette hétérogénéité peut être liée à des facteurs génétiques (morphologie, sexe...), sociologiques (milieu socio-culturel...), psychologique (style cognitif...). De Peretti (1985) émet l'hypothèse selon laquelle le système éducatif est un système hypercomplexe dans lequel l'enseignant joue le rôle d'un sous-système régulateur. Cette régulation n'est possible que si le système régulateur est capable de varier ses solutions à mesure que le système hypercomplexe produit de l'hétérogénéité.

**Méthode** : Avanzini (1985) définit la méthode comme un « système de principes rationnels et de règles générales qui se distingue de l'empirisme ». Dans le cadre de l'histoire de la discipline, ce terme a une connotation particulière (During, 1981). Les méthodes d'éducation physique constituaient des ensembles clos, des objectifs à atteindre aux moyens à mettre en œuvre (méthode suédoise, méthode naturelle, méthode française...). Selon Ulmann (1980), « la méthode, telle qu'elle est entendue en éducation physique, mériterait plutôt, en raison de son caractère à la fois subjectif et construit, d'être nommée "conception" ou "système" ».

**Méthodes d'enseignement** : Récemment plusieurs méthodes d'enseignement ont été proposées et plus ou moins systématisées en EPS. Sans être exhaustives, nous en évoquons les plus significatives. La **méthode sémio-opératoire** conçue par Delaunay (1985) en référence aux analyses de Parlebas (1976) accorde une place déterminante aux activités de prédiction et de décision stratégique du pratiquant. Comparée à la méthode fédérale, à une méthode d'alternance d'habiletés spécifiques et de rencontres, et à la méthode d'apprentissage par le jeu assorti de conseils, la méthode sémio-opératoire semble supérieure en particulier dans le décodage des situations d'opposition. Par contre dans l'acquisition d'habiletés spécifiques, les méthodes utilisant des modèles gestuels restent plus appropriées. En référence au cadre théorique de Galperine (1966) D. Bouthier (1986) compare trois types de pédagogie pour enseigner le Rugby : une **pédagogie des modèles auto-adaptatifs** qui matérialise le jeu avec des repères concrets, la **pédagogie des modèles d'exécution**, centrée sur la technique et la démonstration de solutions, la **pédagogie des modèles de décisions tactiques**, qui oriente les prises d'informations du joueur sur l'ensemble des adversaires et partenaires. La pédagogie des modèles de décisions tactique semble plus efficace quant aux renversements d'attaques et au nombre d'essais marqués. Cependant les sujets du groupe « pédagogie des modèles d'exécution » réalisent eux aussi des progrès (inattendus) au niveau stratégique. Bui-Xuian (1990) relativise ces résultats en démontrant l'efficacité différentielle des méthodes d'enseignement selon la nature de l'habileté à acquérir. L'auteur compare deux méthodes d'enseignement pour le judo, méthode traditionnelle de la FFJ, et méthode situationnelle de la FSGT. Pour les coordinations et les gains des combats, les résultats plaident en faveur de la méthode traditionnelle. Ces résultats conduisent l'auteur à recourir à un modèle psycho-sociologique donnant du poids au contexte et aux attentes des apprenants. Ainsi le contexte socioculturel ne peut être négligé. Le judo peut se lire avec deux grilles de lecture soit comme une habileté ouverte, soit à travers le mode de codification comme une activité impliquant une activité morphocinétique. Ce que la culture du groupe d'appartenance privilégie dans ce double visage de l'activité pourrait expliquer les résultats obtenus. Il faut repérer enfin la **pédagogie par aménagement du milieu** qui organise les séances autour de la mise en place d'un matériel progressivement modifiable. Dès 1973, Hébrard, Famose, Simonet et Vives expérimentent l'efficacité de cette méthode pour l'apprentissage d'habiletés ouvertes (comme le virage en ski) ou d'habiletés fermées (comme la roue en gymnastique). Au fil du temps la référence théorique de cette modalité a évolué : l'aménagement matériel fut d'abord rattaché à la connaissance du résultat (et aux écrits d'Adams) puis il évolua à partir de 1986 vers le cadre des théories écologiques.

**Style d'enseignement** : Mérand et Marsenach (1987) dégagent différents styles d'enseignement « transmissif, incitatif, réflexif ». Cette typologie croise le moment de l'intervention : avant, pendant et après l'activité motrice de l'élève. Les auteurs constatent que les enseignants peuvent changer de style en cours de séance (l'explication principale étant l'échec de l'élève comme facteur de changement de style). Les auteurs soulignent qu'on n'enseigne pas toutes les APS de la même façon, et suggèrent une conception pluriprocessus des activités d'apprentissage-enseignement. Prolongeant ces travaux, Amade-Escot (1989) propose une typologie des contenus d'enseignements en EPS. L'auteur dégage trois catégories de tâches mises en œuvre par les enseignants : des ensembles de solutions motrices, des mises en situation, des situations de résolutions de problèmes. Les résultats déprécient les modèles gestuels associés implicitement à la répétition et à l'apprentissage par copie, au profit de la situation de résolution de problème.

## Les concepts de la didactique

La didactique, comme toute discipline théorique, a fondé son propre cadre notionnel et a largement contribué au renouvellement du discours ces dernières années. Nous en présentons ici les concepts centraux. Le lecteur pourra consulter pour de plus amples informations le lexique proposé par Meirieu (1990).

**Système didactique** : Pour Colomb (1986), le système didactique, « formé par trois éléments : l'enseignant, les élèves, le savoir et la relation ternaire qui les lie », constitue l'objet d'étude de la didactique. Poser un tel objet d'étude revient à définir la didactique comme une science fondamentale, et ne nous semble pas rendre compte de la réalité des travaux réalisés. Il nous semble que sa démarche relève davantage, comme nous l'avons déjà évoqué, de la technologie* ou de la science de la conception*. Dans ce sens, le « système didactique » apparaît davantage comme un secteur d'investigation que comme un objet d'étude.

**Ingénierie didactique** : « Production de situations d'apprentissage reproductibles, développées par la recherche dans le cadre d'une théorie explicite, et dont les effets ont été contrôlés » (Colomb, 1986). Il s'agit donc ici de la partie purement technologique de la didactique. Pouillard (1985) a parlé dans un sens proche de **production didactique**, comme une « activité qui à partir de contenus-matière, aboutit à la fabrication d'objets didactiques utilisables ». Une telle perspective se situe dans un projet de type recherche-développement*, appliqué aux disciplines scolaires.

**Discipline et matière d'enseignement** : Selon Arnaud (1985), « la didactique sanctionne le passage de la discipline d'enseignement à la matière d'enseignement en transformant un objet d'enseignement en contenus d'enseignement ». Si le critère d'accession au statut de discipline est institutionnel (l'inscription dans les programmes scolaires), une matière se définit par un objet d'enseignement et la structuration des contenus qui en découle.

**Transposition didactique** : La transposition didactique est définie comme le « passage du »**savoir savant**« au »**savoir enseigné**« » (Chevallard, 1985). Ce terme renvoie à la nécessaire adaptation du savoir, afin de le rendre accessible aux apprenants. Il appelle en outre à la vigilance épistémologique, les contenus d'enseignements proposés devant demeurer en cohérence avec les états avancés du savoir, sous peine de diriger les élèves vers des impasses, d'ériger une représentation momentanée en « obstacle didactique ». L'utilisation du concept en EPS pose problème, car d'une part il n'existe pas de pratique « savante » de la discipline (même s'il existe à l'université des pratiques savantes à propos de la discipline), et d'autre part l'EPS tient à se démarquer de la production culturelle de haut niveau de ses pratiques de référence*. On peut par ailleurs se demander, et cela vaut pour l'ensemble des disciplines, si l'on peut définir un « savoir savant » indépendant des objectifs scolaires de la discipline considérée.

**Obstacle didactique** : On appelle obstacle didactique une représentation de la tâche, induite par un apprentissage antérieur, étant la cause d'erreurs systématiques et faisant obstacle à l'apprentissage actuel. Ce concept a été créé par analogie aux « obstacles épistémologiques » décrits par Bachelard, renvoyant dans l'histoire des sciences à des théories erronées qui, à un certain moment, font obstacle au progrès scientifique. La notion d'obstacle didactique peut se révéler intéressante pour la structuration des contenus en ce qui concerne des activités techniques à complexification croissante, comme la gymnastique par exemple (Delignières, 1989).

**Contrat didactique** : Colomb (1986) définit le contrat didactique comme l'ensemble des comportements (spécifiques) du maître qui sont attendus par l'élève, et l'ensemble des comportements de l'élève qui sont attendus du maître. Le contrat didactique doit être compris comme une représentation des attendus, entraînant un comportement routinier et entravant la découverte de solutions nouvelles. Du côté de l'élève, le contrat est une forme d'obstacle didactique.

**Situation-problème** : On appelle **situation didactique** « l'ensemble des rapports établis entre un élève, un certain milieu et un enseignant, aux fins de faire approprier à ces élèves un savoir » (Colomb, 1986). Dans ce cadre, une situation-problème est définie par Meirieu comme une « situation didactique dans laquelle il est proposé au sujet une tâche qu'il ne peut mener à bien sans effectuer un apprentissage précis. Cet apprentissage, qui constitue le véritable objectif de la situation-problème, s'effectue en levant l'obstacle à la réalisation de la tâche. Ainsi la production impose l'acquisition » (Meirieu, 1990). Le principe central est donc de faire acquérir un savoir en évitant la transmission directe, en recherchant la construction du savoir par l'élève. Cette démarche, dans le domaine des apprentissages moteurs, nous semble proche des propositions de Famose (1983) sur l'utilisation des tâches semi-définies. Marsenach (1991) estime néamoins que « la situation-problème doit conserver le sens au savoir ; cela est une vraie difficulté, aujourd'hui en EPS, où, sous prétexte de simplification, on épure complètement les contenus ». Amade-Escot (1989) estime pour sa part qu'une **situation de résolution de problème** doit présenter trois caractéristiques « celle d'entraîner une activité cognitive de traitement de l'information ; celle de permettre des choix décisionnels adaptatifs ; celle d'opérer un « décalage optimal favorisant l'émergence de conduites nouvelles ». L'élève construit alors son savoir dans le cadre d'une expérimentation : il « apprend dans l'interaction de l'action et de la réflexion » (Amade-Escot, 1989). Les psychologues utilisent le terme de **situations de résolution de problèmes** dans un sens plus large : « tâches nécessitant l'élaboration d'une réponse nouvelle, à distinguer des tâches où cette réponse a déjà été élaborée et peut être déclenchée dès qu'ont été identifiées les conditions de ce déclenchement » (Leplat et Pailhous, 1977-78). Dans ce sens, un sujet en début d'apprentissage face à une tâche inédite serait toujours en résolution de problème.

**Décalage optimal** : Selon L. Allal (1979), l'optimisation de l'apprentissage passerait par la création d'un « décalage optimal entre la structure actuelle du sujet et la structure de la tâche. Le décalage sera optimal lorsque les informations fournies par la tâche peuvent être assimilées par l'élève, mais font surgir en même temps des contradictions et des conflits qui sollicitent un dépassement de son mode de fonctionnement actuel ». Proposition fameuse qui connaît un certain succès. Il faut noter néanmoins que cette idée, pour intuitivement séduisante qu'elle soit, n'a, à notre connaissance, reçu aucune validation expérimentale, ni dans son principe, ni dans ses limites d'application.

**Logique interne** : La logique interne rend compte de la manière dont les règles de l'activité contraignent le comportement des joueurs. Parlebas (1981) la définit comme le « système des traits pertinents d'une situation motrice et des conséquences qu'ils entraînent dans l'accomplissement de l'action motrice correspondante ». Cette définition organise toujours les propositions didactiques récentes. Ainsi Boda et Récopé (1991) définissent la logique interne comme « le projet constant suscité par le système de règles qui gouverne les conduites des pratiquants de haut niveau. Une cohérence organise l'ensemble du règlement de l'APS, partout présente, mais rarement explicitée, elle fonde la logique interne ».

**Statut et Rôle sociomoteurs** : La logique interne se manifeste par l'attribution à chaque joueur d'un **statut sociomoteur**, défini comme « l'ensemble des contraintes, droits et interdits prescrits à un joueur par les règles du contrat ludique » (Parlebas, 1981). Les prescriptions du statut touchent trois grands secteurs : les interactions avec les autres participants, les rapports du joueur à l'espace et les rapports du joueur aux objets qui médiatisent l'affrontement. Le **rôle sociomoteur** représente la « classe des comportements moteurs associés à un statut sociomoteur » (Parlebas, 1981). On peut noter que dans une visée plus didactique, le GAIP de Nantes définit le **rôle** en EPS comme « l'ensemble des actions (réussies) que l'on attend d'un acteur, conformément aux règles du contexte dans lequel ce rôle est tenu ». C'est une acception plus large, qui déborde l'analyse des logiques internes de Parlebas. Sont distingués, outre les rôles moteurs (serveur, passeur...), les rôles sociaux fonctionnels (observateur, juge, pareur...) et les rôles sociaux participatifs (installateur de matériel, leader affectif...).

**Universaux** : La logique interne d'une activité peut se prêter à une modélisation mathématique, débouchant sur la mise en évidence d'**universaux**, « modèles opératoires représentant les structures de base du fonctionnement de tout jeu sportif » (Parlebas, 1981). L'auteur identifie parmi les universaux les plus importants, le réseau des communications motrices, le réseau des interactions de marque, le réseau des rôles sociomoteurs, les codes sémioteurs, le système des scores. Dans l'optique de l'auteur, ces universaux ne constituent pas des descriptions statiques, mais des modèles susceptibles de simuler certains aspects formels du jeu jusqu'à envisager tout l'univers des possibles : « le joueur lui-même, individu unique, doué d'intention et de décision, inscrit cependant ses conduites motrices sur un canevas dont les séquences et les articulations pré-existent virtuellement à ses choix, précisément dans les universaux » (Parlebas, 1981).

**Enjeu de formation** : Selon Metzler (1989), l'enjeu de formation « désigne ce que l'on peut gagner à moyen et long terme à pratiquer telle ou telle APS ou famille d'APS ». Par exemple, la gymnastique, en tant qu'activité de production de formes techniques, aurait pour enjeux fondamentaux de pouvoir assumer sa silhouette dans ou devant un groupe, et de savoir piloter son corps dans l'espace. Dans la perspective de l'auteur, une APS est *en soi* porteuse d'un enjeu de formation. On peut se demander si, en fait, l'émergence de l'enjeu de formation n'est pas une construction dialectique entre la nature de l'APS choisie et les objectifs éducatifs qui ont présidé à ce choix. Dans ce sens, l'enjeu de formation ne serait pas lié, de manière absolue, à une APS, mais à une construction didactique particulière utilisant cette APS. Une APS pourrait donc potentiellement supporter plusieurs types d'enjeux de formation, qui pourraient chacun être optimisés par des didactisations spécifiques. Metzler précise enfin que « la formulation des enjeux de formation peut nous aider à concevoir les relations que l'enseignement de telle ou telle APS peut établir avec d'autres enseignements et par là même avec des finalités sociales par lesquelles l'EPS fonde son utilité (santé, sécurité, solidarité, responsabilité) ».

**Problème fondamental** : « Le problème fondamental d'une APS, c'est le problème auquel un élève est nécessairement confronté au cours de sa pratique, problème de cohérence étroite avec la logique interne de l'APS. Il décrit la **contradiction essentielle** constitutive de celle-ci » (Dugal, 1991). Selon Metzler (1989), la formulation des problèmes fondamentaux ou contradictions essentielles est centrale dans la conception de situations-problème en EPS. On retrouve cette idée chez Boda et Récopé (1991) pour lesquels « le respect absolu de ce problème fondamental semble être un principe organisant la construction de toute tâche d'apprentissage ».

**Situation de référence** : Les situations de référence « représentent des situations typiques de mise en activité, non finalisées directement pour un apprentissage particulier et poursuivies pour elles-mêmes par l'élève (forte charge émotionnelle), mais aussi des situations d'évaluation intermédiaires et finales où l'élève testera ses apprentissages, ré-investira ses acquis » (Metzler, 1989). La situation de référence doit exprimer la contradiction essentielle de l'activité, mais également être adaptée aux ressources actuelles des élèves, afin de permettre à chacun de vivre cette contradiction. « Construite en cohérence avec la logique interne de l'activité. Elle contient un ensemble organisé de savoirs nécessaires, qui donne du sens aux apprentissages que les élèves ont à faire » (GAIP Nantes, 1990-91).

**Principes et règles d'action** : Ces concepts, d'apparition nouvelle dans le domaine de la didactique, souffrent déjà d'une histoire chargée. Selon Gréhaigne *et al.* (1989), les règles d'action « définissent les conditions à respecter et les éléments à prendre en compte pour que l'action soit efficace » (Gréhaigne *et al.*, 1989). Une règle d'action est consciente, et participe à la planification, la sélection, l'exécution et l'explicitation de l'action. Il s'agit d'une « auto-consigne » (Gréhaigne & Guillon, 1992), efficace dans le cadre restreint d'une tâche ou d'une catégorie de tâches. La règle d'action est conçue comme une connaissance à la fois déclarative et procédurale. Un principe d'action est une « construction théorique et un instrument opératoire qui oriente un certain nombre d'actions dont il représente la source et qui permet d'agir sur le réel ». Si les règles d'action constituent un savoir fonctionnel, les principes d'actions semblent relever davantage du registre de l'analyse experte de l'activité : « ils constituent une sorte de cadre de référence macroscopique permettant à l'enseignant d'isoler et classer les faits qu'ils relèvent » (Gréhaigne & Guillon, 1991). Selon Gréhaigne *et al.* (1989), les principes d'action demeurent très généraux : « en vue de leur construction et de leur utilisation par l'élève, ils doivent être opérationnalisés avec des items plus simples : les règles d'actions ».

Le GAIP de Nantes (1990-91) propose de remplacer ces termes par ceux de **principes et règles opérationnelles**. Le principe opérationnel est défini comme une « formulation qui indique les opérations nécessaires pour permettre de traiter une (des) catégorie(s) de situations motrices. Les principes opérationnels sont des connaissances fondamentales que l'élève s'approprie pour constituer des savoirs durables, stables, généralisables ». Dans un souci salutaire de clarification, le GAIP de Nantes précise par ailleurs que « fondamentaux, invariants, principes d'action, noyaux thématiques généralisables, principes opérationnels doivent être tenus désormais pour synonymes ». Néanmoins si les propositions en termes de fondamentaux ou d'invariants visaient surtout à aider l'enseignant à structurer les apprentissages, on attribue maintenant aux principes opérationnels une valeur d'orientation de l'action du sujet. La règle opérationnelle est définie comme une « formulation qui permet l'instrumentation du principe opérationnel dans telle ou telle situation motrice précise et pour tel ou tel acteur. Ce sont les conditions à respecter, les éléments à prendre en compte pour que l'action soit efficace, mais également et surtout, la manière systématique de les lier. La règle est une *relation nécessaire* entre des éléments » (GAIP Nantes, 1990-91).

Pineau (1992) réintroduit une distinction entre principe opérationnel et principe d'action. Selon lui, les principes opérationnels « se définissent logiquement comme les causes des effets recherchés dans le cadre d'une action définie. Il s'agit de l'interprétation pédagogique des données "essentielles", et plus précisément des algorithmes d'une tâche à réaliser ». Cette définition repose sur certains postulats : le premier est que l'analyse d'une tâche peut déboucher sur son algorithmisation, c'est-à-dire sur la formalisation de procédures rationnelles permettant d'en optimiser l'exécution. Le second est que ces algorithmes, ces procédures rationnelles de résolution auraient une valeur fonctionnelle puisqu'ils sont compris comme des « savoirs en action », qui « s'inscrivent dans la durée et dans l'espace réels ». Dans ce sens, les principes opérationnels seraient proches des règles d'action telles que les définit Gréhaigne. Pineau trouve un modèle épistémologique pour la définition de ces principes dans la recherche opérationnelle*, domaine qui « propose à celui qui décide, un recueil de méthodes et d'algorithmes susceptibles de pallier éventuellement l'insuffisance des premières analyses ». On peut être surpris, à l'heure où les psychologues et neurobiologistes mettent plutôt l'accent sur l'économie cognitive de la gestion de la motricité (Paillard, 1987) et sur la rationalité limitée caractérisant la résolution des problèmes moteurs (Simon, 1990), que l'on fonde une conception des contenus d'enseignement sur des modèles dérivés de l'analyse de la décision économique ou militaire, plutôt que sur les avancées les plus récentes de la recherche sur l'apprentissage et le contrôle moteur.

Selon l'auteur, « la notion de principe d'action correspond à des savoirs plus globaux permettant de lier certaines tâches entre elles afin de répondre à des finalités plus complexes » (Pineau, 1992). Sont notamment évoqués des savoirs relatifs à des tâches collectives et d'opposition et des « savoirs d'accompagnement » (observation, décision, concentration, anticipation). Dans un texte du Groupe Technique Disciplinaire EPS, on précise que la notion de principe d'action renvoie à la capacité à « identifier et apprécier les conditions et les déterminants de l'action, la nature et la qualité des réalisations effectuées pour comprendre et utiliser les facteurs de la réussite » (GTD EPS, 1993). On retrouve plus ou moins la logique des définitions précédentes, même si la gamme des savoirs visés est beaucoup plus large que dans la définition de Gréhaigne *et al.* (1989).

L'auteur définit également une troisième catégorie, les **principes de gestion**, qui sont des « données méthodologiques concernant l'échauffement, l'entraînement, la mise en condition physique, etc., et de savoirs relatifs au développement et à l'entretien des potentiels physiques et énergétiques, tels que la musculation, la récupération après l'effort, les risques, l'auto-protection organique, la relaxation, etc. » (Pineau, 1992). La mise en avant de ces principes est à relier avec l'introduction, d'un troisième objectif en EPS, visant à apporter les connaissances et savoirs nécessaires à l'organisation et la conduite de la vie physique à tous les âges de la vie.

**Processus/Procédure** : D'une manière générale, le terme de processus renvoie au fonctionnement interne du sujet, aux opérations qu'il met en œuvre pour satisfaire aux exigences de la tâche. La procédure correspond à une formalisation explicite des processus efficaces. Meirieu (1990) définit une procédure comme les « éléments d'une stratégie d'apprentissage ayant été compris comme efficaces dans une situation donnée et pouvant être reproduits dans une situation du même ordre ». Cette définition est relativement proche du concept de règle d'action, tel que le définit Gréhaigne. Les processus sont pour le même auteur des « éléments d'une stratégie d'apprentissage ayant été mis en œuvre de manière conjoncturelle, en fonction de circonstances favorables. Il faut isoler, dans un processus aléatoire, une procédure efficace pour pouvoir la reproduire ». Le GAIP de Nantes (1990-91) n'est pas aussi précis dans sa définition des processus, qui renvoient de façon large à « la logique de l'élève, ce qu'il fait mentalement pour utiliser les procédures qu'il connaît et qui n'est pas observable directement ». Quant aux procédures, elles sont définies comme les « opérations spécifiques des tâches dans chaque discipline. Codées, souvent systématisées, elles se définissent par catégories de problèmes et/ou de situations ». Cette définition semble faire découler la procédure davantage de la logique interne des situations, que de l'activité d'apprentissage de l'élève. Dans ce sens, cette définition serait plus proche de celle des principes d'action.

## Objectifs et contenus

**Projet** : Un projet présente « l'ensemble des hypothèses, des finalités et des conceptions qui sous-tendent une action éducative donnée » (Mialaret, 1979), ainsi que les conditions particulières de sa mise en œuvre. Pour reprendre l'expression fameuse de Malglaive (1975), il s'agit d'un « ensemble articulé d'objectifs et de moyens destinés à les réaliser ». En fonction du niveau institutionnel visé, on parlera de projet de classe, de projet d'établissement, de projet disciplinaire (EPS par exemple), de projet d'association sportive, de projet de zone, etc. L'élaboration du projet pédagogique EPS constitue une démarche forte dans l'organisation de la discipline dans un établissement. Les rubriques classiquement évoquées dans ce projet sont l'analyse des besoins des élèves à former, la définition des objectifs prioritairement retenus, l'analyse des ressources et contraintes du système, le choix des activités support de l'enseignement (programmation), la détermination des objectifs opérationnels, les procédures d'évaluation. On réserve en général le terme de projet à une cohérence construite au niveau local. Au niveau national, on emploie plutôt le terme de programme.

**Programme et curriculum** : L'exigence faite à l'EPS de se doter d'un programme unifiant la discipline au-delà de ses objectifs généraux a entraîné de nombreuses réflexions à ce sujet ces dernières années. De manière générale, on désigne sous le terme de programme, l'ensemble organisé des acquisitions que les élèves devront réaliser au cours d'un enseignement donné : « un programme présente la liste des contenus sur lesquels se fonde l'enseignement pour assurer le développement des élèves. Il constitue les éléments à évaluer en vue d'une certification » (GAIP Nantes, 1988). La notion de curriculum est plus vaste, et situe le programme d'enseignement dans le contexte de sa mise en œuvre (Bonnefoy, 1992) : il s'exprime en termes d'intentions, de méthodes, de contenus, de moyens à mettre en œuvre pour enseigner et évaluer. Ainsi, alors que le programme détermine uniquement les contenus à enseigner au cours de l'année scolaire, le curriculum s'étend à la définition des objectifs et des méthodes de travail de l'enseignant. Ce terme, d'abord employé par des anglo-saxons, est d'importation récente en France.

On distingue plusieurs catégories d'objectifs, en fonction de leur degré de généralité. Des finalités aux objectifs opérationnels, les objectifs constituent une hiérarchie à laquelle le projet se doit de donner une cohérence.

**Finalité** : « Une finalité est une affirmation de principe à travers laquelle une société (ou un groupe social) identifie ou véhicule ses valeurs. Elle fournit les lignes directrices à un système éducatif et des manières de dire au discours sur l'éducation » (Hameline, 1979). Les finalités s'inscrivent dans le cadre des déclarations politiques, et ont, de ce fait, un très grand niveau de généralité.

**But** : « Enoncé définissant de manière générale les intentions poursuivies soit par une institution, soit par une organisation, soit par un groupe, soit par un individu, à travers un programme ou une action déterminée de formation. » (Hameline, 1979). Les buts opérationnalisent les finalités, au niveau d'un cadre institutionnel donné (niveau de scolarité, ou discipline d'enseignement). Les Instructions Officielles sont le principal vecteur de l'énoncé des buts.

**Objectif général** : « Enoncé d'intention pédagogique décrivant en terme de capacité de l'apprenant, l'un des résultats escompté d'une séquence d'apprentissage » (Hameline, 1979). D'une manière générale, ces objectifs sont définis localement, au niveau de l'équipe pédagogique. Notons que dans le discours courant, ces trois termes sont fréquemment interchangés.

**Objectif opérationnel** : Objectif qui décrit un comportement manifesté par un individu au terme d'une action éducative. C'est l'étape ultime dans la démarche de spécification des objectifs. Dans la logique de la pédagogie par les objectifs* (P.P.O.), l'objectif opérationnel est porteur de ses propres critères d'évaluation, puisqu'il constitue un indicateur de sa propre atteinte. On parle également d'**objectif comportemental**.

**Contenus** : « Formes de pratiques proposées aux élèves, et au travers d'elles les savoirs pratiques et théoriques qu'on veut qu'ils s'approprient » (Marsenach, 1985). La notion de contenu peut être déclinée à de multiples niveaux. On appelle **contenu-matière** les « savoirs, savoir-faire, socialement existant, dans des pratiques, des œuvres, des corps de connaissance, et qui ont été choisis comme devant être acquis par les apprenants » (Pouillart, 1985). En fonction de la nature de leur formalisation et du rôle qu'ils jouent dans le processus didactique, on parlera de **contenus d'enseignement** ou de **contenus de formation.** « Les contenus d'enseignement organisent l'action éducative du professeur en précisant ce qu'il y a à enseigner » (Hébrard, 1986). « Les contenus d'enseignement sont traduits en contenus de formation, simples et concrets qui organisent l'activité de l'élève. Un contenu de formation correspond à l'ensemble des savoirs et savoir-faire à acquérir pour agir et réagir face à l'environnement, et à l'ensemble des tâches qui les sollicitent dès lors que les éléments de cet ensemble sont concrètement perçus » (Hébrard, 1986).

**Pratiques sociales de référence** : Les pratiques sociales de référence sont les « activités par rapport auxquelles un apprentissage prend du sens pour un sujet apprenant » (Meirieu, 1990). Ce terme exprime à la fois l'importance de référer les pratiques scolaires à des pratiques culturellement reconnues, et une possible prise de distance par rapport à ces même pratiques (prise de distance que n'évoquait pas le terme plus ancien d'activité support). Les implications du concept méritent d'être examinées. Tout d'abord, le fait qu'une pratique soit sociale ne lui permet pas *de facto* le droit de servir de référence à l'enseignement. Si les exemples donnés par Parlebas (1992) peuvent prêter à sourire, ils interrogent néanmoins le choix des pratiques dites de référence. Enfin la sujétion de l'enseignement à des pratiques de référence doit être mise en question. Beaucoup d'auteurs semblent la concevoir comme un nécessaire respect, dans l'ensemble des situations d'enseignement, de la « logique interne » de la pratique de référence. S'il ne s'agit que d'un problème de sens, il semble que la référence peut être beaucoup plus symbolique.

**Classification et taxonomie** : En fonction des objectifs retenus, on choisit les activités les plus favorables à leur atteinte. Ce choix est basé sur le « profil pédagogique » des différentes APS, et s'appuie en général sur une classification* de ces dernières. Une classification est un « ordonnancement ou arrangement d'entités en groupes ou catégories sur la base de leurs propriétés observables ou inférées » (Famose, 1990). Le terme de taxonomie renvoie, quant à lui, à « l'étude théorique des classifications incluant leurs bases, principes, procédures et règles » (Famose, 1990). Ce terme n'est pourtant pas toujours employé dans ce sens premier : « Le terme taxonomie au sens strict, est la science des classifications. Par glissement de sens, le mot désigne un principe de classification, voire la classification elle-même » (Leplat et Pailhous, 1972). L'élaboration de classifications est une démarche fondamentale dans l'approche scientifique des domaines complexes (voir par exemple l'élaboration des nosographies en médecine, Canguilhem, 1966). Elle permet notamment de rationaliser la généralisation des concepts et des connaissances produites par la recherche. C'est la fonction première des nombreuses classifications des tâches motrices proposées par les théoriciens de l'apprentissage moteur (voir sur ce sujet Famose, 1990).

Dans le cadre de l'enseignement de l'EPS, le recours aux classifications est courant : il est classique de reconnaître qu'on ne peut, dans le cadre scolaire, faire pratiquer l'ensemble des activités sportives socialement signifiantes. D'où l'idée d'identifier des domaines de pratique, des familles d'activités, dans l'objectif de confronter l'élève, au cours de sa scolarité, au moins à l'ensemble des classes d'activités ainsi constituées. Divers auteurs se sont ainsi essayé à l'art de la classification (Parlebas, 1971 ; Arnaud, 1986 ; Metzler, 1986...), et les Instructions Officielles proposent leur propre outil d'analyse. Cette démarche classificatrice est longtemps apparue comme un passage incontournable de la programmation des contenus. Elle suppose néanmoins deux postulats, plus ou moins explicites. Selon le premier, que l'on appellera *postulat d'équivalence intra-classe*, il existerait entre les activités rangées dans une même catégorie une communauté essentielle, fondatrice de la classe considérée. L'éducation physique pourrait, dans une perspective minimale se contenter de ne confronter les élèves qu'à une seule activité de la classe pour remplir son « contrat ». Toute classification est porteuse, explicitement ou implicitement, d'une problématique de transfert. Le choix du critère de catégorisation est généralement en cohérence avec une conception fondamentale des enjeux de l'EPS. Le second postulat, que l'on peut appeler *postulat d'exhaustivité*, affirmerait que les classes retenues couvrent l'ensemble des problèmes fondamentaux* auxquels doivent être confrontés les élèves pour que l'EPS atteigne ses objectifs. Sous-entendu pour que les élèves bénéficient d'une éducation physique complète.

## L'évaluation

L'évaluation, d'une manière générale, « désigne l'acte par lequel, à propos d'un événement, d'un individu ou d'un objet, on émet un jugement en se référant à un ou plusieurs critères » (Noizet et Caverni, 1978). Selon la fonction et la distribution du processus d'évaluation au long d'un cycle d'apprentissage, certaines distinctions sont opérées.

**Évaluation sommative et formative** : L'évaluation sommative « se situe à la fin de l'action éducative et conduit à situer les performances des élèves par rapport à des normes déterminées sur un groupe de référence » (Léon *et al.*, 1977). Si elle débouche sur la délivrance d'une reconnaissance institutionnelle (diplôme...), on parle d'**évaluation certificative.** L'**évaluation formative** « consiste, compte tenu d'un objectif pédagogique préalablement choisi et d'un programme d'apprentissage préalablement établi, à vérifier si l'élève progresse et s'approche de l'objectif » (Noizet et Caverni, 1978). « L'évaluation formative répond, au premier chef, à la volonté de fonder l'intervention didactique à partir des informations recueillies sur le processus pédagogique » (Maccario, 1982). Elle s'accompagne, dans le but d'optimiser l'apprentissage, de processus de **remédiation**, définis comme une « régulation dans l'activité pédagogique à partir des caractéristiques des réponses attendues, des procédures utilisées, afin que l'élève s'engage dans des stratégies et des conduites plus adéquates pour obtenir les objectifs de transformation attendus » (GAIP Nantes, 1990-91). Si l'évaluation formative reste l'affaire du professeur, le terme d'**évaluation formatrice** met l'accent sur l'intérêt d'associer l'élève au processus de régulation de l'apprentissage. Enfin, l'**évaluation diagnostique** « intervient lorsqu'on se pose la question de savoir si un sujet possède les capacités nécessaires pour entreprendre un certain apprentissage » (Noizet et Caverni, 1978). On parle également d'**évaluation pronostique** ou **prédictive**.

**Contrôle en cours de formation et contrôle continu** : Le terme de contrôle en cours de formation renvoie à la distribution, tout au long de l'année scolaire, de l'évaluation sommative. Cette notion doit être distinguée de celle de contrôle continu, qui est un contrôle portant sur l'ensemble des activités de formation, ou sur un certain nombre de tâches synthétiques caractéristiques des habiletés à développer chez l'élève. Cette méthode est inspirée de la pédagogie par les objectifs*, et suppose l'élaboration d'un **référentiel**, défini comme un « ensemble d'objectifs de formation, spécifiques à une discipline, définissant ainsi les compétences et capacités visées, comme base d'un contrat d'apprentissage pour les élèves comme pour le professeur » (Bonnefoy, 1988). L'évaluation conduit à l'établissement d'un profil d'élève. Le contrôle continu a été développé à titre expérimental en L.P.

**Critères et indicateurs** : L'évaluation repose sur l'émission d'un jugement, à partir d'informations prélevées sur le comportement de l'individu. Les critères d'évaluation « définissent des "domaines de signification" dans lesquels les informations recueillies acquièrent une pertinence » (Maccario, 1985). Les informations recueillies en fonction des critères retenus sont appelés indicateurs. Le critère traduit en termes de catégories d'observables les objectifs poursuivis, et oriente la sélection des indicateurs. À l'inverse, l'indicateur tire sa pertinence du critère auquel il est lié. Meirieu (1990) définit l'indicateur comme un « comportement observable à partir duquel on peut inférer de l'atteinte d'un objectif ou de la maîtrise d'une capacité », et Maccario (1985) comme un « échantillon comportemental présentant une signification, une pertinence pour celui qui évalue ». Ces définitions nous semblent erronées, l'indicateur étant davantage une mesure* effectuée sur le comportement que le comportement lui-même (cette mesure n'étant par ailleurs pas nécessairement quantifiée, voir partie 1.3.).

**Évaluation normative et critériée :** On parle d'évaluation normative si un jugement est émis en situant la performance de l'élève par rapport à une norme étalonnant les niveaux de performance dans une population de référence (par exemple par rapport à un barème). On parlera, à l'inverse, d'évaluation critériée si l'on cherche à décrire le niveau d'habileté du sujet et son évolution. L'évaluation formative est dans ce sens nécessairement critériée. Les indicateurs prélevés relèveront dans ce cas le plus souvent d'autres critères que la performance sportive brute (Maccario, 1985). On a souvent assimilé évaluation normative et quantitative, évaluation critériée et qualitative. En fait de nombreux critères, a priori, qualitatifs peuvent être révélés par des indicateurs quantifiés, ou comme dans le cas des nomogrammes*, par une combinaison de tels indicateurs. C'est par exemple le cas de l'efficacité de la propulsion en natation, qui peut être évaluée par la combinaison de la performance et du nombre de cycles sur une distance donnée. La détermination et la validation de ces indicateurs représente certes une tâche délicate. Néanmoins Gréhaigne et Roche (1993) insistent sur les avantages d'une évaluation fondée sur le recueil de données numériques (meilleure lisibilité, objectivité et validité accrues).

**Docimologie** : Terme proposé par H. Piéron pour désigner l'« étude systématique des examens » et en particulier la notation. D'un point de vue empirique la docimologie se donne pour tâche d'étudier la nature et la signification des écarts de notation entre divers correcteurs. Les études proposent plusieurs types d'explication : la simple fatigue du correcteur, l'influence des résultats antérieurs de l'élève, l'effet de hallo (c'est-à-dire l'influence de l'apparence extérieure de l'élève), l'effet de contexte (c'est-à-dire l'influence de la perception de la classe ou de la famille, la réputation), les grilles de correction, la mauvaise compréhension de la tâche d'évaluation...

**Niveau scolaire** : Terme générique qui regroupe deux types de connaissances, celles possédées par l'élève et celles enseignées par l'école. Ainsi juger le niveau à la baisse ou à la hausse suppose toujours de distinguer ce dont on parle. Le niveau de ce qui est enseigné peut s'établir d'une manière formelle en comparant des programmes. Le niveau de ce qui est retenu passe par une évaluation des élèves. Les plus récentes évaluations menées à grande échelle (Beaudelot, 1989) démentent la baisse du niveau des élèves.

**Nomogramme** : Les nomogrammes sont « des outils graphiques qui mettent en relation deux indications chiffrées par rapport à une grille de référence. Le nomogramme se construit à l'aide de trois segments de droite. Sur le premier segment, on inscrit un indice chiffré qui constitue le résultat brut. Sur le second, on place les données du deuxième indice chiffré choisi comme variable d'ajustement. Le référentiel de notation est gradué sur le troisième segment de droite placé entre les deux autres. En joignant les deux résultats par un trait, on coupe l'échelle de notation et, par lecture directe, on obtient une note qui représente la combinatoire entre les deux indices choisis » (Gréhaigne & Roche, 1993). Les auteurs proposent ainsi de mettre en rapport, dans cinq sports collectifs, un indice d'efficacité, déterminé par la somme du nombre de balles d'attaque et du nombre de balles conquises, divisé par le nombre de balles perdues, et le « volume de jeu » représenté par le nombre total de balles jouées. La conception d'un nomogramme repose sur une logique géométrique et recèle des propriétés encore peu exploitées en EPS : par exemple, on peut jouer sur le poids respectif de chaque indicateur en déplaçant l'échelle des notes d'un côté ou de l'autre du nomogramme. On peut également rendre ce poids dépendant du score obtenu sur l'indicateur, en réalisant des nomogrammes non parallèles. On peut obtenir un résultat similaire en utilisant des échelles logarithmiques. Notons pour finir que le nomogramme demeure un outil, et ne saura jamais répondre à la question du quoi évaluer, même s'il permet des avancées sur le comment.

**Objectivité** : L'objectivité est « le degré de concordance entre les jugements portés par des examinateurs indépendants et compétents sur ce qui constitue une bonne réponse pour chacun des éléments d'un instrument de mesure » (Guilbert, 1976). L'objectivité peut être mesurée par l'analyse des corrélations* entre les échantillons de scores obtenus par plusieurs examinateurs évaluant un même groupe de sujets. L'objectivité étant déjà un problème redoutable à l'intérieur d'un établissement, on peut imaginer ce qu'il en est au niveau national, et notamment pour l'épreuve de gymnastique. On peut supposer que plus les procédures d'évaluation reposeront sur des données numériques, plus l'évaluation aura de chance d'être objective.

**Validité** : La validité est « le degré de précision avec lequel le test utilisé mesure vraiment ce qu'il est fait pour mesurer » (Guilbert, 1976). Les scientifiques testent la validité des tests qu'il conçoivent en comparant les scores obtenus avec des données recueillies selon des procédures d'évaluation lourdes (par exemple on compare l'estimation indirecte de la consommation maximale d'oxygène par un test de terrain et sa mesure effective dans une épreuve de laboratoire). Il est rare que les tests d'évaluation scolaires bénéficient de telles procédures de validation. Par ailleurs la validité des épreuves d'évaluation n'est pas qu'un problème d'ordre technique. À l'heure où l'on affirme que l'évaluation doit porter sur ce qui a réellement été enseigné (Pineau, 1992), les critères mêmes de l'évaluation sont à questionner.

**Fidélité** : La fidélité est « la constance avec laquelle un instrument mesure une variable donnée » (Guilbert, 1976). On peut tester la fidélité d'une procédure d'évaluation par un protocole test-retest, consistant à faire passer l'épreuve deux fois de suite à un groupe de sujets, et à étudier la valeur de la corrélation* entre les échantillons de scores obtenus. On peut supposer par exemple qu'un test se basant sur 10 relevés de performances, éliminant la meilleure et la plus mauvaise, et faisant la moyenne des 8 autres, sera plus fidèle qu'un test ne se basant que sur une seule performance. Fidélité et validité sont par ailleurs indépendantes : un test peut se révéler très fidèle, et répéter de manière intangible la même erreur par rapport à ce que l'on espérait mesurer.

L'évaluation en EPS, telle que définie par les textes d'examens, se réfère à un certain nombre de critères macroscopiques. Les termes utilisés pour les dénommer sont dangereusement polysémiques, et le sens qui leur est attribué dans ce cadre diffère souvent de leur acception scientifique.

**Performance** : « Une performance révèle l'efficacité du sujet jugée par rapport aux meilleures réalisations communes à une tranche d'âge donnée » (Hébrard, 1986). « Meilleure(s) réalisation(s) possible(s) d'une conduite motrice dans des conditions de réalisation identiques (et imposées/acceptées) à un (des) moment(s) donnés » (GAIP Nantes, 1990-91). Ces définitions font ressortir l'aspect normatif de ce critère, évalué par ailleurs aux examens selon des barèmes établis au plan national. Il convient de distinguer cette définition de l'opérationnalisation scientifique du concept (voir partie 3.2.).

**Niveaux d'habileté** : Le concept de niveau d'habileté constitue une réponse technique au second critère d'évaluation institué par la circulaire du 11 juillet 83 pour le baccalauréat, appelé parfois « évaluation motrice complémentaire ». Ce critère n'était initialement qu'imparfaitement défini, et le texte évoquait de manière allusive « la prise de conscience du corps, l'intelligence du mouvement, la maîtrise et l'efficacité des gestes ». L'idée sous-jacente était de parvenir à pondérer l'évaluation brute de la performance « sportive », en mettant en avant d'autres aspects plus latents du comportement. Selon Hébrard (1986), il s'agissait de révéler « la plus ou moins grande appropriation [...] de la technique gestuelle connue et considérée comme favorable à l'activité ou à la réalisation de la tâche », en tentant de faire abstraction des autres facteurs pouvant influencer la performance. « Un niveau d'habileté se définit par un ou plusieurs comportements significatifs de l'intériorisation de la technique gestuelle. Ces comportements ne sont pas tous les comportements ou savoir-faire mobilisés par l'élève, ils n'en sont pas moins les indicateurs* d'attitudes ou aptitudes plus générales qu'on retrouve nécessairement dans d'autres activités. Ce n'est donc pas l'habileté en soi dont il est question ici mais de son expression au travers des réalisations évolutives des élèves » (Hébrard, 1986). Cette proposition a permis la mise au point de nombreuses grilles comportementales, représentant en 5 ou 6 paliers, les étapes significatives de l'apprentissage des techniques sportives dans le cadre scolaire.

**Participation et progrès** : Il s'agit là de critères qui ont posé aux enseignants de nombreux problèmes d'opérationalisation, et dont l'évaluation est demeurée la plupart du temps non instrumentée. Le GAIP de Nantes (1990-91) définit la participation comme la « capacité à prendre et à tenir des rôles sociaux de deux sortes :

— des rôles sociaux participatifs qui permettent le bon fonctionnement des relations sociales dans le groupe (classe) ;

— des rôles sociaux fonctionnels qui permettent le bon fonctionnement des actes d'apprentissage ». On retrouve ici une distinction déjà évoquée au niveau des objectifs, en terme d'attitude et de méthode. La mise au point d'échelles comportementales, similaires à celles utilisées en psychologie sociale pour la mesure des attitudes, aurait pu constituer une voie d'opérationalisation. Quant au progrès, il est définit comme un « changement en mieux par lequel on se rapproche de l'objectif ; le progrès peut être considéré comme le critère essentiel, permanent, base du contrat pédagogique » (GAIP Nantes, 1988). Expérimentalement, le progrès, quantitatif (amélioration de la performance) ou qualitatif (modification des stratégies) ne peut être évalué qu'au travers d'un protocole test-retest. Ce type de démarche semble délicat à transposer dans le cadre scolaire, car il peut entraîner des effets pervers (limitation volontaire de la performance lors du premier test). Enfin il est surprenant que ces deux critères, au demeurant si différents, aient été regroupés dans une même entité syncrétique.

La tendance actuelle de l'évolution de l'évaluation en E.P.S. offre une double lecture. Soit on pense qu'en mettant l'élève à l'abri de la performance on le protège d'un jugement sur ses capacités et aptitudes, soit on pense qu'en privilégiant l'évaluation de l'apprentissage et des méthodes par lesquelles il s'opère, l'enseignant prolonge son contrôle sur un élève qui lui échappait en quelque sorte dès qu'il avait des bonnes performances.

# Bibliographie


ABERNETHY, B. (1993). *The nature of expertise in sport. In Proceedings of the 8th World Congress of Sport Psychology* (pp. 18-22). Lisbonne : ISSP.

ABRIC, JC. (1988). *Coopération, compétition et représentation sociale.* Genève : Delval.

ACKERMAN, P.L. (1988). *Determinants of individual differences during skill acquisition : cognitives abilities and information processing.* Journal of Experimental Psychology, **117**, 288-318.

ADAMS, J.A. (1971). *A closed loop theory of motor learning.* Psychological Bulletin, 70, 486-504.

ADAMS, J.A. (1987). *Historical review and appraisal of research on the learning, retention, and transfer of human motor skills.* Psychological Bulletin, 41-74, **101**.

ADORNO, T. (1950). *The authoritarian personality.* New-York : Harper and Row.

ALAIN, C. (1975). *La mesure de l'information : des concepts intuitifs aux concepts quantitatifs.* Mouvement, **2**, 5-14.

ALAIN, C. et SALMELA, J. (1980). *Analyse des demandes perceptivo-motrices des tâches sportives.* Cahiers de Psychologie, **23**, 359-372.

ALAIN, C. et SARRAZIN, C. (1985). *Prise d'information et traitement de l'information en squash.* STAPS, **6**, 49-60.

ALESHINSKI, S.Y. (1986). *An energy sources and fractions approach to the mechanical energy expenditure problem. 1. basic concepts, description of the model, analysis of a one link system movement.* Journal of Biomechanics, **19**, 287-293.

ALEXANDER, R.M. (1991). *La course des dinosaures.* Pour la science, 64-70, **164**.

ALLAL, L. (1979). *Stratégies d'évaluation formative : conceptions psycho-pédagogiques et modalités d'application.* In L. Allal, J. Cardinet & P. Perrenoud (Eds.), *L'évaluation formative dans un enseignement différencié* (pp. 130-145). Berne : Peter Lang.

ALLGOOD-MERTEN, B., et STOCKARD, J. (1991). *Sex role identity and self-esteem : a comparison of children and adolescents.* Sex Roles, **25**, 129-139.

AMADE-ESCOT, C. (1991). *Caractérisation de la formation didactique initiale des enseignants d'éducation physique et évaluation de ses retombées sur les compétences professionnelles.* Thèse de doctorat STAPS, Toulouse.

ANSART, P. (1992). *Sociologie contemporaine.* Paris : Seuil, Point.

APTER, M.J. (1982). *The experience of motivation : the theory of psychological reversal.* London : Academic Press.

ARNAUD, P. (1985). *La didactique de l'éducation physique.* In P. ARNAUD et G. BROYER, *Psychopédagogie des APS.* Toulouse : Privat.

ARNAUD, P. (1986). *La revue EPS et l'innovation didactique* (3e partie). EPS, 25-27, **198**.

ARNAUD, P. (1983). *Les savoirs du corps.* Lyon : P.U.L.

ARNAUD, P. (1986). *Objet culturel, objet technique, objet didactique.* STAPS, **7**, 43-55.

ARNAUD, P. et BROYER, G. (1985). *Des techniques du corps aux techniques sportives.* In P. ARNAUD et G. BROYER (Eds), *Psychopédagogie des APS* (pp. 135-157). Toulouse : Privat.

ASTRAND, P.O. & RODAHL, K. (1980). *Manuel de physiologie de l'exercice musculaire.* Paris : Masson.

ASTRAND, P.O. & RYHMING, I. (1954). *A nomogram for calculation of aerobic capacity from pulse rate during submaximal work.* Journal of Applied Physiology, **7**, 218-221.

ATKINSON, J.W. (1957). *Motivational determinants of risk-taking behavior.* Psychological Review, **64**, 359-372.

AUGÉ, M. (1982). *Football, de l'histoire sociale à l'anthropologie religieuse.* Le Débat, **19**, 59-67.

AUSTIN, J.L. (1962). *Quand dire c'est faire.* Paris : Seuil.

AVANZINI, G. (1985). *Les méthodes.* In P. Arnaud et G. Broyer (Eds), *Psychopédagogie des APS* (pp. 173-186). Toulouse : Privat.

BALANDIER, G. (1985). *Le détour : pouvoir et modernité.* Paris : Fayard.

BANDURA, A. (1977). *Social learning theory.* Englewood Cliffs, NJ : Prentice-Hall.

BANDURA, A. (1977). *Self-efficacity : toward a unifying theory of behavioral change.* Psychological Review, **84**, 191-215.

BAUDELOT, C, & ESTABLET, R. (1989). *Le niveau monte.* Paris : Seuil.

BEM, S. (1974). *The measurement of psychological androgyny.* Journal of Consulting and Clinical Psychology, **42**, 155-162.

BERGER, M. et BRUNSVIC, M. (1976). *L'éducateur et l'approche systémique.* Paris : Unesco.

BERGER, P, LUCKMAN, T. (1986). *The social construction of the reality.* New-York : Doubleday.

BERGH, U., SJODIN, B., FORSBERG, A., & SVEDENHAG, J. (1991). *The relationship between body mass and oxygen uptake during running in human.* Medicine and Science in Sports and Exercice, **23**, 205-211.

BERGSTRÖM, J. (1975). *Percutaneous needle biopsy of skeletal muscle in physiological and clinical research.* Scandinavian Journal of Clinical and Laboratory Investigation, **35**, 609-616.

BERLYNE, D.E. (1960). *Conflict, arousal and curiosity.* New York : McGraw Hill.

BERNARD, Y. (1989). *Vocabulaire économique et financier.* Paris : Seuil.

BERNSTEIN, N.A. (1967). *The co-ordination and regulation of movements.* Oxford : Pergamon Press.

BERTHELOT, J.M (1983). *Problèmes méthodologiques posés par une approche sociologique du corps.* Cahiers Internationnaux de Sociologie, **74**, 119-131.

BERTHELOT, J.M. (1991). *L'intelligence du social.* Paris : PUF.

BEST, F. (1986). *24 questions à Francine Best.* EPS1, 2-5, **26**.

BIGARD, A.X. & GUÉZENNEC, C.Y. (1993). *Fatigue périphérique, lactate musculaire et PH intracellulaire.* Science et Sports, **8**, 193-204.

BIGLAND RITCHIE, B. & WOODS, J.J. (1984). *Changes in muscle contractile properties and neural control during human fatigue.* Muscle nerve, **7**, 691-699.

BILARD, J. & LOLLINI, M.F. (1991). *Le centre de psychologie sportive : un espace de parole pour l'optimisation des performances.* In J. Bilard & M. Durand (Eds.), Sport et Psychologie (pp. 447-456). Paris : EPS/SFPS.

BIRDWHISTEL, R (1973). *Kinesic and context.* Hardmondsworth : Penguin book.

BIROU, A. (1966). *Vocabulaire pratique des sciences sociales.* Paris : Éd. ouvrières.

BLANCHÉ, R. (1989). Article « *Raisonnement* ». Encyclopaedia Universalis, Corpus 15, 648-651.

BODA, B. & RÉCOPÉ, M. (1991). *Instrument d'analyse et de traitement de l'APS à des fins d'enseignement de l'EPS.* EPS, 56-59, **231**.

BOLTANSKI, L. & THÉVENOT, L. (1987). *Les économies de la grandeur.* Cahiers du CEE, série Protée. Paris : PUF.

BOLTANSKI, L. (1990). *L'amour et la justice comme compétences.* Paris : Métailié.

BOLTANSKI, L. (1993). *La souffrance à distance.* Paris : Métailié.

BONNEFOY, G. (1992). *Un programme de l'EPS : pourquoi, pour qui, pourquoi faire ? Éléments de réflexion.* Texte ronéo, U.F.R.A.P.S. Grenoble.

BONNET, C. (1986). *Manuel pratique de psychophysique.* Paris : A. Colin.

BOOTSMA, R.J. (1993). *Simple law of control for interceptive actions.* In Proceedings of the 8th World Congress of Sport Psychology (pp. 973-976). Lisbonne : ISSP.

BORG, G.A.V. (1986). *Some studies of perceived exertion in sports.* In G.A.V. Borg et D. Ottoson (Eds.), *The perception of exertion in physical work* (pp. 293-302). Stockholm : MacMillan.

BOUDON, R. (1977). *Effets pervers et ordre social.* Paris : P.U.F.

BOUDON, R, & BOURRICAUD, F. (1982). *Dictionnaire critique de sociologie.* Paris : PUF.

BOUDON, R. (1971). *La crise de la sociologie*. Paris : Droz.

BOUDON, R. (1984). *La place du désordre, critique des théories du changement social.* Paris : P.U.F.

BOUDON, R. (1986). *L'idéologie ou l'origine des idées reçues*. Paris : P.U.F.

BOUDON, R. (1990). *L'art de se persuader des idées douteuses, fragiles ou fausses.* Paris : Fayard.

BOUET, M. (1969). *Les motivations des sportifs*. Paris : Éditions Universitaires.

BOURHIS, M. (1993). *Sport et politique*, in Sport et management, Paris : Dunod, 103-129.

BOURDIEU, P. (1961). *Sociologie de l'Algérie*. Paris : P.U.F.

BOURDIEU, P. (1972). *Esquisse d'une théorie de la pratique.* Paris/Genève : Droz.

BOURDIEU, P. (1978). *Pratiques sportives et pratiques sociales.* In Actes du VIIe Congrès International de l'HISPA (pp. 17-37). Paris : INSEP.

BOURDIEU, P. (1970). Ed. de Postface à E. Panowski, *Architecture gothique et pensée scolastique*. Paris : Minuit.

BOURDIEU, P, (1979). *La distinction*. Paris : Éd. de Minuit.

BOURDIEU, P, (1984). *Homo academicus*. Paris : Éd. de Minuit.

BOURDIEU, P, (1987). *Chose dites*. Paris : Éd. de Minuit.

BOURDIEU, P, (1989). *La noblesse d'État*. Paris : Éd. de Minuit.

BOURDIEU, P, (1993). *La misère du monde*. Paris : Seuil.

BOURDIEU, P. & PASSERON, J.C. (1964). *Les héritiers*. Paris : Éd. de Minuit.

BOUTHIER, D. (1986). *Comparaison expérimentale des effets des différents modèles didactiques des sports collectifs*. In EPS Contenus et Didactique (pp. 85-89). Paris : SNEP.

BOUTHIER, D. (1988). *Les conditions cognitives de la formation d'action sportives collectives.* Thèse de Doctorat EPHE, Université Paris-V.

BOUTHIER, D. (1992). *Quels enjeux pour l'EPS aujourd'hui ?* SPIRALES, **4**, 92-93.

BRISSWALTER, J. (1994). *Étude des processus d'adaptation à la course à pied pour des intensités submaximales : effet des interactions entre la variabilité du coût énergétique et celle des paramètres cinématiques de la foulée chez des athlètes de haut niveau de performance*. Doctorat STAPS, Université de Paris-V.

BROADBENT, D.E. (1958). *Perception and communication.* London : Pergamon Press.

BROADBENT, D.E. (1971). *Decision and Stress*. London : Academic Press.

BROHM, J.M. (1976). *Critiques du Sport.* Paris : Bourgois.

BROHM, J.M. (1992). *Les meutes sportives*. Paris : L'Harmattan.

BROMBERGER, C., HAYOT, A., & MARIOTTINI, J.M. (1987). *Allez l'O.M ! Forza Juve !* Terrain, **8**, 8-41.

BROUILLET, D., DOMALAIN, G., GUIMELLI, C. & EISENBEIS, J. (1990). *Éducation à la sécurité dans les pratiques physiques et sportives.* Bulletin de Psychologie, **44**, 209-214, 400.

BROUSSEAU, G. (1983). *Les obstacles didactiques en mathématique.* Recherche en didactique des mathématiques, **4**.

BRUANT, G. (1991). *Anthropologie du geste sportif.* Paris : PUF.

BRUE, F., PHILIPPE, Y. & LEGER, L. (1988). *Le test de vitesse maximale aérobie derrière le cycliste.* Médecine Armées, **16**, 605-610.

BRUNER, J.S. (1983). *Savoir faire, savoir dire.* Paris : PUF.

BUI-XUAN, G. (1990). *Méthode pédagogique et développement psychomoteur.* In R. Pfister (Ed.), *APS efficience motrice et développement de la personne* (pp. 41-57). Grenoble : A.F.R.A.P.S.

BUI-XUAN, G. (1993). *Une modélisation du procès pédagogique.* In G. Bui-Xuan et J. Gleyse, *Enseigner l'EPS* (pp.77-90). Clermond-Ferrand : A.F.R.A.P.S.

BURNS, R.B. (1979). *The self-concept : Theory, measurement, development and behaviour.* London : Longman.

BURTON, D. (1989). *Winning isn't everything : examining the impact of performance goals on collegiate swimmers'cognitions and performance.* The Sport Psychologist, **3**, 105-132.

CAMERON, M. (1993). *Violence dans les stades de foot et projet fan coaching au R. Standard F.C. de Liège.* Cahiers Marxistes, 119-137, **189**.

CAMILLERI, C., KASTERSZTEIN, J., LIPIANSKY, E.M., MALEWSKA-PEYRE, H., TABOADA-LEONETTI, I. & VASQUEZ, A. (1990). *Stratégies identitaires.* Paris : PUF.

CANGUILHEM, G. (1966). *Le normal et le pathologique.* Paris : PUF.

CANGUILHEM, G. (1977). *Idéologie et rationnalité dans l'histoire des sciences de la vie.* Paris : Vrin.

CARRIER, C. (1991). *Le défi narcissique de la performance.* In J. Bilard & M. Durand (Eds.), Sport et Psychologie (pp. 385-390). Paris : EPS/SFPS.

CASTORIADIS, C. (1989). Article « *Technique* ». Encyclopaedia Universalis, **17**, 755-761.

CATTELL, R.B. (1965). *The scientific analysis of personality.* Baltimore : Penguin Books.

CAVANAGH, P.R & KRAM, R. (1985). *The efficiency of human movement : a statement of the problem.* Medicine in Science & Sports, **17**, 304-308.

CERRETELLI, P. (1988). *La dette d'oxygène, son rôle et sa signification.* In M. Rieu, *Bioénergétique de l'exercice musculaire* (pp. 218-231). Paris : PUF.

CHAMPAGNOL, R. (1976). *Activation et motivation : théories de la consistance et leur utilisation en pédagogie.* Revue française de pédagogie, 5-15, **34**.

CHATEAU, J. (1957). *École et éducation.* Paris : Vrin.

CHATEAUREYNAUD, F. (1990). *La défaillance professionnelle.* Thèse EHESS.

CHATILLON, J.F. (1985). *Problèmes théoriques posés par l'analyse des conduites sensori-motrices complexes.* In P. Arnaud et G. Broyer, *Psychopédagogie des Activités Physiques et Sportives* (pp. 313-334). Toulouse : Privat.

CHARRIER, D, BOYER, L. (1993). *Un modèle d'aide à la décision pour les organisations sportives,* in Sport et management, Paris : Dunod, 608-628.

CHAZEL, F. (1989). Article *Normes et valeurs sociales* Encyclopaedia Universalis, **13**, 124-127.

CHEVALLARD, Y. (1985). *La transposition didactique.* Paris : La Pensée Sauvage.

CLARKE, J. (1978). *Football and working class fans : tradition and change.* In R. Ingham (Ed.), *Football hooliganism* (pp. 37-60). Londres : Interaction.

CLÉMENT, J.P. (1985). *Étude comparative de trois sports de combat et de leurs usages sociaux.* Thèse sociologie Paris-III.

CLÉMENT, J.P. *Les apports de la sociologie de P. Bourdieu à la sociologie des sports.* STAPS, n° 35, 41-49.

CLÉMENT, J.P., DEFRANCE, J, & POCIELLO, C. (1994). *Sports et pouvoir au vingtième siècle.* Grenoble : PUG.

COLEMAN, J.S. (1972). *Policy research in the social sciences.* Morristown, N.Y. : General Learning Press.

COLLINET, S. (1992). *Algorithme et EPS* ; EPS, 25-28, **237**.

COLOMB, J. (1986). *La didactique.* EPS, 38-44, **200-201**.

COLOMBIER, M. (1983). *L'éducation physique est-elle une matière d'enseignement ?* EPS, 63-65, **182**.

COOPER, K.H. (1968). *A mean of assessing maximal oxygen intake. Correlation between field and treadmill testing.* Journal of the American Medicine Association, **203**, 201-204.

COOPERSMITH, S. (1967). *The antecedents of self-esteem.* San Francisco : W.H. Freeman and Co.

COOPERSMITH, S. (1984). *Manuel de l'inventaire d'estime de soi.* Paris : E.A.P.

CORNELOUP, J. & POCIELLO, C. (1993). *Recherche sur les idéologies de la nature.* Paris : ministère de l'Environnement.

CROZIER, M. & FRIEDBERG, E. (1977). *L'acteur et le système.* Paris : Seuil.

CROZIER, M. (1963). *Le phénomène bureaucratique.* Paris : Seuil

CROZIER, M. (1970). *La société bloquée.* Paris : Seuil

CROZIER, M. (1974). *Où va l'administration française ?* Paris : Éd. d'Organisation.

CROZIER, M. (1988). *Comment réformer l'État, trois pays, trois stratégies.* Paris : La Documentation française.

CULLMAN, G. (1989). Article *La recherche opérationnelle.* Encyclopédia Universalis, Corpus *13*, 541-544.

CUVILLIER, A. (1974). *Nouveau vocabulaire philosophique.* Paris : A. Colin.

DAVIDS, K. et MYERS, C. (1990). *The role of tacit knowledge in human skill performance.* Journal of Human Movement Studies, **19**, 273-288.

de LA GARANDERIE, A. (1980). *Les profils pédagogiques.* Paris : Le Centurion.

De Landsheere, G. (1982). *La recherche expérimentale en éducation*. Lausanne : UNESCO.

De Montmollin, M. (1984). *L'intelligence de la tâche*. Berne : Peter Lang.

Deci, E.L. (1975). *Intrinsic Motivation*. New-York : Plenum.

Defrance, J. (1987). *L'excellence corporelle*. PUL/STAPS.

Defrance, J. (1994). *La sociologie anthropologique de Pierre Bourdieu*. STAPS, n° 35, 29-38.

Delaunay, M. (1985). *Des transactions socio-motrices à la pédagogie sémio-opératoire*. In M. Laurent & P. Therme (Eds), *Recherche en APS.1* (pp. 68-79). Marseille : UEREPS.

Deleplace, R. (1979). *Rugby de mouvement, rugby total*. Paris : E.S.F.

Delignières, D. (1989). *À propos d'un cycle de gymnastique : Réflexions sur la production didactique à destination du public scolaire*. Échanges et controverses, **1**, 6-52.

Delignières, D. (1990). *La difficulté en escalade. Exigences objectives et perception des exigences des tâches motrices*. Mémoire pour le diplôme de l'INSEP.

Delignières, D. (1991). *Apprentissage moteur et verbalisation*. Échanges et Controverses, **4**, 29-42.

Delignières, D. (1993). *Anxiété et performance*. In J.P. Famose (Ed.), *Cognition et performance* (pp. 235-254). Paris : Publications INSEP.

Delignières, D. (1993). *La perception de l'effort et de la difficulté*. In J.P. Famose (Ed.), *Cognition et performance* (pp. 183-218). Paris : Publications INSEP.

Delignières, D. et Duret, P. (1990). *Valeur physique et grandeur morale*. Échanges et Controverses, **2**, 155-200.

Delignières, D. et Garsault, C. (1993). *Objectifs et contenus de l'EPS : Transversalité, utilité sociale et compétence*. EPS, 9-13, **242**.

Delignières, D., Marcellini, A., Legros, P. et Brisswalter, J. (1993). *Self-appraisal of physical fitness*. In *Proceedings of the 8th World Congress of Sport Psychology* (pp. 539-543). Lisbonne : ISSP.

Demailly, A. et Fernandez, L. (1985). *Sport et paradigme du système de traitement de l'information*. Revue STAPS, **6**, 17-29.

Descamps, M.A. (1991). *Niveau de conscience et pratique sportive*. In J. Bilard & M. Durand (Eds.), *Sport et Psychologie* (pp. 309-313). Paris : EPS/SFPS.

Descamps, M.A. (1993). *Les fantasmes et les sports. In Sciences Humaines Cliniques et Pratiques Corporelles, Quel Corps ?*, **45-46**, *47-55*.

Desharnais, R. (1971). *Essai de systématisation d'une politique intégrée de recherche et d'application en psychologie du sport axée sur une équation de la performance maximum*. Mouvement, **6**, 43-50.

Di Prampero, P. (1986). *The energy cost of human locomotion on land and in water*. International Journal of Sports Medicine, **7**, 5-72.

Dornic, S.M. (1986). *Traitement de l'information, stress et différences interindividuelles*. Le Travail Humain, **49**, 61-73.

DUBET, F. (1987). *La galère*. Paris : Fayard.

DUBET, F. & LAPEYRONNIE, D. (1992). *Quartiers d'exil*. Paris : Seuil.

DUFFY, E. (1962). *Activation and Behaviour*. New York : Wiley.

DUGAL, J. (1991). *Analyse et traitement didactique des APS*. EPS, 25-28, **230**.

DUNNING, E. *et al.* (1982). *The social roots of football hooligan violence*. Leisures Studies, **1**, 139-156.

DURAND, J.P., WEIL, R. (1989). *Sociologie contemporaine*. Paris : Vigot.

DURAND, M. (1983). *Apprentissage moteur et pédagogie des APS*. Mémoire pour le diplôme de l'INSEP.

DURAND, M. (1983). *Les exigences bio-énergétiques des tâches motrices*. In J.P. Famose, J. Bertsch, E. Champion & M. Durand, *Tâches motrices et stratégies pédagogiques en éducation physique et Sportive* (pp. 23-31). Paris : EPS.

DURAND, M. (1987). *L'enfant et le sport*. Paris : PUF.

DURAND, M. (1987). *Motivation, traitement de l'information et acquisition des habiletés motrices*. In A. Vom Hofe et R. Simonnet (Eds.), *Recherches en Psychologie du Sport* (pp. 175-184). Paris : EAP.

DURAND, M. (1992). *Optimisation de la performance : étude dans les tâches constituant une sollicitation optimale*. STAPS, 7-19, **27**.

DURAND, M. (1993). *Apprentissage, stratégies de recherche et optimisation de la performance*. In J.P. Famose (Ed.), *Cognition et Performance* (pp. 61-78). Paris : Publications INSEP.

DURAND, M., FAMOSE, J.P. et BERTSCH, J. (1986). *Motor skill acquisition and complexity of the task*. Trends and Development in Physical Education, Proceedings of the Conference 86. Londres : Spon.

DURET, P., & AUGUSTINI, M. (1993). *Sports de rue et insertion sociale*. Paris : I.N.S.E.P.

DURET, P. (1993). *L'héroïsme sportif*. Paris : P.U.F.

DURING, B. (1981). *La crise des pédagogies corporelles*. Paris : Scarabée.

DURING, B. (1989). *L'approche scientifique des activités physiques*. In M.-H. Brousse, B. During, J.-M. Le Chevalier et M. Pradet, *Énergie et conduites motrices* (pp. 14-25). Paris : INSEP.

DURKHEIM, E. (1981). *Le suicide*. Paris : PUF.

ECO, U. (1986). *Lector in Fabula*. Paris : Grasset.

EISENBEIS, J. et MACCARIO, B. (1979). *Les objectifs en question ou questions sur les objectifs*. Revue EPS, 6-12, et **156**, 29-32, **157**.

ELLUL, J. (1954). *La technique ou l'enjeu du siècle*. Paris : A. Colin.

ELOI, S. (1989). *Stratégies, choix tactique et images mentales*. In *L'Éducation Physique et Sportive : Aujourd'hui ce qui s'enseigne* (pp. 299-302). Paris : SNEP.

ERICKSON, E. (1972). *Adolescence et crise : la quête de l'identité*. Paris : Flammarion.

ETTEMA, J.H. (1966). *Limits of human performance and energy production.* Internationale Zeitung Angew Physiologie Arbeit, **22**, 45-54.

EYSENCK, M.W. (1967). *The biological Basis of Personality.* Springfield : Thomas.

FAMOSE, J.P. (1982a). *Apprentissage moteur et tâches motrices.* In R. Thomas (Ed.), *Sport et Science 1982* (pp. 67-82). Paris : Vigot.

FAMOSE, J.P. (1982b). *Pédagogie de situation.* EPS1, 2-4, **10**.

FAMOSE, J.P. (1983). *Stratégies pédagogiques, tâches motrices et traitement de l'information.* In J.P. Famose, J. Bertsch, E. Champion & M. Durand, *Tâches motrices et stratégies pédagogiques en Éducation Physique et Sportive* (pp. 9-21). Paris : EPS.

FAMOSE, J.P. (1985). *L'habileté motrice : théorie et enseignement.* STAPS, **12,** 31-48.

FAMOSE, J.P. (1987). *Vers une théorie de l'enseignement des habiletés motrices.* In M. Laurent et P. Therme (Eds.), *L'enfant par son corps* (pp. 229-259). Joinville : Actio.

FAMOSE, J.P. (1990). *Apprentissage moteur et difficulté de la tâche.* Paris : INSEP.

FAMOSE, J.P., & DURAND, M. (1988). *Aptitude et performance motrice.* Paris : Revue EPS.

FAMOSE, J.P., SARAZIN, P., CURY, F. (1991). *Buts d'accomplissement et nature des activités physiques et sportives.* In M. Laurent, J.F. Marini, R. Pfister et P. Therme (Eds.), *Recherches en APS 3* (pp. 543-551). Paris Actio/Université Aix-Marseille-II.

FAURE, J.M. (1990). *Le sport dans la culture populaire.* Cahiers du LERSCO, n° 12, Université de Nantes.

FAURE, J.M. (1991). *Rapport de pouvoir et pratique sportive.* In *Actes du Colloque International Anthropologie du Sport* (pp. 42-49). Paris : Quel corps ?

FELTZ, D. (1988). *Gender differences in the causal elements of self-efficacy on a high avoidance motor task.* Journal of Sport and Exercise Psychology, **10**, 151-166.

FESTINGER, L. (1957). *A Theory of Cognitive Dissonance.* Evanston : Row, Peterson.

FEYERABEND, P. (1979). *Contre la méthode.* Paris : Le Seuil.

FITTS, P.M. (1954). *The information capacity of the human motor system in controlling the amplitude of movement.* Journal of experimental Psychology, **47**, 381-391.

FITTS, P.M. (1964). *Perceptual-motor skills learning.* In A.W. Melton, *Categories of human learning.* New York : Academic Press.

FLEISCHMANN, E.A. (1967). *Human abilities and the acquisition of skill.* In E.A. Bilodeau (Ed), *Acquisition of skill.* New York : Academic Press.

FREUD, S. (1921). *Massenpsychologie und Ich-Analyse.* Publié en français in *Essais de Psychanalyse.* Paris : Payot.

FREUD, A. (1976). *Le moi et les mécanismes de défenses*. Paris : PUF

FREUD, S. (1938). *Abriß der Psychoanalyse*, GW, XVII, 70.

FREUD, S. (1968). *Métapsychologie*. Paris : Gallimard.

FREUD, S. (1974). *Cinq psychanalyses*. Paris : PUF.

FRIEDMAN, M. et ROSENMAN, R.H. (1974). *Type A behavior and your heart*. New York : Harper & Row.

FRIEDMANN, G. (1967). *Sept études sur l'homme et la technique*. Paris : Gonthier-Denoël.

GAIP de Nantes (1988). *Rapport intermédaire*. Doc. ronéo., Inspection pédagogique Régionale EPS, Académie de Nantes.

GAIP de Nantes (1990-91). *Lexique conventionnel et professionnel*. Revue Académique des enseignants d'Éducation Physique et Sportive, **3**, 9-41.

GALPÉRINE, P.I. (1980). *Essai sur la formation par étapes des actions et des concepts*. In N.F. Talyzina, *De l'enseignement programmé à la programmation de la connaissance*. Lille : PUL.

GARFINKEL, H. (1967). *Studies in ethnomethodology*. Cambridge : Prentice Hall.

GARNIER, P. (1992). *Marcher, nager, Travailler, ces épreuves qui font l'enfance*. Thèse École des Hautes Études en Sciences Sociales.

GENTILE, A.M. (1972). *A working model of skill acquisition to teaching*. Quest, **17**, 3-23.

GEORGE, C. (1985). *EPS interroge Christian George*. EPS, 6-10, **195** et EPS, 10-14, **196**.

GEORGE, C. (1989). *Interactions entre les connaissances déclaratives et procédurales*. In P. Perruchet, *Les automatismes cognitifs* (pp.103-137). Liège, Bruxelles : Mardaga.

GEORGE, C. et RICHARD, J.F. (1982). *Contributions récentes de la psychologie de l'apprentissage à la pédagogie*. Revue française de pédagogie, **58**, 67-89.

GIBSON, J.J. (1979). *The ecological approach to visual perception*. Boston, M.A. : Houghton Mifflin.

GLUCKSMANN, A. (1975). *La cuisinière et le mangeur d'homme*. Paris : Seuil.

GOFFMAN, E. (1973). *La mise en scène de la vie quotidienne*. Paris : Éd. de Minuit.

GOFFMAN, E. (1961). *Encounters, the studies in the studies of sociology of interaction*. Bob Merryl.

GOMÀ I FREIXANET, M. (1991). *Personality profile of subjects engaged in high physical risk sports*. Personality and Individual Differences, 10, 1087-1093, **12**.

GORIOT, G. (1980). *Les fondamentaux de l'athlétisme*. Paris : Vigot.

GREEN, S. & DAWSON, B. (1993). *Measurement of anaerobic capacities in humans : definitions, limitations and unsolved problems*. Sports Medicine, **15**, 312-327.

GRÉHAIGNE, J.F. et GUILLON, R. (1991). *Du bon usage des règles d'actions*. Échanges et Controverses, **4**, 43-66.

GRÉHAIGNE, J.F., BILLARD, M., GUILLON, R. et ROCHE, J. (1989). *Vers une autre conception de l'enseignement des sports collectifs*. In G. Bui-Xuan (Ed.), *Méthodologie et Didactique de l'EPS* (pp.201-216). Clermond-Ferrand : Éditions AFRAPS (revue STAPS).

GRÉHAIGNE, J.F., et ROCHE, J. (1993). *Évaluation au baccalauréat.* EPS, 80-83, **240**.

GREIMAS, A.J. (1979). *Sémiotique. Dictionnaire raisonné de la théorie du langage* Vol I et II Paris : Hachette.

GRIFFIN, N.S. et KEOGH, J.F. (1982). *A model for movement confidence.* In J.A.S. Kelso et J.E. Clark (eds), *The development of movement control and co-ordination* (pp. 213-236). New York : Wiley.

GTD EPS (1993). *Enquête pédagogique pour une écriture concertée d'un programme en EPS. Texte d'accompagenement.* Ministère de L'Éducation nationale et de la Culture.

GUILBERT, J.J. (1976). *Guide Pédagogique.* Paris : OMS

GUILLERME, J. (1989). Article *Technologie.* Encyclopaedia Universalis, Corpus 17, 764-767.

GUTHRIE, E.R. (1957). *The psychology of learning.* New York : Harper.

HABERMAS, J. (1973). *La technique et la science comme idéologie.* Paris : Gallimard.

HACKMAN, J.R. (1969). *Toward understanding the role of tasks in behavioral research.* Acta Psychologica, **31**, 97-128.

HAMELINE, D. (1979). *Les objectifs pédagogiques en formation initiale et en formation continue.* Paris : ESF.

HARTER, S. (1978). *Pleasure derived from optimal challenge and the effects of receiving grades on children's difficulty level choices.* Child Development, **49**, 788-799.

HAY, L. et BEAUBATON, D. (1986). *Visual correction of a goal-oriented response.* Perceptual and Motor Skills, 51-57, **62**.

HAYES, K.C. et MARTENIUK, R.G. (1976). *Dimensions of Motor Task Complexity.* In Stelmach, G.E. (Ed.), *Motor Control* (pp. 201-228). New York Academic Press.

HEBENSTREIT, J. (1989). Article *Théorie de l'information.* In Encyclopaedia Universalis, Corpus 9, 1140-1141.

HÉBRARD, A. (1986). *L'EPS, réalité et perspective.* Paris : STAPS/EPS.

HEINNICH, N. (1984). *L'art et la profession.* Revue Française de Sociologie, **2**.

HÉRAN, F. (1987). *La seconde nature de l'habitus.* Revue française de sociologie, **28**, 385-416.

HILL, A.V. (1938). *The heat of shortening and the dynamic constant of muscle.* Proc. Roy. Soc. B, **126**, 136-195.

HOLENDER, D. (1980). *Le concept de préparation à réagir dans le traitement de l'information.* In J. Requin (Eds), *Anticipation et comportement* (pp.29-64). Paris : CNRS, 29-54.

HOLT, K.G., HAMILL, J., & ANDRES, R.O. (1990). *The force driven harmonic oscillator as a model for human locomotion.* Human Movement Science, **9**, 55-68.

HOMANS, G.C. (1951). *Social behavior, in elementary form.* New-York : Harcourt.

HOWALD, H & WASSERMANN, K. (1988). *Structure et ultrastructure de la fibre musculaire.* In M. Rieu, *Bioénergétique de l'exercice musculaire* (pp. 41-56). Paris : PUF.

HOWALD, H. et WASSERMANN, D. (1988). *Structure et ultrastructure de la fibre musculaire.* In M. Rieu, *Bioénergétique de l'exercice musculaire.* Paris : PUF.

HULL, C.L. (1943). *Principles of behavior.* New York : Appleton-Century-Crofts.

HUTEAU, M. (1985). *Les conceptions cognitives de la personnalité.* Paris : PUF.

IRLINGER, P. (1994). *Apport à l'élaboration et à la diffusion d'une sociologie des A.P.S,* Note de synthèse pour le diplôme d'habilitation à diriger des recherches, Caen.

JOUSSELIN, E. et LEGROS, P. (1990). *Exploration du métabolisme énergétique chez le sportif de haut niveau.* Paris : INSEP Publications.

JOUSSELIN, E., HANDDSCHUH, R. et STÉPHAN, H. (1984). *Détermination de la zone de transition aérobie-anaérobie et utilisation pratique pour l'entraînement.* Cinésiologie, **96**, 301-303.

JOUSSELLIN, E. & LEGROS, P. (1990). *Exploration du métabolisme énergétique chez le sportif de haut niveau.* Paris : INSEP.

JOUSSELLIN, E., HANDSCHUH, R. & STÉPHAN, H. (1984). *Détermination de la zone de transition aérobie-anaérobie et utilisation pratique pour l'entrainement.* Cinésiologie, **96**, 301-303.

KAGAN, J. (1964). *Acquisition and significance of sex-typing and sex-role identity.* In M.L. Hoffman et L.W. Hoffman (Eds.), *The development of sex differences.* Standford, CA : Standford University Press.

KAGAN, J. (1965). *Individual differences in the resolution of responses uncertainty.* Journal of Personality and Social Psychology, **2**, 154-160.

KAHNEMAN, D. (1973). *Attention and effort.* Englewood Cliffs : Prentice-Hall.

KANEKO, M. (1990). *Mechanics and energetics in running with special reference to efficiency.* Journal of Biomechanics, **23**, 57-63.

KANTOWITZ, B.H. et KNIGHT, J.L. (1978). *When is an easy task difficult and vice-versa ? A reply to Lane.* Acta Psychologica, **42**, 163-170.

KEELE, S.W. (1968). *Movement control in skilled motor performance.* Psychological Bulletin, **70**, 387-403.

KEELE, S.W. (1973). *Attention and human performance.* Pacific Palisades, CA : Goodyear.

KELSO, J.A. et HOLT, K.G. (1980). *Evidence for a mass-spring model of human neuromuscular control*. In C.H. Nadeau *et al.* (Eds.), *Psychology of Motor Behavior and Sport*. Champaign, Ill. : Human Kinetics.

KERLIRZIN, Y. (1990). *Traitement des informations visuelles et prise de décision en boxe française*. Mémoire pour le Diplôme de l'INSEP.

KERNODLE, M.W. et CARLTON, L.G. (1992). *Information feedback and the learning of multiple-degree-of-freedom activities*. Journal of Motor Behavior, **24**, 187-196.

KEUL, J. et KINDERMAN, W. (1979). *The signifiance of the aerobic-anaerobic transition for the determination of work load intensities during endurance training*. European Journal of Applied Physiology, 25-34, **45**.

KINDERMAN, W., SIMON, G. & KEUL, J. (1979). *The signifiance of the aerobic-anaerobic transition for the determination of work load intensities during endurance training*. European Journal of Appied Physiology, 25-34, **42**.

KIRKENDALL, D.T. (1990). *Mechanism of peripheral fatigue*. Medicine and Science in Sports and Exercice, **22**, 444-449.

KLINEBERG, O. (1989). Article *Psychologie sociale*. Encyclopaedia Universalis, Corpus 15, 390-392.

KLISSOURAS, V. (1971). *Heritability of adaptative variation*. Journal of Applied Physiology, **31**, 338-341.

KUGLER, P.N., & TURVEY, M.T. (1987). *Information, natural law, and the self assembly of the rythmic movement*. Hillsdale, N.J. : Laurence Elbaum Associated Publishers.

KUHN, T.S. (1972). *La structure des révolutions scientifiques*. Paris : Flammarion.

KUKLA, A. (1972). *Foundations of an attributional theory of performance*. Psychological Review, **79**, 454-470.

LACEY, J.I. (1967). *Somatic response patterning and stress : some revisions of activation theory*. In H.M. Appley et R. Trumbell (Eds.), *Psychological Stress : Issues in Research* (pp. 14-42). New-York : Appleton-Century-Crofts.

LACOUR, J.R. (1990). *Vitesse maximale aérobie et performance*. Revue A.E.F.A, 32-37, **116**.

LACOUR, J.R. (1992). *Aspects énergétiques du métabolisme anaérobie*. In J.R. Lacour, *Biologie de l'exercice musculaire* (pp. 23-57). Paris : Masson.

LACOUR, J.R., BOUVAT, E. & BARTHELEMY, J.C. (1990). *Post competition blood lactate concentrations as indicators of anaerobic energy expenditure during 400 m and 800 m races*. European Journal of Applied Physiology, **61**, 172-176.

LADRIÈRE, J. (1989). Article *Sciences : B. Sciences et discours rationnel*. Encyclopaedia Universalis, Corpus 16, 551-555.

LAFONT, L. (1994). *Modalité sociale d'habileté motrice complexe*. Thèse S.T.A.P.S. Paris-X.

LAGACHE, D. (1949). *Psychologie clinique et méthode clinique*. L'Évolution Psychiatrique, **1**, 155-178.

LALANDE, A. (1947). *Vocabulaire technique et critique de la philosophie*. Paris : PUF.

LAMBERT, R. (1969). *Le comportement de prise de risque*. Psychologie Française, **14**, 83-85.

LAMOUR, H. (1984). *Les quatre théorisations de l'EPS*. Revue EPS, 10-13, **187**.

LAMOUR, H. (1986). *Traité thématique de pédagogie de l'EPS*. Paris : Vigot.

LAMOUR, H. (1991). *Contribution au débat épistolaire « Rapport théorie-pratique »*. Échanges et Controverses, **3**, 65-87.

LANDOWSKI, E. (1986). *La société réfléchie*. Paris : Seuil.

LAPASSADE, G. (1987). *Les états modifiés de conscience*. Paris : PUF.

LAPLANCHE, J. & PONTALIS, J.B. (1968). *Vocabulaire de la Psychanalyse*. Paris : PUF.

LAPLANCHE, J. (1981). *L'inconscient et le ça*. Paris : PUF.

LAURENT, A. (1987). *L'individu et ses ennemis*. Paris : Hachette.

LAURENT, M. (1991). *Approche écologique et neurosciences du sport*. In J. Bilard et M. Durand (Eds), *Sport et Psychologie* (pp. 199-205). Paris : Revue EPS/SFPS.

LAURENT, M. PAUL, P. et CAVALLO, V. (1988). *How is gait visually regulated when the head goes faster than the legs ?* Journal of Motor Behavior, **20**, 301-316.

LAURENT, M., TOURNADRE, V. et BOVET, P. (1987). *Facteurs critiques du déclenchement de freinage d'urgence chez l'homme en situation de course*. In M. Laurent et P. Therme (Eds.), *Recherches en A.P.S. II*, (pp. 223-234). Centre de recherche de l'UEREPS. Université Aix-Marseille.

LE BOULCH, J. (1966). *L'éducation par le mouvement*. Paris : ESF.

LE BRETON, D. (1990). *Anthropologie du corps et modernité*. Paris : P.U.F.

LE BRETON, D. (1992). *Des visages*. Paris : Métailié.

LE BRETON, D. (1992). *Sociologie du corps*. Paris : P.U.F.

LE CHEVALIER, J.M. (1989). *Le développement de l'enfant et de l'adolescent*. In M.-H. Brousse, B. During, J.-M. Le Chevalier et M. Pradet, *Énergie et Conduite motrice* (pp. 27-42). Paris : Publications INSEP.

LE CHEVALIER, J.M., VANDEWALLE, H., CHATARD, J.C., MOREAUX, A., GANDRIEUX, V., BESSON, F. & MONOD, H. (1989). *Relationship between the 4mmol running velocity, the time distance relationship and the Leger-Boucher test*. Arch.Int.-Physiol.Bioch, **97**, 355-360.

LE POGAM, Y. (1977). *Démocratisation du sport : mythe ou réalité ?* Paris : Delarge.

LE SCANFF, C. (1991). *Modèles de compréhension des états modifiés de conscience. Application à l'état idéal de performance*. In J. Bilard & M. Durand (Eds.), *Sport et Psychologie* (pp. 435-440). Paris : EPS/SFPS.

LEGER, L. & BOUCHER, R. (1980). *An indirect continuous running multistage field test : the université de Montreal track test*. Canadian Journal of Applied Sports Science, **5**, 77-84.

LEGROS, P & PRADET, M. (1990). *Endurance aérobie, endurance anaérobie : les procédures d'entraînement et les bases théoriques.* In Actes du X^e^ séminaire de bioénergétique musculaire. Paris : INSEP.

LEGROS, P, KOZAK-REISS, G., GASCARD, J.P., DURAND, J. & SYROTA, A. (1988). *Effets de l'entraînement sur le métabolisme musculaire local évalué* in vivo *par spectrométrie R.M.N. du phosphore.* Science et Motricité, **6**, 24-30.

LEGROS, P. & RIEU, M. (1990). *L'aptitude physique : étude comparée chez l'homme et la femme.* Science et Sports, **5**, 203-213.

LEON, A., CAMBON, J., LUMBROSO, M., & WINNIKAMEN, F. (1977). *Manuel de psychopédagogie expérimentale.* Paris : PUF.

LEPLAT, J. (1980). *La psychologie ergonomique.* Paris : PUF, Coll. « Que sais-je ? » n° 1883.

LEPLAT, J. (1985). *Les représentations fonctionnelles dans le travail.* Psychologie Française, **30**, 269-275.

LEPLAT, J. (1989). *Les habiletés cognitives dans le travail.* In P. Perruchet, *Les automatismes cognitifs* (pp. 139-172). Liège, Bruxelles : Mardaga.

LEPLAT, J. et HOC, J-M. (1983). *Tâches et activité dans l'analyse psychologique des situations.* Cahiers de Psychologie Cognitive, **3**, 50-63.

LEPLAT, J. et PAILHOUS, J. (1972). *La taxonomie des tâches en psychologie du travail.* Bulletin de Psychologie, **25**, 298, 539-545.

LEPLAT, J. et PAILHOUS, J. (1976). *Conditions cognitives de l'exercice et de l'acquisition des habiletés sensori-motrices.* Bulletin de Psychologie, 205-211, **321**.

LEPLAT, J. et PAILHOUS, J. (1977-78). *La description de la tâche : statut et rôle dans la résolution de problème.* Bulletin de Psychologie, **31**, 149-156, 332.

LESTIENNE, F. et BIZZI, E. (1982). *Processus de contrôle du mouvement et de sa position finale au cours d'une tâche de pointage.* In G. Azémar & H. Ripoll (Eds.), *Neurobiologie des comportements moteurs* (pp. 101-122). Paris : Publications INSEP.

LÉVÊQUE, M. (1991). *Méthodologie de l'intervention du psychologue auprès d'un groupe sportif.* In J. Bilard & M. Durand (Eds.), *Sport et Psychologie* (pp. 441-445). Paris : EPS/SFPS.

LÉVY, B.H. (1977). *La barbarie à visage humain.* Paris : Grasset.

LÉVY, B.H. (1979). *Le testament de Dieu.* Paris : Grasset.

LEYENS, J.P. (1979). *Psychologie sociale.* Bruxelles : Mardaga.

LEZIARD, Y. (1989). *Sports et dynamiques sociales.* Paris : Actio.

LORENZ, K. (1975). *The man and his ideas.* New York : Harcourt Brace Jovanitch

LORET, A. (1993). *Sport et management*, Paris, Dunod.

LUDWIG, A.M. (1966). *Altered states of consciousness.* Archives of General Psychiatry, **26**, 225-234.

MACCARIO, B. (1982). *Théorie et pratique de l'évaluation dans la pédagogie des APS.* Paris : Vigot.

MACCARIO, B. (1985). *Projet d'établissement et évaluation.* Bulletin d'information et de liaison, CRDP Toulouse, **33**, 61-72.

MADER, A., LIESEN, H., PHILLIPI, H., ROST, R., SCHURCH, P. & HOLLMANN, W. (1976). *Zur Beurteilung der sportartspezifischen Andauerleistung Fähigkteit in Labor.* Sportarzt Sports Medizine, **27**, 80-88.

MALENFANT, C. (1987). *Acteurs sociaux et formes de sociabilité dans les associations sportives, vers un néo-bénévolat.* Paris : Jeunesse et Sports/CNRS.

MALGLAIVE, G. (1975). *La formation des formateurs.* Revue Française de Pédagogie, **30**.

MARCELLINI, A. (1993). *Ethno-psychologie sur le ring.* In Sciences Humaines Cliniques et Pratiques Corporelles, Quel Corps ?, **45-46**, 140-153.

MARCHAL, J.C. (1985). *La pédagogie du projet.* In P. Arnaud et G. Broyer, *Psychopédagogie des APS* (pp. 197-208). Toulouse : Privat.

MARCUSE, H. (1965). *L'homme unidimensionnel.* Paris : Éd. de Minuit.

MARSENACH, J & MÉRAND, R. (1986). *La didactique des APS en milieu scolaire.* EPS, 38-44, **200-201**.

MARSENACH, J, & MÉRAND, R. (1987). *L'évaluation formative dans les collèges.* Paris : INRP.

MARSENACH, J. (1985). *Qu'est-ce qu'un objectif en EPS ?* In P. Arnaud et G. Broyer, *Psychopédagogie des Activités Physiques et Sportives* (pp. 209-218). Toulouse : Privat.

MARSENACH, J. (1991). In Débat *Articulation apprentissage-enseignement*, avec J.P. Famose, L. Lafont, J.P. Piednoir, F. Winnikamen. Échanges et Controverses, **3**, 51-61.

MARTENS, R., VEALEY, R.S., et BURTON, D. (1990). *Competitive anxiety in sport.* Champaign, Ill. : Human Kinetics Publishers.

MARTIN, P.E., HEISE, G.D. & MORGAN, D.W. (1993). *Interrelationships between mechanical power, energy transfert, and walking and running economy.* Medicine and Science in Sports and Exercice, **25**, 508-515.

MASLOW, A.H. (1970). *Motivation and Personality.* New York : Harper and Row.

MAUSS, M. (1950). *Sociologie et anthropologie.* Paris : Quadrige/PUF.

MAUSS, M. (1968). *L'expression obligatoire des sentiments.* Paris : Éd. de Minuit.

MCCLELLAND, D.C., ATKINSON, J.W., CLARK, R.A. et LOWELL, E.L. (1953). *Achievement motive.* New York : Appleton-Century.

MCCLELLAND, J. (1979). *On the time relations of mental processes : an examination of systems of processes in cascade.* Psychological Review, **86**, 287-330.

MCCREADY, M.L. et LONG, B.C. (1985). *Locus of control, attitudes toward physical activity, and exercise adherence.* Journal of Sport and Exercice Psychology, **7**, 346-359.

MEAD, M. (1962). *Sex and temperament in three primitive societies.* New York : The American Library.

Medbö, J., Mohn, A.C., Tabata, I., Bahr, R. & Vaage, O. (1988). *Anaerobic capacity determined by maximal accumulated O2 deficit.* Journal of Applied Physiology, **67**, 1881-1886.

Meirieu, P. (1990). *Apprendre...oui, mais comment.* Paris : ESF.

Metzler, J. (1986). *Essai de caractérisation de la pratique scolaire du volley-ball au collège.* Spirales, **1**, 103-135.

Metzler, J. (1989). *Élaborer un programme, Pourquoi, comment ?* In *L'Éducation Physique et Sportive : Aujourd'hui ce qui s'enseigne* (pp. 281-287). Paris : SNEP.

Meulders, M. (1989). Article *Psychophysiologie.* Encyclopaedia Universalis, Corpus 15, 401-405.

Mialaret, G. (1979). *Vocabulaire de l'éducation.* Paris : PUF.

Michon, B. & Olh, F. (1987). *Le prix de la pratique sportive,* Esprit, **4**, 65-81.

Migeon, J.P. (1980). *Le transfert dans les tâches d'ajustement balistique.* Paris : CNRS.

Monod, H. & Flandrois, R. (1989). *Abrégé de physiologie du Sport.* Paris : Masson.

Montagner, H. (1978). *L'enfant et la communication.* Paris : Stock.

Moragues, J. & Lollini, M.F. (1991). *Le mode d'intervention du psychologue-psychothérapeute au centre de psychologie sportive de Montpellier.* In J. Bilard & M. Durand (Eds.), *Sport et Psychologie* (pp. 457-461). Paris : EPS/SFPS

Morgan, D., Baldini, F.D., Martin, P.E. & Kort, W.M. (1989). *Relationship between distance running performance and predicted velocity at VO2max among well trained runners.* Medicine and Science in Sports and Exercice, **21**, 78-83.

Moscovici, S. (1961). *La psychanalyse, son image, son public.* Paris : PUF.

Mottet, D., Bardy, B. & Athenes, S. (1992). *Différentiation et filtrage pour l'analyse du mouvement : intérêt d'une méthode non linéaire.* In M. Laurent, J.F. Marini, R. Pfister et P. Therme, *Recherches en A.P.S 3* (pp. 191-195). Paris : Actio/Université Aix-Marseille-II.

Mouloud, N. (1989). Article *Modèle.* Encyclopaedia Universalis, 14, 401-416.

Mumford, L. (1950). *Technique et civilisation.* Paris : Seuil.

Näätänen, R. (1973). *The inverted-U relationship between activation and performance : a critical review.* In S. Kornblum (Ed.), *Attention and Performance IV.* New York : Academic Press.

Navon, D. et Gopher, D. (1979). *On the economy of the human processing system.* Psychological Review, **86**, 214-255.

Newell, K.M., Quinn, J.T. et Carlton, M.J. (1987). *Kinematic information feedback and task constraints.* Applied Cognitive Psychology, **1**, 273-283.

Noble, C.E. (1978). *Age, race and sex in the learning and performance of psycho-*

*motor skills*. In R.T. Osborne, C.E. Noble et N. Weyl (Eds.), *Human motivation : the biopsychology of age, race and sex*. New York : Academic Press.

NOIZET, G. et CAVERNI, J.P. (1978). *Psychologie de l'évaluation scolaire*. Paris : PUF.

NORMAN, D.A. et BOBROW, D.J. (1975). *On data-limited and resource-limited processes*. Cognitive Psychology, **7**, 44-64.

NOUGIER, V. (1989). *L'orientation de l'attention visuelle en sport*. Thèse de Doctorat, Université Paris-X.

NUTTIN, J. (1980). *Théorie de la motivation humaine*. Paris : PUF.

OPPE, S. (1988). *The concept of risk : a decision theoretic approach*. Ergonomics, **31**, 435-440.

OURY, F. et VASQUEZ, A. (1971). *Vers une pédagogie institutionnelle*. Paris : Maspéro.

PAILLARD, J. (1974). *Le traitement des informations spatiales*. In *De l'espace corporel à l'espace écologique, Symposium de l'Association des Psychologues Scientifiques de Langue Française*. Paris : PUF.

PAILLARD, J. (1976). *L'acte moteur comme facteur d'adaptation et de progrès évolutif*. In *Sport et progrès de l'Homme* (pp. 71-108). Paris : Éditeurs Français Réunis.

PAILLARD, J. (1977). *La machine organisée et la machine organisante*. Revue de l'éducation physique belge, **27**, 19-48.

PAILLARD, J. (1982). *Le pilotage du moteur musculaire*. In G. Azémar et H. Ripoll, *Neurobiologie des comportements moteurs* (pp.9-35). Paris : INSEP.

PAILLARD, J. (1985). *Les niveaux sensori-moteur et cognitif du contrôle de l'action*. In M. Laurent et P. Therme (Eds), *Recherches en APS, 1* (pp. 147-163). Marseille : Centre de Recherche de l'UEREPS.

PAILLARD, J. (1987). *Vers une psychophysiologie de l'intentionalité*. In M. Laurent et P. Therme (Eds), *Recherches en APS, 2* (pp. 163-194). Marseille : Centre de Recherche de l'UEREPS.

PARETO, V. (1966). *Manuel d'économie politique*. Genève : Droz.

PARLEBAS, P. (1971). *Pour une épistémologie de l'éducation physique*. EPS, **110**, 15-22.

PARLEBAS, P. (1976). *Activités physiques et éducation motrice*. Paris : EPS.

PARLEBAS, P. (1981). *Lexique commenté en science de l'action motrice*. Paris : INSEP.

PARLEBAS, P. (1986). *Éléments de sociologie du sport*. Paris : PUF.

PARLEBAS, P. (1991). *Didactique et logique interne des APS*. EPS, **228**, 9-14.

PERONNET, F. & THIBAULT, G. (1989). *Mathematical analysis of running performance and world running record*. Journal of Applied Physiology, **67**, 453-465.

PERSE, J. (1989). Article *Psychométrie*. Encyclopaedia Universalis, **15**, 392-394.

PIAGET, J. (1972). *Problèmes de psychologie génétique*. Paris : Denoël/Gonthier.

PIÉRON, H. (1968). *Vocabulaire de la psychologie*. Paris : PUF.
PIERRYNOWSKI, M.R., WINTER, D.A. & NORMAN, R.W. (1980). *Transfert of mechanical energy within the total body and mechanical efficiency during treadmill walking.* Ergonomics, **23**, 147-156.
PINEAU, C. (1991). *Introduction à une didactique de l'Éducation Physique*. Dossiers EPS, 8.
PINEAU, C. (1992). *L'évaluation en EPS.* EPS, 43-46, **235**.
POCIELLO, C. (1983). *Le Rugby ou la guerre des styles*. Paris : Éditions Métailié.
POORTMANS, J. (1986). *Origine et destinée du lactate dans l'organisme.* In *Actes du VI*[e] *séminaire de bioénergétique : la zone de transition « aérobie-anaérobie »*. Paris : INSEP.
POPPER, K. (1956). *Misère de l'historicisme*. Paris : Plon.
POUILLART, G. (1985). *Pour une réflexion didactique.* Revue STAPS, **6**, 69-78.
PRADET, M. (1989). *Les qualités physiques et leur entraînement méthodique.* In M.-H. Brousse, B. During, J.-M. Le Chevalier et M. Pradet, *Énergie et Conduite motrice* (pp. 75-114). Paris : Publications INSEP.
PRÉVOST, C.M. (1988). *La psychologie clinique*. Paris : PUF.
PROTEAU, L. et GIROUARD, Y. (1987). *La prise de décision rapide en situation de choix dichotomique : une approche intégrée.* Revue Canadienne de Psychologie, **41**, 442-473.
PUJADE-RENAUD, C. & VIGARELLO, G. (1974). *Éléments pour une approche clinique en éducation physique.* EPS, **129-130**, 176-180.
RAUCH, A. (1989). *Paraît, paraître, apparaître.* Éthnologie française, **19**.
RAUCH, A. (1992). *Boxe, violence du XX*[e] *siècle. Paris : Aubier.*
REJESKI, W.J. (1985). *Perceived exertion : an active or passive process ?* Journal of Sport Psychology, **7**, 371-378.
REQUIN, J. (1978). *Spécificité des ajustements préparatoires à l'exécution du programme moteur.* In M. Heacen et M. Jeannerod (Eds), *Du contrôle moteur à l'organisation du geste* (pp. 84-129). Paris : Masson.
REQUIN, J. (1980). *La préparation à l'activité motrice : vers une convergence des problématiques psychologique et neurobiologique*. In J. Requin (Eds), *Anticipation et comportement* (pp. 261-333). Paris : CNRS.
REUCHLIN, M. (1983). *Psychologie*. Paris : PUF.
REVAULT D'ALLONES, C., ASSOULY-PIQUET, C., BEN SLAMA, F., BLANCHET, A., NGUYEN, K.C., PLAZA, M. & SAMALIN-AMBROISE, C. (1989). *La démarche clinique en sciences humaines*. Paris : Dunod.
REVELLE, W., HUMPHREYS, M.S., SIMON, L. et GILLIGAND, K. (1980). *The interactive effect of personality, time of day, and caffeine : a test of the arousal model.* Journal of Experimental Psychology : General, 1-31, **109**.
RIEU, M. (1986). *Lactatémie et exercice musculaire. Signification pratique du concept de « seuil aérobie-anaérobie »*. Science et Sports, **1**, 1-23.

RIEU, M. (1986). *Le concept de seuil : les définitions et les méthodes de mesure directe. Actes du VI^e séminaire de bioénergétique : la zone de transition aérobie-anaérobie. Paris : INSEP.*

RIEU, M. (1990). *La zone de transition aérobie-anaérobie.* Actes du X^e séminaire de Bioénergétique musculaire : entraînement-surentraînement. Paris : INSEP.

RIEU, M., MILADI, J. et DUVALLET, A. (1989). *Le coût énergétique de la course à pied.* Communication au Congrès de Médecine du Sport, Paris.

RIPOLL, H. (1987). *Interaction des opérations cognitives et des mécanismes sensori-moteurs dans les APS.* In A. Vom Hofe et R. Simonnet, Recherches en Psychologie du Sport (pp. 68-85). Paris : EAP.

RIPOLL, H. (1991). *Réflexions épistémologiques sur les neurosciences comportementales et cognitives en sport : un point de vue.* In J. Bilard et M. Durand (Eds), *Sport et Psychologie* (pp. 191-198). Paris : Revue EPS/SFPS.

ROBAYE, F. (1957). *Niveaux d'aspiration et d'expectation.* Paris : PUF.

ROBERTS, G.C. (1991). *Personality, motivation and motor behavior.* In J. Bilard et M. Durand, *Sport et Psychologie* (pp. 221-227). Paris : EPS/SFPS.

ROGERS, C. (1968). *Le développement de la personne.* Paris : Dunod.

ROKEACH, M. (1960). *The open and closed Mind.* New-york : Basic Book.

ROTTER, J.B. (1966). *Generalized expectancies for internal versus external locus of control of reinforcemenbt.* Psychological Monographs, **80,** 609.

RUSSELL, S.J. (1990). *Athletes'knowledge in task perception, definition and classification.* International Journal of Sport Psychology, **21**, 85-101.

SALTIN, B. (1990). *Anaerobic capacity : past, present and prospective.* In Taylor (Ed.), *Biochemistry of exercise VII* (pp. 387-412). Champaign, Ill. : Human Kinetics Publishers.

SANDERS, A.F. (1983). *Towards a model of stress and human performance.* Acta Psychologica, **53**, 64-97.

SANDERS, A.F. (1990). *Issues and trends in the debate on discrete versus continuous processing of information.* Acta Psychologica, **74**, 123-167.

SCHACHTER, S. (1959). *The psychology of affiliation.* Standford, CA : Standford University Press.

SCHACHTER, S. (1971). *Emotion, obesity, and crime.* New York : Academic Press.

SCHACHTER, S. et SINGER, J.E. (1962). *Cognitive, social and psysiological determinants of emotional state.* Psychological Review, **69**, 379-399.

SCHMIDT, R.A. (1975). *A schema theory of discrete motor skill learning.* Exercice and Sport Science Review, **4**, 229-261.

SCHMIDT, R.A. (1982). *Motor control and learning : a behavioral emphasis.* Champaign : Human Kinetics Publishers.

SCHNABEL, A. & KINDERMANN, W. (1983). *Assesment of anaerobic capacity in runners.* European Journal of Applied physiology, 42-46, **52**.

SEGALEN, M. (1994). *Les enfants d'Achille et de Nike*, Paris, Métailié.

SELYE, H. (1976). *Le stress de ma vie*. Montréal : Stanké.

SHERRER, J., SAMSON, M. & PALÉOLOGUE, A. (1954). *Étude du travail musculaire et de la fatigue. Données ergométriques obtenues chez l'homme.* Journal de Physiologie, **46**, 887-916.

SHIFFRIN, R.M. et SCHNEIDER, W. (1977). *Controlled and automatic human information processing : II. Perceptual learning, automatic attention and a general theory.* Psychological Review, 1-66, **84**.

SIMON, H.A. (1990). *Invariants of human behavior.* Annual Review of Psychology, 1-19, **41**.

SIMONET, P. (1985). *Apprentissages moteurs.* Paris : Vigot.

SINGER, R.N. et DICK, W. (1974). *Teaching physical education : a system approach.* Boston : Houghton Mifflin.

SOURNIA, J.C. (1972). *Histoire et médecine.* Paris : Fayard.

SPAETH ARNOLD, R.K. (1985). *Le développement des habiletés sportives.* Paris : Éditions Revue EPS.

SPIELBERGER, C.D., GORSUCH, R.L. et LUSHENE, R.E. (1970). *Manual for the State Trait Anxiety Inventory.* Palo Alto, CA : Consulting Psychologists Press.

STERNBERG, S. (1969). *The discovery of processing stages.* Acta Psychologica, **30**, 276-315.

STEVENS, S.S. (1969). *Le quantitatif et la perception.* Bulletin de Psychologie, **276**, 696-704.

STRAWSON, P.F. (1973). *Les individus : essai de métaphysique descriptive.* Paris : Seuil.

TALYZINA, N.F. (1980). *La conception de l'apprentissage fondé sur l'activité et l'enseignement programmé.* In N.F. Talyzina, *De l'enseignement programmé à la programmation de la connaissance* (pp. 13-30). Lille : PUL.

TAYLOR, I. (1982). *On the sport violence question : soccer hooliganism revisited.* In J. Headgraves (Ed.), *Sport, culture and ideology* (pp. 152-196). London Routledge and Kegan.

TEMPRADO, J.J. (1989). *Prise de décision en sport : modalités d'étude et données actuelles.* STAPS, **10**, 53-68.

TEMPRADO, J.J. (1991). *Stratégies de décision et contrôle du mouvement dans une tâche de lancer de précision.* In J. Bilard et M. Durand (Eds), *Sport et Psychologie* (pp. 31-41). Paris : Revue EPS/SFPS.

TERRISSE, A. & LABRIDY, F. (1991). *Imaginaire, réel, symbolique et acte sportif.* In J. Bilard & M. Durand (Eds.), *Sport et Psychologie* (pp. 405-412). Paris : EPS/SFPS.

THEIOS, J. (1975). *The components of response latency in simple human information processing tasks.* In P. Rabbitt et S. Dornic (Eds.), *Attention and Performance V* (pp. 418-440). London : Academic Press.

THERME, P. (1979). *Clinique, EPS, science.* Travaux et Recherches, **4**, 45-48.

THILL, E. (1989). *Motivation et stratégies de motivation en milieu sportif.* Paris : PUF.

THOMAS, R. (1991). *La préparation psychologique du sportif.* Paris : Vigot.

THOMAS, R. (1993) *Sport et médias.* Paris : Vigot.

THOMAS, R. & ALAPHILIPPE, D. (1983). *Les attitudes.* Paris : PUF.

THOMAS, R., ECLACHE, J.P. & KELLER, J. (1989). *Les aptitudes motrices.* Paris : Vigot.

THOMAS, R., MISSOUM, G. & RIVOLIER, J. (1987). *La psychologie du sport de haut niveau.* Paris : PUF.

TOURAINE, A. (1969). *La société post-industrielle.* Paris : Denoël.

TOURAINE, A. (1973) *Production de la société.* Paris : Seuil.

TOURAINE, A. (1978). *La voix et le regard.* Paris : Seuil.

TOURAINE, A. (1984). *Le retour de l'acteur.* Paris : Fayard.

TOURAINE, A. (1992). *Critique de la modernité.* Paris : Fayard.

ULMANN, J. (1980). *Y a-t-il une vérité en éducation physique ?* STAPS, **2**, 1-10.

UNESTAHL, L.E. (1986). *The ideal performance.* In L.E. Unestahl (Ed.), *Sport Psychology in Theory and Practise* (pp.20-37). Orebro, Sweden : Veje Publishing.

VADEPIED, A. (1976). *Laissez l'eau faire.* Paris : Scarabée-CEMEA.

VAN INGEN SCHENAU, G.J. & CAVANAGH, P.R. (1990). *Power equations in endurance sports.* Journal of Biomechanics, **23**, 865-881.

VANDEWALLE, H. & FRIEMEL, F. (1989). *Évaluation de la puissance maximale aérobie et anaérobie.* Science et Sports, **4**, 265-279.

VANDEWALLE, H. (1992). *Ergométrie.* In J.R. Lacour, *Biologie de l'exercice musculaire* (pp. 123-156). Paris : Masson.

VANDEWALLE, H., KAPITANIAK, B., GRÜN, S., RAVENAU, S. & MONOD, H. (1989). *Comparison between a 30s allout test and a time work test on cycle ergometer.* European Journal of Applied physiology, **58**, 375-380.

VERMERSCH, P. (1977). *Analyse de la tâche et fonctionnement cognitif dans la programmation de l'enseignement.* Bulletin de psychologie, **33**, 179-187, 343.

VERMERSCH, P. (1978). *Une problématique théorique en psychologie du travail.* In *Le Travail Humain, 41, 265-278.*

VIGARELLO, G. (1977). *Les malentendus d'un extrêmisme.* In *Quelles pratiques corporelles maintenant ?* (pp. 74-87). Paris : Delarge.

VIGARELLO, G. (1978). *Une épistémologie c'est-à-dire.* EPS, **151** (supplément).

VIGARELLO, G. (1982). *Le laboratoire des sciences humaines.* Esprit, **62**.

VIGARELLO, G. (1988). *Le propre et le sale.* Paris : Seuil.

VIGARELLO, G. (1993). *Le sain et le malsain.* Paris : Seuil.

VIGARELLO, G. et VIVÈS, J. (1983). *Technique corporelle et discours technique.* EPS, 40-47, **184**.

VOM HOFE, A. (1987). *Les différences individuelles dans l'analyse des facteurs d'organisation de l'action en sports collectifs.* In A. Vom Hofe et R. Simonnet,

*Tâches, traitement de l'information et comportement dans les APS* (pp. 221-252). Paris : EAP.

WARREN, W.H. (1984). *Perceiving Affordances : Visual Guidance of Stair Climbing.* Journal of Experimental Psychology : Human Perception and Performance, **5**, 683-703.

WASSERMAN, K., WIPP, B., KOYAL, S. et BEAVER, L. (1973). *Anaerobic threshold and respiratory gas exchange during exercise.* Journal of Applied Physiology, **35**, 236-243.

WEBER, M. (1971). *Économie et société.* Paris : Plon.

WEINER, B. (1972). *Theory of motivation : from mecanism to cognition.* Chicago : McNally.

WEINER, B. (1979). *A theory of motivation for some classroom experiences.* Journal of Educational Psychology, 3-25, **71**.

WELFORD, A.T. (1977). *La charge mentale de travail comme fonction des exigences, de la capacité, de la stratégie et de l'habileté.* Le Travail Humain, **40**, 283-304.

WHITE, R.W. (1959). *Motivation reconsidered : the concept of competence.* Psychological Review, **66**, 297-333.

WHITEHEAD, J.R. et CORBIN, C.B. (1988). *Multidimensional scales for measurement of locus of control of reinforcements for physical fitness behaviors.* Research Quartely for Exercise and Sport, **59**, 108-117.

WHITING, H.T.A., VOGT, S. et VEREIJKEN, B. (1992). *Human skill and motor control : some aspects of the motor control-motor learning relation.* In J.J. Summers (Ed.), *Approaches to the Study of Motor Control and Learning* (pp. 81-111). North Holland : Elsevier Science Publishers.

WHITLEY, B.E. (1984). *Sex-role orientation and psychological well-being : two meta-analysis.* Sex Roles, **12**, 207-225.

WILLIAMS, J.M. (1978). *Personality characteristics of the successful female athlete.* In W.F. Straub (Ed.), *Sport psychology : an analysis of athlete behavior.* Ithaca, New-York : Mouvement Publishers.

WILLIAMS, K.R. (1985). *Biomechanics of running.* Exercice and Sports Science Reviews, **13**, 389-440.

WINNIKAMEN (1982). *L'apprentissage par observation.* Revue française de Pédagogie, 24-29, **59**.

WINNIKAMEN, F. (1990). *Apprendre en imitant.* Paris : PUF.

WINTER, D.A. (1979). *A new definition of mechanical work done in human movement.* Journal of Applied physiology, **46**, 79-83.

WITKIN, H.A., MOORE, C.A., GOODENOUGH, D.R. et COX, P.W. (1977). *Field dependant and field independant cognitive styles and their educational implications.* Review of Educational Research, **47**, 1-64.

WITTGENSTEIN, L. (1961). *Tractatus logico philosophique.* Paris : Gallimard.

WITTIG, A.F., DUNCAN, S.L., et SCHURR, K.T. (1987). *The relationship of gender, gender-role endorsement and perceived physical self-efficacy to sport competition anxiety.* Journal of Sport Behavior, **10**, 192-199.

YERKES, R.M. et DODSON, J.D. (1908). *The relation of strength of stimulus to rapidity of habit formation.* Journal of Comparative and Neurological Psychology, **18**, 459-482.

ZATSIORSKY, V.M. (1966). *Les qualités physiques du sportif.* Moscou : Culture Physique et Sport.

ZUCKERMAN, M. (1983). *Sensation seeking and sports.* Personality and Individual Differences, **4**, 285-293.

ZUCKERMAN, M. (1990). *The psychophysiology of sensation seeking. Journal of Personality,* **58**, *313-345.*

# Index


## A

Accéléromètre, **138**
Actant, **56**
Acteur, **56**
Actionnalisme, **50**
Activation, **126**
Activité, **73**
Actualisation de soi, **116**
Adresse, **82**
Affaire, **52**
Affectivité, **129**
Affordance, **102**
Agent, **44**
Algorithme, **100**
Allure du développement, **112**
Aménagement matériel, **73**
Analogie, **13**
Analyse cinématique, **138**
– cinétique, **138**
– de variance, **36**
– factorielle, **36**
– spectrale, **138**
Anthropologie sociale, **29**
Anticipation, **90**
Anxiété cognitive, **130**
– compétitive, **119**
– somatique, **130**
Apprentissage, **71**
– incident, **106**
– par observation, **106**
– précoce, **109**
– vicariant, **106, 116**
Approche interactionniste, **116**
– systémique, **49**
Aptitude, **81**
– aérobie, **140**
– anaérobie, **142**
– biomécanique, **135**
– énergétique, **140**
Associationisme, **30**
Attente d'efficacité, **121**
Attention, **90**
– sélective, **90**
Attitude, **55, 129**
Attribution causale, **128**
Autotélique, **15**
Axiome, **17**

## B

Base d'orientation, **99**
Base de connaissances, **99**
Behaviorisme, **25**
Bénévolat sportif, **61**
Besoin, **124**
– d'accomplissement, **125, 127**
– d'affiliation, **125**
– hédonique, **125**
Biofeedback, **104**
Biopsie musculaire, **142**
Bruit, **87**
Buts, **73, 161**
– compétitifs, **127**
– de forme, **73**
– de maîtrise, **127**
– environnementaux, **73**
– motivationnels, **127**

## C

Calcul d'un angle, **139**

Capacité, **82**
– aérobie, **141**
Capital, **44**
Capitalisme, **61**
Caractérisation sexuelle, **119**
Champ, **12**
Charge de travail, **80**
– mentale, **80**
– physique, **80**
Chronométrie mentale, **88**
Civilisation, **60**
Civilités, **57**
Classe sociale, **57**
Classification, **162**
Classiques, **63**
Climat motivationnel, **127**
Clinique impliquée, **39**
– instituée, **39**
Cognitif, **85**
Compétence, **83**
Complexe technologique, **22**
Complexité, **78**
Comportement, **74**
Concept de soi, **116**
Conception centraliste, **94**
– épigénétique, **109**
– périphérique, **94**
– préformiste, **109**
Conditions environnementales, **73**
– procédurales, **73**
Conduite motrice, **74**
Confiance dans le mouvement, **122**
Configuration motrice, **110**
Conflit psychique, **40**
– socio-cognitif, **108**
Connaissance de la performance, **104**
– déclarative, **98**
– des résultats, **104**
– procédurale, **98**
Consistance, **97**
Contenu-matière, **161**
Contenus, **161**
– d'enseignement, **161**
– de formation, **161**
Continuum, **14**
Contractilité, **137**
Contraction anisométrique, **136**
– isocinétique, **136**
– isométrique, **136**
Contradiction essentielle, **157**
Contrat didactique, **154**
Contre-transfert, **39**
Contrôle continu, **164**
– en boucle fermée, **94**
– en boucle ouverte, **94**
– en cours de formation, **164**
– moteur, **72**
Coordination, **82**
Coping, **131**
Corollaire, **18**
Corps, **57**
– à l'école, **58**
Corrélation, **36**
– linéaire, **36**
– par les rangs, **36**
Couplage perception/action, **103**
Coût énergétique, **144**
Critère, **164**
Croyance, **55**
Culturalisme, **60**
Culture, **60**
Curriculum, **160**

## D

Décalage optimal, **155**
Décours d'un point, **139**
Déduction, **13**
Déficit d'oxygène, **142**
Demandes de la tâche, **75**
Démarche clinique, **37**
Démonstration, **18**
Dépendance environnementale, **76**
Dépendance/Indépendance à l'égard du champ, **122**
Dette d'oxygène, **142**
Développement, **108**
Diagramme force longueur, **137**
– force-vitesse, **137**
Dialectique, **13**
Dichotomie, **14**
Didactique, **146**
– de l'EPS, **147**
– des APS, **147**
– des disciplines, **147**
– fondamentale, **147**
Différenciation, **112**
Difficulté, **77, 78**
– estimée, **79**
– objective, **77**

– perçue, **79**
– relative, **77**
– subjective, **79**
Discipline d'enseignement, **154**
Discrépance, **126**
Dissonance cognitive, **126**
Distribution, **34**
– gaussienne, **34**
– normale, **34**
Docimologie, **165**
Doctrine, **24**
Dominance télique, **118**
Données, **33**
– centrées, **35**
– centrées et réduites, **35**
– de numération, **33**
– de rang, **33**
– de score, **33**
– -z, **35**

## E

Écart-type, **34**
Échantillons, **33**
– appareillés, **33**
– indépendants, **33**
Échelles d'intervalles, **34**
– de rapport, **34**
– nominales, **33**
– ordinales, **33**
Éclectisme, **31**
École de Francfort, **53**
Éducation physique, **145**
Efficience, **79, 144**
Effort consenti, **128**
– intentionnel, **128**
– maximal, **140**
– sous maximal, **140**
– supra maximal, **140**
– voulu, **128**
Élasticité, **137**
Électromyographie, **138**
Émotion, **130**
Empirique, **14**
Endurance, **134**
– aérobie, **142**
Énergie mécanique, **138**
Enjeu de formation, **156**
Entropie, **86**
Épistémologie, **11**
– génétique, **11**
Épreuve, **52**
Espace de travail, **103**
Estime de soi, **120**
État d'anxiété, **130**
– idéal de performance, **40**
– modifié de conscience, **40**
Étayage, **108**
Éthnométhodologie, **50**
Éthologie, **29**
Étude longitudinale, **110**
– transversale, **110**
Évaluation certificative, **163**
– critériée, **164**
– diagnostique, **164**
– formative, **163**
– formatrice, **164**
– normative, **164**
– prédictive, **164**
– pronostique, **164**
– sommative, **163**
Éveil, **126**
Excitabilité, **137**
Exclusion, **66**
Exigences de la tâche, **75**
Expérimentation, **18**
Extraversion, **117**

## F

Facteurs contextuels, **74**
– d'enjeu, **74**
– de bruit, **74**
Fantasme, **40**
Fatigue, **144**
– centrale, **144**
– périphérique, **144**
Feed-back, **103**
Fibres lentes, **137**
– rapides, **137**
Fidélité, **166**
Filtres attentionnels, **91**
Finalité, **161**
Fixation de buts, **127**
Flexibilité, **95**
Fonctionnel, **14**
Force, **134, 135**
– musculaire, **137**
Formel, **14**

Foule, **57**
Fréquence de résonance, **139**

## G

Galère, **67**
Génération, **67**
Génotype, **110**
Gestalt, **30**
Gestaltisme, **30**
Gestualité, **57**
Glycolyse, **140**
Goniomètre, **138**
Gradient, **102**
Groupe, **56**

## H

Habileté, **79**
– complexe, **83**
– continue, **84**
– discrète, **84**
– fermées, **83**
– globales, **84**
– manipulatoires, **84**
– ouvertes, **83**
– perçue, **122**
– posturo-cinétiques, **84**
– sérielle, **84**
– stratégiques, **84**
– tacite, **98**
– techniques, **84**
Habitus, **43**
Heuristique, **100**
Hiérarchie d'apprentissage, **105**
Hommo oeconomicus, **62**
Hooligan, **58**
Hypothèse, **18**

## I

Icônes, **55**
Identification, **40**
Identité, **41, 58**
– du genre, **120**
Idéologie, **23**
– scientifique, **24**
Image, **55**
– cognitive, **98**
Image
– d'action, **98**
– de l'action, **98**
– opérative, **98**
Imaginaire, **41**
Imitation-modélisation, **108**
Impulsivité, **117**
– -réflexivité, **123**
Incertitude, **86**
Inconscient cognitif, **97**
Indicateur, **164**
Indices, **55**
Individu, **56**
Individualisme méthodologique, **47**
Induction, **13**
Inférence, **13**
Information, **85**
– transitionnelle, **104**
Ingéniérie didactique, **153**
Intégration, **112**
Intensité, **77**
Interactionisme, **50**
Interactions de guidage, **108**
Intervention psychothérapeutique en psychologie du sport, **39**
Introspection, **25**
Introversion, **117**
Intuition, **55**
Investissement, **62**
– consenti, **128**
– sur la tâche, **127**
– sur soi, **127**

## J-K

Jeunesse, **66**

Keynésianisme, **64**

## L

Lactatémie, **143**
Lieu de contrôle, **121**
Lipolyse, **140**
Logique interne, **155**
Loi de contrôle, **103**

## M

Marché, **61**
Marxisme, **64**
Matière d'enseignement, **154**
Maturation, **109**
Médiane, **34**
Mémoire à court terme, **89**
– à long terme, **90**
– sensorielle, **89**
Mercantilisme, **63**
Mesure, **33**
Méthode, **151**
– active, **149**
– calculatoire/méthode directe, **102**
– clinique, **37**
– d'enseignement, **152**
– des facteurs additifs, **89**
– nouvelle, **149**
– sémio-opératoire, **152**
Milieu technique, **22**
Mode, **34**
Modèles, **12**
– des masses élastiques, **94**
– hiérarchiques du contrôle moteur, **95**
– « impulse timing », **94**
Modularisation, **97**
Monétarisme, **65**
Morphocinèse, **84**
Motif, **125**
Motivation, **123**
– d'accomplissement, **126**
– de compétence, **127**
– extrinsèque, **128**
– intrinsèque, **128**
Mouvements sociaux, **49**
Moyenne, **34**
Mythe, **24**

## N

Narcissisme, **41**
Nature de la tâche, **75**
Négentropie, **87**
Néo-classiques, **64**
Neurosciences, **28**
Névrosisme, **117**
Niveau d'aspiration, **122**
– d'expectation, **122**
– d'habileté, **167**
– de contrôle, **95**
– scolaire, **165**
Nomenclature, **44**
Nomogramme, **165**
Normes et valeurs, **23**
Nouvelle philosophie, **53**

## O

Objectif comportemental, **161**
– général, **161**
– opérationnel, **161**
Objectivité, **166**
Objet, **12**
Obstacle didactique, **154**
Ontogénèse, **108**
Opinion, **55**

## P

Participation, **168**
Pédagogie, **148**
– d'éveil, **151**
– des modèles auto-adaptatifs, **152**
– des modèles d'exécution, **152**
– des modèles de décisions tactiques, **152**
– des situations, **150**
– différenciée, **151**
– du contrat, **150**
– du projet, **151**
– institutionnelle, **149**
– non-directive, **149**
– nouvelle, **149**
– par aménagement du milieu, **152**
– par les objectifs, **150**
– traditionnelle, **148**
Perception visuelle directe, **101**
Performance, **80, 167**
Période critique, **113**
– préparatoire, **88**
Personnalité, **115**
Personne, **56**
Pertinence, **12**
Phénoménologie, **31**
Phénotype, **110**
Philosophie, **22**
– analytique, **53**

Phosphorylation, **140**
Phylogénèse, **108**
Physiocrates, **63**
Pic de lactate, **143**
Plasticité, **95**
Plus-value, **61**
P.M.A., **141**
Position d'attente, **92**
  – d'initiative, **92**
Postulat, **17**
Poulène d'un point, **139**
Pratiques sociales de référence, **162**
Préparation à l'action, **90**
Pré-requis, **104**
Prêt-à-penser, **55**
Principe d'action, **157**
  – de gestion, **159**
  – opérationnel, **158**
  – pédagogique, **148**
Problématique, **12**
Problème fondamental, **157**
Procédure, **159**
Processus, **159**
  – automatiques, **96**
  – contrôlés, **96**
  – de décision, **91**
  – oxydatifs, **140**
  – profonds, **96**
  – psychosémantiques, **91**
  – psychosensorimoteurs, **91**
  – superficiels, **96**
Production didactique, **153**
Programme, **160**
  – câblé, **95**
  – moteur, **93**
  – – généralisé, **93**
Progrès, **168**
Projection, **41**
Projet, **160**
Prolétariat, **62**
Protéolyse, **140**
Psychologie clinique, **26**
  – cognitive, **26**
  – de la Forme, **30**
  – différentielle, **27**
  – expérimentale, **26**
  – génétique, **27**
  – mathématique, **27**
  – sociale, **28**
Psychométrie, **27**
Psychophysique, **25**
Puissance, **136**
  – maximale aérobie, **141**


## Q


Qualités physiques, **81**
Quantité d'information, **86**
  – moyenne d'information, **86**


## R


Raisonnement, **13**
Rapport signal/bruit, **87**
Réalisme et Positivisme, **32**
Recherche appliquée, **19**
  – de la connaissance, **20**
  – de sensation, **118**
  – décisionnelle, **20**
  – fondamentale, **19**
  – opérationnelle, **20**
  – -action, **21**
  – -développement, **20**
Référentiel, **164**
Réfutabilité, **16**
Régime critique de travail, **136**
Registres de fonctionnement, **96**
Règle, **18**
  – d'action, **157**
  – opérationnelle, **158**
Régression, **36**
  – curvilinéaire, **36**
  – linéaire, **36**
  – multiple, **36**
Relation allométrique, **139**
Remédiation, **164**
Rendement, **144**
Représentation, **54, 97**
  – construite par l'action, **54**
  – fonctionnelle, **97**
  – initiale, **54**
  – sociale, **54**
Réseau, **49**
Résistance, **134**
Ressources, **76, 88**
Revenu, **62**
Rôle, **156**
  – sexuel, **119**
  – sociomoteur, **156**

## S

Saturation, **19**
Savoir, **98**
– savant, **154**
Savoir-faire, **98**
Sciences, **15**
– de l'artificiel, **16**
– de l'homme, **16**
– de l'ingénieur, **16**
– de la conception, **16**
– de la vie, **16**
– du naturel, **16**
– empirico-formelles, **18**
– formelles, **17**
– herméneutiques, **19**
Sémiologie, **30**
Sentiment de compétence, **122**
Seuil aérobie lactique, **143**
– anaérobie lactique, **144**
– – ventilatoire, **143**
– statistique, **35**
Signal d'exécution, **88**
– de réponse, **88**
– préparatoire, **88**
Simplex, **47**
Situation, **75**
– d'appel, **151**
– de référence, **157**
– de résolution de problèmes, **155**
– didactique, **154**
– -problème, **154**
Sociabilité, **117**
Socialisation, **65**
Société, **65**
Sociologie, **28**
– des émotions et des états moraux, **51**
– des organisations, **48**
– dynamique, **49**
Socio-styles, **62**
Soi idéal, **116**
Sous-routines, **97**
Spectateur, **58**
Spectrométrie R.M.N., **142**
Sports de rue, **67**
Stades d'apprentissage, **106**
– de traitement, **88**
Statut sociomoteur, **156**
Stratégie, **49**
– audacieuse, **92**
– conservatrice, **92**
– d'enseignement, **148**
– de décision, **92**
– de recherche, **103**
– risquée, **92**
Stress, **131**
Stresseurs, **131**
Structural, **14**
Structuralisme, **31**
– génétique, **43**
Structure de but, **99**
– coordinative, **101**
Style cognitif, **122**
– d'enseignement, **153**
Substrats énergétiques, **140**
Supporter, **58**
Symptôme, **42**
Syndrome général d'adaptation, **131**
Système, **48**
– de mémoire, **89**
– des sports, **45**
– didactique, **153**
– nerveux autonome, **130**

## T

Tâches, **72**
– définies, **75**
– semi-définies, **75**
Taxonomie, **162**
Technique, **21**
– corporelle, **21**
– du corps, **22**
Technocratie, **63**
Technologie, **22**
– éducative, **22**
Téléonomique, **15**
Temps de mouvement, **89**
– de réaction, **88**
– – choix, **89**
– – simple, **89**
– de réponse, **89**
– limite, **134**
Test de Snedecor, **35**
– de Student, **35**
– du Khi-deux, **35**
Théorème, **18**
Théorie, **11**
– de l'apprentissage social, **115**
– de la détection du signal, **26**

– de l'expectation-valence, **124**
– de l'optimum, **124**
– des jeux, **91**
– des traits, **116**
– du schéma, **93**
– écologique, **100**
– homéostasique, **123**
– phénoménologique, **116**
– psychodynamique, **115**
Topocinèse, **84**
Trait d'anxiété, **119**
Traitement de l'information, **87**
– parallèle, **88**
– sériel, **88**
Transfert, **39, 107**
Transposition didactique, **154**
Travail, **135**
– limité, **136**
– local, régional ou global, **136**
– mécanique, **136**
Type A, **118**
Type B, **118**

## U-V

Universaux, **156**

Validation, **19**
Validité, **166**
Variable dépendante, **32**
– high order, **103**
– indépendante, **32**
– low-order, **102**
– optique tau, **102**
Variance, **34**
Violence, **59**
Visuel-auditif, **123**
Vitesse, **133, 135**
– de contraction, **137**
Voie métabolique, **140**
VO2 max, **141**

## Z

Zone d'incertitude, **49**
– de transition aérobie-anaérobie, **143**
– proximale de développement, **108**

Achevé d'imprimer par Normandie Roto Impression s.a.s.
61250 Lonrai (France)
en décembre 2004

N° d'imprimeur : 043155
Dépôt légal : décembre 2004

*Imprimé en France*